NCS
국민연금공단

사무직(6급을) 고졸채용

직업기초능력평가

NCS 국민연금공단

사무직(6급을) 고졸채용 직업기초능력평가

초판 발행	2021년 10월 8일
개정판 발행	2022년 10월 25일

편 저 자	취업적성연구소
발 행 처	㈜서원각
등록번호	1999-1A-107호
주 소	경기도 고양시 일산서구 덕산로 88-45(가좌동)
대표번호	031-923-2051
팩 스	031-923-3815
교재문의	카카오톡 플러스 친구[서원각]
영상문의	070-4233-2505
홈페이지	www.goseowon.com
책임편집	정상민
디 자 인	김한울

Preface

우리나라 기업들은 1960년대 이후 현재까지 비약적인 발전을 이루었다. 이렇게 급속한 성장을 이룰 수 있었던 배경에는 우리나라 국민들의 근면성 및 도전정신이 있었다. 그러나 빠르게 변화하는 세계 경제의 환경에 적응하기 위해서는 근면성과 도전정신 이외에 또 다른 성장 요인이 필요하다.

최근 많은 공사 · 공단에서는 기존의 직무 관련성에 대한 고려 없이 인 · 적성, 지식 중심으로 치러지던 필기전형을 탈피하고, 산업현장에서 직무를 수행하기 위해 요구되는 능력을 산업부문별 · 수준별로 체계화 및 표준화한 NCS를 기반으로 하여 채용공고 단계에서 제시되는 '직무 설명자료' 상의 직업기초능력과 직무수행능력을 측정하기 위한 직업기초능력평가, 직무수행능력평가 등을 도입하고 있다.

국민연금공단에서도 업무에 필요한 역량 및 책임감과 적응력 등을 구비한 인재를 선발하기 위하여 NCS 기반 필기시험을 치르고 있다. 본서는 국민연금공단 6급을 채용대비를 위한 필독서로 국민연금공단 필기시험의 출제경향을 철저히 분석하여 응시자들이 보다 쉽게 시험유형을 파악하고 효율적으로 대비할 수 있도록 구성하였다.

신념을 가지고 도전하는 사람은 반드시 그 꿈을 이룰 수 있습니다. 처음에 품은 신념과 열정이 취업 성공의 그 날까지 빛바래지 않도록 서원각이 수험생 여러분을 응원합니다.

structure

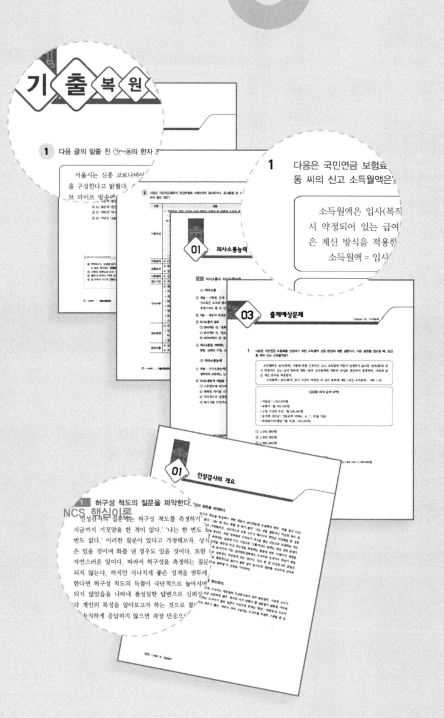

기출복원문제

국민연금공단에서 실제 출제된 직업기초능력평가 문제를 복원하여 필기시험의 이해를 높였습니다.

NCS 핵심이론

NCS 직업기초능력 핵심이론을 체계적으로 정리하여 단기간에 학습할 수 있도록 하였습니다.

출제예상문제

적중률 높은 영역별 출제예상문제를 수록하여 학습효율을 확실하게 높였습니다.

인성검사 및 면접

성공취업을 위한 실전 인성검사와 면접의 기본, 면접기출을 수록하여 취업의 마무리까지 깔끔하게 책임집니다.

이 책 의 차 례 **Contents**

PART

I

기출복원문제

1 다음 글의 밑줄 친 ㉠~㉣의 한자 표기에 대한 설명으로 옳은 것은?

> 서울시는 신종 코로나바이러스 감염증 확산 방지를 위해 ㉠'다중이용시설 동선 추적 조사반'을 구성한다고 밝혔다. 의사 출신인 박○○ 서울시 보건의료정책과장은 이날 오후 서울시 유튜브 라이브 방송에 ㉡출연, 코로나바이러스 감염증 관련 대시민 브리핑을 갖고 "시는 2차, 3차 감염발생에 따라 ㉢역학조사를 강화해 조기에 발견하고 관련 정보를 빠르게 제공하려고 한다."라며 이같이 밝혔다. 박 과장은 "확진환자 이동경로 공개㉣지연에 따라 시민 불안감이 조성된다는 말이 많다."며 "더욱이 다중이용시설의 경우 확인이 어려운 접촉자가 존재할 가능성도 있다."라고 지적했다.

① ㉠ '다중'의 '중'은 '삼중구조'의 '중'과 같은 한자를 쓴다.
② ㉡ '출연'의 '연'은 '연극'의 '연'과 다른 한자를 쓴다.
③ ㉢ '역학'의 '역'에 해당하는 한자는 '歷'과 '易' 모두 아니다.
④ ㉣ '지연'은 '止延'으로 쓴다.

🔒 answer and explanations

> ③ '역학조사'는 '감염병 등의 질병이 발생했을 때, 통계적 검정을 통해 질병의 발생 원인과 특성 등을 찾아내는 것'을 일컫는 말로, 한자로는 '疫學調查'로 쓴다.
> ① '다중'은 '多衆'으로 쓰며, '삼중 구조'의 '중'은 '重'으로 쓴다.
> ② '출연'과 '연극'의 '연'은 모두 '演'으로 쓴다.
> ④ '일 따위가 더디게 진행되거나 늦어짐'의 뜻을 가진 '지연'은 '遲延'으로 쓴다.
>
> **⊙정답** ③

2 다음 내용을 참고할 때, 빈칸에 들어갈 사자성어로 적절한 것은?

> 우리 속담에 (   )라는 사자성어가 있다. 군사시설 주변에는 이러한 사자성어에 해당하는 일이 다반사로 일어나고 있다. 군사시설을 지을 때는 인근 지역 주민이 생업에 지장을 초래하지 않고 최대한 민원이 발생하지 않도록 한적한 곳에 위치하게 한다. 하지만 세월이 흐르면서 인적이 드문 군사시설 주변에는 건물이 들어서고 상가가 조성되면서 점차 번화가로 탈바꿈하게 된다. 이럴 경우 군사시설 주변에 군 관련 크고 작은 민원이 제기됨으로써 화합을 도모해야 할 민·군이 갈등관계로 변모되는 사례가 종종 있어 왔다.

① 塞翁之馬 ② 客反爲主
③ 燈火可親 ④ 指鹿爲馬

3 다음은 국민연금공단의 연금보험료 지원사업의 공고문이다. 공고문을 본 A ~ D의 반응으로 적절하지 않은 것은?

구분	내용
지원대상	□ 국민연금 가입 기간이 10년 미만인 가입자 중 아래의 조건을 충족시키는 자 　◦ 저소득자 : 기준 중위소득 80% 이하인 자 ☞ 확인방법 　건강보험료 납부확인서, 소득금액증명(국세청) 등으로 확인되는 신청 직전 연도의 월평균소득 또는 월평균 건강보험료 납부액이 아래 표에 표기된 금액 이하인 자

구분		1인 가구	2인 가구	3인 가구	4인 가구	5인 이상
기준중위소득 80%		1,366,000원	2,325,000원	3,008,000원	3,691,000원	4,374,000원
건강 보험료	직장가입자	44,120원	75,600원	97,680원	120,060원	142,720원
	지역가입자	15,550원	40,670원	82,340원	113,530원	142,330원

구분	내용
지원대상	◦ 연금수급 연령에 도달한 자 중 대부를 통해 연금수급이 가능한 자
지원금액	□ 1인당 300만 원 이내
상환조건	□ 대부조건 : 무담보, 무보증, 무이자 □ 상환조건 : 연금수급 개시 월부터 5년 이내 원금균등분할상환
지원절차	□ 신청접수 → 대출심사 → 대출실행(약정 및 연금보험료 납부 → 연금 청구 및 상환
접수기간	□ 수시접수 : ~ 자금 소진 시 마감
구비서류	□ 제출서류 - 지원신청서 1부(신나는 조합 홈페이지 내 양식, 첨부파일 참조) - 개인정보 조회동의서 1부(신나는 조합 홈페이지 내 양식, 첨부파일 참조) - 약정서 1부(신나는 조합 홈페이지 내 양식, 첨부파일 참조) - CMS출금이체 동의서 1부(신나는 조합 홈페이지 내 양식, 첨부파일 참조) - 연금산정용 가입내역확인서 1부(국민연금공단 지사 방문하여 발급) - 주민등록등본 1부 - 소득금액 증빙서류 1부(건강보험 납부확인서, 소득금액증명서 중 택1)
접수방법	□ 우편접수 - 신나는 조합 홈페이지(http://www.joyfulunion.or.kr) 알림마당 내 공지사항 신청 양식 다운로드 및 작성, 구비서류와 함께 등기우편으로 제출 - 접수처 : 서울 OO구 OO로 107-39 희망든든사업 담당자 앞
문의사항	□ 신나는 조합 희망든든 연금보험 지원사업 담당자 ☎ OO-OOO-OOOO □ 국민연금공단 지사

① A : 연금보험료는 무이자, 무담보로 지원되며 국민연금 수령 후에 연금으로 분할 상환하는 사업이다.

② B : 2인 가구의 경우 중위소득이 2,350,000원이라면 지원대상자에 해당되지 않는다.

③ C : 지원을 받고자 하는 사람은 개인정보 조회동의서를 제출해야 한다.

④ D : 1인당 300만 원 이내로 지원되며 지원사업 공고일로부터 연말까지 접수받는다.

4 다음은 K공사의 회의실 사용에 대한 안내문이다. 안내문의 내용을 바르게 이해한 설명은 어느 것인가?

■ 이용안내

임대시간	기본 2시간, 1시간 단위로 연장
요금결제	이용일 7일전 까지 결제(7일 이내 예약 시에는 예약 당일 결제)
취소 수수료	• 결제완료 후 계약을 취소 시 취소수수료 발생 • 이용일 기준 7일 이전 : 전액 환불 • 이용일 기준 6일~3일 이전 : 납부금액의 10% • 이용일 기준 2일~1일 이전 : 납부금액의 50% • 이용일 당일 : 환불 없음
회의실/일자 변경	• 사용가능한 회의실이 있는 경우, 사용일 1일 전까지 가능(해당 역 담당자 전화 신청 필수) • 단, 회의실 임대일 변경, 사용시간 단축은 취소수수료 기준 동일 적용
세금계산서	• 세금계산서 발행을 원하실 경우 반드시 법인 명의로 예약하여 사업자등록번호 입력 • 현금영수증 발행 후에는 세금계산서 변경발행 불가

■ 회의실 이용 시 준수사항

※ 회의실 사용자는 공사의 승인 없이 다음 행위를 할 수 없습니다.
1. 공중에 대하여 불쾌감을 주거나 또는 통로, 기타 공용시설에 간판, 광고물의 설치, 게시, 부착 또는 각종기기의 설치 행위
2. 폭발물, 위험성 있는 물체 또는 인체에 유해하고 불쾌감을 줄 우려가 있는 물품 반입 및 보관행위
4. 공사의 동의 없이 시설물의 이동, 변경 배치행위
5. 공사의 동의 없이 장비, 중량물을 반입하는 등 제반 금지행위
6. 공공질서 및 미풍양식을 위해하는 행위
7. 알코올성 음료의 판매 및 식음행위
8. 흡연행위 및 음식물 등 반입행위
9. 임대의 위임 또는 재임대

① 임대일 4일 전에 예약이 되었을 경우, 이용요금 결제는 회의실 사용 당일에 해야 한다.
② 회의실 임대 예약 날짜를 변경할 경우, 3일 전 변경을 신청하면 10%의 수수료가 발생한다.
③ 이용 당일 임대 회의실을 변경하고자 하면 이용 요금 50%를 추가 지불해야 한다.
④ 팀장 개인 명의로 예약하여 결제해도 세금계산서를 발급받을 수 있다.

② 최소수수료 규정과 동일하게 적용되어 3일 이전이므로 납부금액의 10% 수수료가 발생하게 된다.

① 임대일 4일 전에 예약이 되었을 경우 이용요금 결제는 회의실 사용 당일이 아닌 예약 당일에 해야 한다.

③ 이용 당일에는 환불이 없으므로 100%의 이용 요금을 추가로 지불해야 한다.

④ 세금계산서 발행을 원할 경우 반드시 법인 명의로 예약해야 한다고 규정되어 있다.

정답 ②

5 다음은 국민연금공단의 OO년 혁신계획이다. 이 글을 읽고 제시한 의견으로 가장 적절하지 않은 것은?

> 국민연금공단과 신나는 조합은 국민연금 사각지대에 놓인 대상자의 국민연금 수급권 확보에 기여하고자 '희망든든 연금보험료 지원사업'을 아래와 같이 진행하고자 합니다.
> 무이자, 무담보, 무보증으로 연금보험료를 지원하고 국민연금 수령 후 연금으로 분할 상환할 수 있는 본 사업에 많은 신청 바랍니다.

[1] **추진 배경**
- 국민 삶의 질 재고를 위한 공공성 중심의 혁신 패러다임 전환 필요
  - 공공의 이익과 공동체의 발전에 기여하는 사회적 가치 중심의 혁신으로 공단 본연의 사회 안전망 기능 역할 강화 필요
    ※ 정부 운영을 국민 중심으로 전환하는 내용의 「정부혁신 종합 추진계획」 발표(3. 19.)
- 국민과의 소통으로 국민이 공감하는 혁신에 대한 시대적 요구
  - 정책에 직접 참여하고자 하는 국민의 요구와 급격히 증가하고 있는 시민사회 역량을 반영하는 제도적 기반 확보 시급
- 자발적 혁신을 통해 국민으로부터 신뢰받는 공단 실현
  - 정부의 공공기관 혁신방향에 따라 능동적·자율적 혁신 추진

[2] **추진 체계**
- □ **혁신 전담조직 구성 및 역할**
- 기존 경영혁신 전담조직(열린혁신위원회, 혁신위원회)을 '혁신위원회(위원장 : 이사장)'로 통합·개편하여 조직역량을 총결집
  - (구성) 임원, 정책연구원장, 본부 부서장으로 구성
  - (역할) 추진상황 공유 등 중요사항 의사결정
- 혁신위원회 산하에 혁신추진단(단장 : 기획상임이사)을 두고, 혁신 기본방향에 따른 4개 추진팀을 운영
- □ **추진팀별 구성 및 역할**
- 공공성 강화 추진팀
  - 국민건강보장 실천 및 국민부담 완화, 일하는 방식 혁신 및 제도 개선
- 일자리·혁신성장 추진팀
  - 일자리 창출, 혁신성장 관련 인프라 구축, 지역경제 활성화·상생
- 신뢰경영 추진팀
  - 윤리경영 적극 실천, 공공자원 개방 확대, 국민참여 플랫폼 운영
- 혁신지원팀
  - 혁신을 위한 조직 내 제도 정비, 추진기반 조성, 성과 홍보 등
- 시민참여혁신단
  - (구성) 시민단체, 사회단체, 전문가, 대학(원)생, 이해관계자, 지역주민 등 다양한 집단·분야의 30명으로 구성
    ※ 관련 분야 전문지식을 보유한 전문가를 전문위원으로, 이외 일반위원으로 위촉

계	전문위원	일반위원					
		소계	대학(원)생	시민단체	사회단체	이해관계자	지역주민
30	3	27	5	4	3	7	8

〈집단 · 분야별 위원 현황〉 (단위 : 명)

- (역할) 건강보험 혁신계획 전반에 대한 자문 및 제언(전문위원), 자유로운 의견 제안 및 과제 발굴 등(일반위원)
■ 혁신주니어보드
- (구성) 20~30대 연령의 5~6급 직원 50명으로 구성
- (역할) 혁신과제 발굴, 혁신관련 행사 참여, 대내외 소통 등
□ 운영 방안
■ 혁신과제 추진상황 상시 모니터링 및 환류
- 과제별 추진실적 및 향후 계획을 분기별로 제출받아 총괄본부에서 점검하고, 필요시 조치 사항 등을 협의
■ 추진동력 확보를 위한 협의체 운영
- (혁신위원회) 중요사항에 대한 의사결정 필요시 개최
- (시민참여혁신단) 전체 회의와 집단별 그룹 회의로 구분 운영
  ※ 온라인으로도 진행 상황 공유, 의견 제시할 수 있는 참여마당 병행 운영
- (혁신주니어보드) 격월 개최를 원칙으로 하되, 필요시 수시 개최

① 김 팀장 : 정부혁신 종합 추진계획 발표에 따라 사회적 위험으로부터 국민을 보호하기 위하여 제도를 강화할 것이 요청되고 있다.

② 이 주임 : 위원회 수는 기존보다 줄어들 것이다.

③ 박 대리 : 전문지식을 보유한 전문가는 전체 위원의 10%를 차지한다.

④ 홍 주임 : 과제별 추진실적을 점검하기 위해 혁신주니어보드와의 소통을 활성화해야 한다.

ⓐ answer and explanations

국민연금공단의 혁신계획은 혁신 전담조직을 구성하여 상시 모니터링 및 환류, 추진동력 확보를 위한 협의체 운영 등의 내용을 담고 있다. 혁신주니어보드는 혁신과제를 발굴하고 혁신관련 행사에 참여하며 대내외 소통 등을 담당한다. 홍 주임이 언급한 '과제별 추진실적 점검'은 총괄본부에서 맡게 된다.

① 김 팀장은 "사회적 위험으로부터 국민을 보호하기 위하여 제도를 강화할 것이 요청되고 있다"고 평가했는데 이는 혁신계획의 서두에 명시된 사회안전망 기능이다.

② 기존 경영혁신 전담조직은 열린혁신위원회와 혁신위원회였는데, 혁신위원회로 통합함에 따라 위원회 수는 기존보다 줄어든다.

③ 박 대리는 시민참여혁신단의 전문가를 말하고 있는데, 전문위원은 전체 위원 중 3명으로 10%에 해당한다.

정답 ④

6 다음은 대표적인 단위를 환산한 자료이다. 환산 내용 중 올바르지 않은 수치가 포함된 것은?

단위	단위환산
길이	$1cm = 10mm$, $1m = 100cm$, $1km = 1,000m$
넓이	$1cm^2 = 100mm^2$, $1m^2 = 10,000cm^2$, $1km^2 = 1,000,000m^2$
부피	$1cm^3 = 1,000mm^3$, $1m^3 = 1,000,000cm^3$, $1km^3 = 1,000,000,000m^3$
들이	$1m\ell = 1cm^3$, $1d\ell = 1,000cm^3 = 100m\ell$, $1\ell = 100cm^3 = 10d\ell$
무게	$1kg = 1,000g$, $1t = 1,000kg = 1,000,000g$
시간	1분 = 60초, 1시간 = 60분 = 3,600초
할푼리	1푼 = 0.1할, 1리 = 0.01할, 모 = 0.001할

① 부피   ② 들이

③ 무게   ④ 시간

'들이'의 환산이 다음과 같이 수정되어야 한다.
수정 전 $1d\ell = 1,000cm^3 = 100m\ell$, $1\ell = 100cm^3 = 10d\ell$
수정 후 $1d\ell = 100cm^3 = 100m\ell$, $1\ell = 1,000cm^3 = 10d\ell$

정답 ②

7 설탕 15g으로 10%의 설탕물을 만들었다. 이것을 끓였더니 농도가 20%인 설탕물이 되었다. 너무 달아서 물 15g을 더 넣었다. 몇 %의 설탕물이 만들어 졌는가?

① 10%

② 13%

③ 15%

④ 17%

⚬ answer and explanations

설탕 15g으로 10%의 설탕물을 만들었으므로 물의 양을 x라 하면,

$\dfrac{15}{x+15} \times 100 = 10\%$에서 $x = 135$

여기에서 설탕물을 끓여 농도가 20%로 되었으므로, 이때의 물의 양을 다시 x라 하면,

$\dfrac{15}{x+15} \times 100 = 20\%$에서 $x = 60$

여기에서 물 15g을 더 넣었으므로

$\dfrac{15}{60+15+15} \times 100 = 16.67\%$

약 17%

⊙정답 ④

8 다음 주어진 수를 통해 규칙을 찾아내어 빈칸에 들어갈 알맞은 숫자를 고르시오.

> 10 2 12 4 14 8 16 16 ( )

① 18

② 24

③ 28

④ 32

주어진 수열의 홀수 항은 +2, 짝수 항은 ×2의 규칙을 가지고 있다. 따라서 16+2=18이다.

정답 ①

9 각 면에 1, 1, 1, 2, 2, 3의 숫자가 하나씩 적혀있는 정육면체 모양의 상자를 던져 윗면에 적힌 수를 읽기로 한다. 이 상자를 3번 던질 때, 첫 번째와 두 번째 나온 수의 합이 4이고 세 번째 나온 수가 홀수일 확률은?

① $\dfrac{5}{27}$

② $\dfrac{11}{54}$

③ $\dfrac{2}{9}$

④ $\dfrac{13}{54}$

⚿ answer and explanations

처음 두 수의 합이 4인 사건은

(1, 3), (2, 2), (3, 1)

이므로 그 확률은 $\dfrac{3}{6} \times \dfrac{1}{6} + \dfrac{2}{6} \times \dfrac{2}{6} + \dfrac{1}{6} \times \dfrac{3}{6} = \dfrac{5}{18}$

세 번째 수가 홀수일 확률은 $\dfrac{4}{6} = \dfrac{2}{3}$ 이므로 구하는 확률은 $\dfrac{5}{18} \times \dfrac{2}{3} = \dfrac{5}{27}$

정답 ①

10 N은행 고객인 S씨는 작년에 300만 원을 투자하여 3년 만기, 연리 2.3% 적금 상품(비과세, 단리 이율)에 가입하였다. 올 해 추가로 여유 자금이 생긴 S씨는 200만 원을 투자하여 신규 적금 상품에 가입하려 한다. 신규 적금 상품은 복리가 적용되는 이율 방식이며, 2년 만기라 기존 적금 상품과 동시에 만기가 도래하게 된다. 만기 시 두 적금 상품의 원리금의 총 합계가 530만 원 이상이 되기 위해서는 올 해 추가로 가입하는 적금 상품의 연리가 적어도 몇 %여야 하는가? (모든 금액은 절삭하여 원 단위로 표시하며, 이자율은 소수 첫째 자리까지만 계산함)

① 2.2%

② 2.3%

③ 2.4%

④ 2.5%

단리 이율 계산 방식은 원금에만 이자가 붙는 방식으로 원금은 변동이 없으므로 매년 이자액이 동일하다. 반면, 복리 이율 방식은 '원금+이자'에 이자가 붙는 방식으로 매년 이자가 붙어야 할 금액이 불어나 갈수록 원리금이 커지게 된다.

작년에 가입한 상품의 만기 시 원리금은 $3,000,000+(3,000,000×0.023×3)=3,000,000+207,000=3,207,000$원이 된다.

따라서 올 해 추가로 가입하는 적금 상품의 만기 시 원리금이 2,093,000원 이상이어야 한다. 이것은 곧 다음과 같은 공식이 성립하게 됨을 알 수 있다.

추가 적금 상품의 이자율을 A%, 이를 100으로 나눈 값을 x라 하면,

$2,000,000+(2,000,000×x×2)≧2,093,0000$이 된다.

따라서 $x≧2.3$%이다.

▶정답 ②

11 다음과 같은 자료를 참고할 때, F3 셀에 들어갈 수식으로 알맞은 것은?

	A	B	C	D	E	F
1	이름	소속	수당(원)		구분	인원 수
2	김xx	C팀	160,000		총 인원	12
3	이xx	A팀	200,000		평균 미만	6
4	홍xx	D팀	175,000		평균 이상	6
5	남xx	B팀	155,000			
6	서xx	D팀	170,000			
7	조xx	B팀	195,000			
8	염xx	A팀	190,000			
9	권xx	B팀	145,000			
10	신xx	C팀	200,000			
11	강xx	D팀	190,000			
12	노xx	A팀	160,000			
13	방xx	D팀	220,000			

① =COUNTIF(C2:C13,"<"&AVERAGE(C2:C13))

② =COUNT(C2:C13,"<"&AVERAGE(C2:C13))

③ =COUNTIF(C2:C13,"<", "&" AVERAGE(C2:C13))

④ =COUNT(C2:C13,">"&AVERAGE(C2:C13))

12 다음 〈표〉는 OO예탁결제원의 성별·연령대별 전자금융서비스 인증수단 선호도에 관한 자료이다. 이 자료를 검토한 반응으로 옳지 않은 것은?

〈표〉 성별, 연령대별 전자금융서비스 인증수단 선호도 조사결과

(단위 : %)

구분	인증수단	휴대폰 문자 인증	공인 인증서	아이핀	이메일	전화 인증	신용카드	바이오 인증
성별	남자	72.2	69.3	34.5	23.1	22.3	21.1	9.9
	여자	76.6	71.6	27.0	25.3	23.9	20.4	8.3
연령대	10대	82.2	40.1	38.1	54.6	19.1	12.0	11.9
	20대	73.7	67.4	36.0	24.1	25.6	16.9	9.4
	30대	71.6	76.2	29.8	15.7	28.0	22.3	7.8
	40대	75.0	77.7	26.7	17.8	20.6	23.3	8.6
	50대	71.9	79.4	25.7	21.1	21.2	26.0	9.4
전체		74.3	70.4	30.9	24.2	23.1	20.8	9.2

※ 1) 응답자 1인당 최소 1개에서 최대 3개까지 선호하는 인증수단을 선택했음.
  2) 인증수단 선호도는 전체 응답자 중 해당 인증수단을 선호한다고 선택한 응답자의 비율임.
  3) 전자금융서비스 인증수단은 제시된 7개로만 한정됨.

① 박 주임 : 연령대별 인증수단 선호도를 살펴보면, 30대와 40대 모두 아이핀이 3번째로 높다.

② 이 팀장 : 전체 응답자 중 선호 인증수단을 3개 선택한 응답자 수는 40% 이상이다.

③ 홍 사원 : 선호하는 인증수단으로, 신용카드를 선택한 남성 수는 바이오 인증을 선택한 남성 수의 3배 이하이다.

④ 오 팀장 : 선호하는 인증수단으로 이메일을 선택한 20대 모두가 아이핀과 공인인증서를 동시에 선택했다면, 신용카드를 선택한 20대 모두가 아이핀을 동시에 선택한 것이 가능하다.

오 팀장은 "선호하는 인증수단으로 이메일을 선택한 20대 모두가 아이핀과 공인인증서를 동시에 선택했다면, 신용카드를 선택한 20대 모두가 아이핀을 동시에 선택하는 것이 가능하다."고 평가했다.

만약 이메일을 선택한 20대 모두가 아이핀과 공인인증서를 동시에 선택했다면 아이핀을 선택한 20대 중에서 11.9%(36.0 – 24.1)는 조건에 따라 타 인증수단을 중복 선호할 수 있다. 신용카드를 선호하는 20대는 16.9%로 11.9%보다 더 크다. 따라서, 신용카드를 선택한 20대 모두가 아이핀을 동시에 선택한다고 평가하는 것은 옳지 않다.

① 박 주임은 "연령대별 인증수단 선호도에서 30대와 40대 모두 아이핀이 3번째로 높다고" 본다. 30대의 인증수단은 공인인증서 → 휴대폰문자 인증 → 아이핀 순으로 선호도가 높다. 40대의 인증수단은 공인인증서 → 휴대폰문자 인증 → 아이핀 순으로 선호도가 높다. 따라서 30대와 40대 모두 아이핀이 3번째로 높으므로 박 주임은 옳게 검토하였다.

② 이 팀장은 "전체 응답자 중 선호 인증수단을 3개 선택한 응답자 수는 40% 이상이다."라고 했다. 인증수단별 하단에 제시된 전체 선호도를 합산하면 252.9가 된다. 7개 인증수단 중 최대 3개까지 중복 응답이 가능하므로 선호 인증수단을 3개 선택한 응답자 수는 최소 40% 이상이 된다. 이 팀장은 옳게 검토하였다.

③ 남성의 인증수단 선호도를 살펴보면, 신용카드를 선택한 남성의 비율은 21.1%로, 바이오인증을 선호하는 9.9%의 3배인 29.7% 이하이다. 따라서 홍 사원은 옳게 검토하였다.

☑정답 ④

13 윈도우에서 현재 활성화된 창과 동일한 창을 새로 띄우려고 한다. 어떤 단축키를 사용해야 하는가?

① Ctrl+N

② Alt+N

③ Shift+N

④ Tab+N

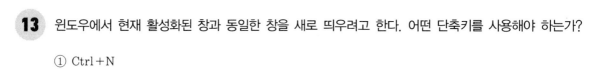

ⓐ answer and explanations

Ctrl+N 단축키는 현재 열려있는 프로그램과 같은 프로그램을 새롭게 실행시킨다. 현재 사용하는 인터넷 브라우저 혹은 폴더를 하나 더 열 대 사용한다.

정답 ①

14 Windows 보조프로그램인 그림판의 기능에 대한 다음의 설명 중 올바르지 않은 것을 모두 고르면?

[그림판]
㉠ 그림판은 간단한 그림을 그리거나 편집하기 위해 사용하는 프로그램이다.
㉡ 그림판으로 작성한 파일의 형식은 PNG, JPEG, TIFF, TXT, GIF 등으로 저장할 수 있다.
㉢ 원 또는 직사각형을 표현할 수 있으며, 정원이나 정사각형태의 도형 그리기는 지원되지 않는다.
㉣ 그림판에서 그림을 그린 다음 다른 문서에 붙여넣거나 바탕화면 배경으로 사용할 수 있다.
㉤ '색 채우기' 도구는 연필이나 브러시, 도형 등으로 그린 그림에 채우기가 가능하다. 단, 선택한 영역에 대해서는 불가능하다.
㉥ 그림의 크기와 대칭, 회전 등의 작업이 가능하다.

① ㉡, ㉤
② ㉢, ㉣
③ ㉣, ㉤
④ ㉡, ㉢

15 아래의 내용을 읽고 괄호 안에 들어갈 말을 순서대로 바르게 나열한 것은?

> 전 세계적으로 몇 년간 페이스북 등 소셜 네트워크 서비스나 기기 간 통신을 이용한 센서 네트워크, 그리고 기업의 IT 시스템에서 발생하는 대량 데이터의 수집과 분석, 즉 이른바 (㉠)의 활용이 활발해지고 있다. 2013년에는 '데이터 규모'에서 '데이터 분석 및 활용'으로 초점을 이동하면서 기존의 데이터웨어하우스 개념에서 발전지향적인 DW전략과 새로운 데이터 분석 기술이 결합된 (㉡)시대가 도래할 것으로 예상된다.

① ㉠ 소셜네트워크서비스   ㉡ 빅데이터
② ㉠ 온라인거래처리   ㉡ 온라인분석처리
③ ㉠ 빅데이터   ㉡ 빅데이터
④ ㉠ 만물인터넷   ㉡ 만물인터넷

🔒 answer and explanations

빅데이터 (Big Data)는 데이터의 생성 양·주기·형식 등이 이전의 데이터에 비해 상당히 크기 때문에, 이전의 방법으로는 수집·저장·검색·분석이 어려운 방대한 데이터를 말한다. 이러한 빅데이터의 환경은 과거에 비해 데이터의 양이 폭증했다는 점과 함께 데이터의 종류도 상당히 다양해져 사람들의 행동은 물론 위치정보 및 SNS 등을 통해 생각과 의견까지도 분석하고 예측이 가능하다.

정답 ③

16 다음 중 메모장에 대한 설명으로 옳지 않은 것은?

① 워드패드보다 간단한 작업을 위해 만들어진 것이다.

② F5키를 누르면 연도, 월, 일, 시간이 자동으로 작성되는 기능이 있다.

③ 초기 메모장과 비교했을 때 현재 메모장의 UI는 완전히 교체되었다.

④ Microsoft Windows에 내장된 텍스트 편집 프로그램이다.

ǒ answer and explanations

메모장은 Windows 95 시절부터 현재까지도 인터페이스의 변화가 거의 없다.

ⓞ정답　③

17 맥켄지의 7S 모델에서 모든 조직구성원들이 공유하는 기업의 핵심 이념이나 가치관, 목적 등을 말하며 구성원뿐 아니라 고객이나 투자자 등 다양한 이해관계자들에게 영향을 미치게 된다는 점에서 가장 중요한 요소로 고려되는 요소는?

① 공유가치(shared value)

② 조직구조(structure)

③ 시스템(system)

④ 스타일(style)

🔅 **answer and explanations**

② 조직구조(structure): 전략을 실행해 가기 위한 틀로서 조직도라 할 수 있다. 구성원들의 역할과 구성원간 상호관계를 지배하는 공식 요소들(예. 권한, 책임)을 포함한다. 시스템과 함께 구성원들의 행동을 특정 방향으로 유도하는 역할을 한다.

③ 시스템(system): 조직의 관리체계나 운영절차, 제도 등을 말한다. 성과관리, 보상제도, 경영정보시스템 등 경영 각 분야의 관리제도나 절차 등을 수반하며 구성원들의 행동을 조직이 원하는 방향으로 유도하는 역할을 한다.

④ 스타일(style): 조직을 이끌어나가는 관리자의 경영방식이나 리더십 스타일을 말한다. 관리자에 따라 민주적, 독선적, 방임적 등 다양하게 나타날 수 있으며 조직구성원들의 동기부여나 조직문화에 직접적인 영향을 미치게 된다.

◑정답 ①

18 다음 리더십 이론에 관한 설명 중 바르지 않은 것은?

① 서번트 리더십은 타인을 위한 봉사에 초점을 두고, 구성원과 소비자의 커뮤니티를 우선으로 그들의 니즈를 만족시키기 위해 헌신하는 유형의 리더십이다.

② 규범적 리더십모형에서는 의사결정과정에서 리더가 선택할 수 있는 리더십의 스타일을 5가지로 구분하였다.

③ 거래적 리더십은 규칙을 따르는 의무에 관계되어 있으므로 거래적 리더들은 변화를 촉진하기보다 조직의 안정을 유지하는 것을 중시한다.

④ 상황부합 이론에 의하면 상황이 아주 좋거나 나쁠 때는 관계지향 리더가 효과적인 반면, 보통 상황에서는 과제지향 리더가 효과적이다.

⚷ answer and explanations

④ 상황부합 이론에 따르면, 상황이 아주 좋거나 반대로 나쁠 때는 과제지향 리더가 효과적인 반면, 보통 상황에서는 관계지향 리더가 효과적이다.

ⓞ정답 ④

19 다음 중 국민연금공단이 하는 일로 옳지 않은 것은?

① 국민연금기금 운용 전문인력 양성
② 가입자 및 가입자였던 자에 대한 기금증식을 위한 자금 대여사업
③ 가입자에 대한 기록의 관리 및 폐기
④ 가입 대상과 수급권자 등을 위한 노후준비서비스 사업

20 다음 중 국민연금공단의 미션으로 적절한 것은?

① 지속가능한 연금과 복지서비스로 국민의 생활안정과 행복한 삶에 기여

② 국민과 함께하는 혁신경영, 연금가족과 행복한 동행

③ 안정적인 연금복지 서비스로 국민의 복지향상과 사회공헌을 돕는다.

④ 세대를 이어 행복을 더하는 글로벌 리딩 연금기관

🔓 answer and explanations

② 공무원연금공단의 비전
③ 공무원연금공단의 미션
④ 국민연금공단의 비전

◎정답 ①

PART

II

국민연금공단 소개

01 공단소개 및 채용안내

1 국민연금공단 소개

(1) 국민연금공단 소개

① **설립 목적** … 국민의 노령, 장애 또는 사망에 대하여 연금급여를 실시함으로써 국민의 생활 안정과 복지 증진에 이바지 하는 것을 목적으로 한다.

② **임무**
- ㉠ 가입자에 대한 기록의 관리 및 유지
- ㉡ 연금보험료의 부과
- ㉢ 급여의 결정 및 지급
- ㉣ 가입자, 가입자였던 자, 수급권자 및 수급자를 위한 자금의 대여와 복지시설의 설치·운영 등 복지사업
- ㉤ 가입자 및 가입자였던 자에 대한 기금증식을 위한 자금 대여사업
- ㉥ 가입 대상과 수급권자 등을 위한 노후준비서비스 사업
- ㉦ 국민연금제도·재정계산·기금운용에 관한 조사연구
- ㉧ 국민연금기금 운용 전문인력 양성
- ㉨ 국민연금에 관한 국제협력
- ㉩ 그 밖에 이 법 또는 다른 법령에 따라 위탁받은 사항
- ㉪ 그 밖에 국민연금사업에 관하여 보건복지부장관이 위탁하는 사항

③ **경영방침**

국민이 행복한 국민 모두의 연금 : 미래 삶의 희망이 되는 연금, 국민 누구나 혜택을 누리는 연금을 만들겠습니다.

- ㉠ 모두 함께 행복한 국민 : 국민연금과 복지서비스의 포용성 강화로 국민 모두의 행복을 증진시키겠습니다.

ⓒ 든든하고 신뢰받는 연금 : 제도운영, 기금운용 및 복지서비스 등 충실한 사업 수행으로 제도의 지속 가능성과 국민 신뢰를 높여 나가겠습니다.

ⓒ 스스로 혁신하는 공단 : 디지털 전환 등 변화를 선도하여 보다 큰 사회적 가치를 실현하는 자발적 혁신을 추진하겠습니다.

(2) 미션 · 비전

① 미션

ㄱ 지속가능한 연금과 복지서비스로 국민의 생활 안정과 행복한 삶에 기여

ㄴ 노후소득보장을 강화하고 연금의 지속가능성을 제고하며 국민이 필요로 하는 복지서비스를 제공하여 국민의 생활 안정과 행복이 실현되는 '국민이 행복한 나라'를 만드는데 이바지 하겠습니다.

② 비전

ㄱ 세대를 이어 행복을 더하는 글로벌 리딩 연금기관

ㄴ 우리는 연금의 가치가 세대 연대와 통합으로 국민이 함께하는 행복한 삶을 만드는 데 있다고 믿습니다. 2030년까지 포용적 연금복지서비스와 미래성장 기반 강화로 함께 누리는 지속 가능한 연금을 만들겠습니다. 또한 국민 체감 사회적 가치 실현으로 공공기관의 책임을 다하고, 자율 혁신을 강화해 전 세계의 모범이 되는 연금이 되겠습니다.

(3) 핵심가치

① **포용과 행복** ··· 우리는 포용복지 실현으로 국민 행복에 기여하는 것을 사업과 기관 운영의 최우선으로 한다.

② **책임과 신뢰** ··· 우리는 부여된 목표에 책임을 다해 국민, 정부, 협력기관에게 신뢰받는 기관을 만든다.

③ **공정과 혁신** ··· 우리는 모든 업무를 공정하게 수행하고, 스스로 혁신하는 조직문화를 만든다.

(4) 경영슬로건

국민을 든든하게 연금을 튼튼하게

① **국민을 든든하게**

ㄱ 기본적인 소명을 충실히 완수하여 국민 신뢰를 제고하겠습니다.

ㄴ 고객이 감동할 때까지 연금서비스의 가치를 높이겠습니다.

② 연금을 튼튼하게

지속적으로 발전하는 선진 국민연금을 만들겠습니다.

(5) 전략목표 및 과제

① 포용적 연금복지 서비스 구현

    ㉠ 가입자 확대 및 관리 고도화

    ㉡ 포용적 연금서비스 강화

    ㉢ 수요자 중심의 복지서비스 강화

    ㉣ 전국민 노후준비지원 강화

② 지속가능 성장동력 창출

    ㉠ 기금운용의 안정적 수익제고

    ㉡ ESG 중심의 투자 활성화

    ㉢ 미래대비 디지털 전환추진

    ㉣ 변화 대응 위한 선제적 연구 강화

③ 국민체감 사회적 가치 실현

    ㉠ 안전 · 환경경영 고도화

    ㉡ 윤리 · 준법의 사회적 책임 확대

    ㉢ NPS형 일자리 창출

    ㉣ 상생협력과 지역발전

④ 사람 · 미래 중심의 혁신경영

    ㉠ 사람 · 미래 중심 경영체계구축

    ㉡ 차세대 혁신역량 강화

    ㉢ 참여와 소통의 조직 · 인력운영

    ㉣ 국민 체감 혁신성과 창출

2 **채용안내**

(1) 바람직한 연금인상

① 실천적 윤리人 … 최고의 직업윤리를 갖춘 연금인

② 글로벌 전문人 … 글로벌 전문성을 높이는 연금인

③ 자율적 혁신人 … 혁신과 신기술의 스마트 연금인

(2) 채용원칙

공정하고 투명한 공개채용 – 대국민 서비스 기관에 적합한 우수인재

① 성별제한 폐지

② 학력제한 폐지

③ 연령제한 폐지

④ 전공제한 폐지

⑤ 능력중심

⑥ 역량중심

(3) 전형단계 및 방법

① 서류전형

㉠ 방법 : NCS 기반의 평가항목별 정성·정량평가

㉡ 채용 직급 및 직렬별 평가 항목

6급갑 사무직	자기소개서*, 교육사항, 자격사항, 공인어학성적
6급갑 심사·기술직, 6급을	자기소개서*, 교육사항, 자격사항

* 모든 지원자(서류전형 우대자 포함)는 반드시 작성하여야 하며, 불성실 작성자, 허위기재자에 대한 불이익이 있음

㉢ 선발 : 채용예정인원의 10배수

② 필기시험

㉠ 시험과목 : 직업기초능력평가(60문항) 및 종합직무지식평가(50문항)

※ 6급을(고졸자)은 직업기초능력평가만 실시

㉡ 직업기초능력평가 및 종합직무지식평가 점수를 합산한 점수에 가점을 더하여 합격자 선발

㉢ 선발인원 : 채용예정인원의 2배수 선발

③ 인성검사

㉠ 대상 : 필기시험 대상자

㉡ 방법 : 필기시험 당일 인성 검사 실시*

* 필기시험실시 이후 인성검사

④ 면접전형

㉠ 대상 : 증빙자료 등록자

㉡ 방법 : 경험·상황 면접, 집단토론, 발표면접

㉢ 장소 : 공단 본부(전북 전주)

※「코로나19」상황 등 내·외부 사정에 따라 일정 및 장소는 변경 가능

⑤ 최종합격자 선발

㉠ 대상 : 면접전형 합격자

㉡ 방법 : 면접전형 합격자 중 필기시험 성적과 면접전형 성적을 합산하여 최종합격자 선발

㉢ 입사지원서의 기재사항 및 제출자료 등의 내용이 사실과 다른 경우에는 불합격 처리

(4) 필기시험 과목

① 직업기초능력평가

　　㉠ 객관식 60문항

　　㉡ 의사소통능력, 문제해결능력, 수리능력, 조직이해능력, 정보능력, 직업윤리

② 종합직무지식평가

　　㉠ 객관식 50문항

　　㉡ 법, 행정 · 경영 · 경제, 국민연금법 등 사회보장론 관련 지식

(5) 응시자격

① 성별 · 연령 · 학력 제한 없음 [공단 정년(만 60세) 이상자는 제외]

② 대한민국 국적을 보유한 자

③ 공단이 정한 임용일부터 교육입소 및 근무가 가능한 자

④ 공단 [인사규정 제11조(결격사유)]에 해당하지 않는 자

> 다음 각 호의 어느 하나에 해당하는 사람은 직원으로 임용될 수 없다.
> 1. 피성년후견인 또는 피한정후견인
> 2. 파산선고를 받고 복권되지 아니한 사람
> 3. 금고 이상의 형을 선고받고 그 집행이 종료되거나 집행을 받지 아니하기로 확정된 날로부터 5년이 지나지 않은 사람
> 4. 금고 이상의 형을 선고받고 그 집행유예 기간이 끝난 날로부터 2년이 지나지 않은 사람
> 5. 금고 이상의 형의 선고유예를 받은 경우에 그 선고유예 기간 중에 있는 사람
> 6. 법률 또는 법원의 판결에 의하여 자격이 상실 또는 정지된 사람
> 6의2. 공단 직원으로 재직기간 중 직무와 관련하여 「형법」 제355조 및 제356조에 규정된 죄를 범한 사람으로서 300만 원 이상의 벌금형을 선고받고 그 형이 확정된 후 2년이 지나지 않은 사람
> 6의3. 「성폭력범죄의 처벌 등에 관한 특례법」 제2조에 따른 성폭력범죄를 저지른 사람으로서 100만원 이상의 벌금형을 선고받고 그 형이 확정된 후 3년이 지나지 않은 사람
> 6의4. 미성년자에 대한 다음 각 목의 어느 하나에 해당하는 죄를 저질러 파면 · 해임되거나 형 또는 치료감호를 선고받아 그 형 또는 치료감호가 확정된 사람(집행유예를 선고받은 후 그 집행유예기간이 경과한 사람을 포함한다)

가. 「성폭력범죄의 처벌 등에 관한 특례법」제2조에 따른 성폭력범죄

　　나. 「아동·청소년의 성보호에 관한 법률」제2조 제2호에 따른 아동·청소년 대상 성범죄

7. 전직근무기관에서 징계처분에 의하여 파면된 날로부터 5년, 해임된 날로부터 3년이 지나지 않은 사람

8. 「병역법」상의 병역의무를 기피중인 사람

9. 「부패방지 및 국민권익위원회의 설치와 운영에 관한 법률」제82조에 따른 비위면직자 등의 취업제한 적용을 받는 사람

10. 공단 또는 다른 공공기관에서 부정한 방법으로 채용된 사실이 적발되어 채용이 취소된 경우에 채용이 취소된 날로부터 5년이 지나지 않은 사람

(6) 이전지역인재 채용목표제 운영

합격자 중 이전지역인재가 목표비율에 미달하는 경우 모집인원을 초과하여 추가로 합격, 다만 공단에서 정한 채용합격 하한선(합격선의 −3점)에 미달하는 경우는 제외

① **이전지역인재** ··· 대학까지의 최종학력을 기준으로 전북소재 학교를 최종적으로 졸업하였거나, 졸업예정인 사람

② **적용대상** ··· 6급갑 사무직 일반 전국·장애인 분야 및 6급을 사무직

③ **채용목표인원** ··· 적용대상 모집인원의 30%

　　※ 인원계산 시 소수점 이하는 올림

④ **적용단계** ··· 서류전형, 필기시험, 최종합격자 선발 등 전형 숯 단계

(7) 우대사항

① 동일 우대 분야 내 가장 유리한 가점 1개만 인정하고 서로 다른 분야는 중복하여 인정

우대분야		인정대상	적용단계
사회 형평	취업지원	취업지원대상자	서류
			필기, 면접
	장애인	「장애인고용촉진 및 직업재활법 시행령」 제3조 및 제4조	서류
			필기, 면접
	저소득층	「공무원임용시험령」 제2조	서류
	북한이탈주민	「북한이탈주민의 보호 및 정착지원에 관한 법률」 제2조제1호	서류
	다문화가족	「다문화가족지원법」 제2조	서류
청년인턴 경험자		2021년 우리 공단에서 3개월(90일) 이상 성실하게 근무한 청년인턴	서류
국민연금 대학생 홍보대사		2020년 이후 국민연금 대학생 홍보대사 수료자	서류
		※ 공단 인사규정시행규칙 제19조 해당자	
6급갑 시간선택제 근로자		우리 공단에서 6급갑 시간선택제 근로자로 6개월 이상 근무한 자 ※ 6급갑 사무직만 적용	서류
이전지역(전북) 인재		「혁신도시 조성 및 발전에 관한 특별법」 제29조의2 〈이전공공기관 등의 지역인재 채용 등〉	서류, 필기, 면접

02 공단 관련기사

국민연금 발전 방향 논의를 위한 전문가 토론회 개최

– 연금개혁의 기초를 위해 전문가가 모여 나아갈 방향을 평가

국민연금연구원은 지난 9월 21일 국민연금공단 서울남부지역본부에서 「국민연금 전문가 토론회(포럼)」을 개최하였다. 이는 기초연금·국민연금의 관계·현황·쟁점과 바람직한 발전방향을 위해 주제로 진행이 되었다.

연금제도는 복잡하고 다양한 이해관계자가 얽혀 있어 고도의 전문성이 요구되는 분야이며 문제의식이나 개혁 방향성에 대한 의견으로 연금개혁은 코끼리 옮기기에 비유되기도 하였다.

이에 제5차 재정계산을 앞두고 국민연금연구원은 사실 확인과 전문가들 간 이견을 조율하여 이번 토론회를 개최하였다. 토론회에서는 향후 운영방향과 토의 주제에 대해 논의하고, 기초연금과 국민연금의 관계 및 현황과 쟁점을 논의하였다.

토론에서는 국민연금 가입 유인과 연계감액제도를 중심으로 기초·국민연금의 현재 관계와 쟁점을 확인하고, 최저소득보장과 보편적 기초연금 등의 개혁방안에 대한 논의가 진행되었다.

2014년, 소득 하위 70% 노인 대상과 20만 원으로 도입된 기초연금은 지속 확대되면서 다층노후소득보장의 큰 축을 담당하고 있지만 막대한 예산이 들어간 만큼, 노인빈곤 해소 효과나 보편적 노후 소득 보장으로서 역할 등과 같은 검토가 필요한 시점이란 평가이다.

국민연금 개혁을 위하여 국민들의 의견 수렴을 얻고자 공론장을 마련하기 위해 "백지광고"를 게재하고 국민연금온에어에서 의견을 받는 등, 상생의 국민과의 소통을 적극 추진할 계획이다.

–2022. 9. 21.

면접질문	• 우리 공단이 보유하고 있는 국제표준화 인증에는 무엇이 있는가?
	• 국제표준 개인정보보호 관리체계 인증 취득 인증을 통해 우리 공단이 얻을 수 있는 이익은 무엇인가?

지속가능한 자원 Credit 펀드 첫 약정

– 사모펀드 약정, 재생에너지 · 기후 변동 · 에너지 전환에 투자

25일, 국민연금공단 기금운용본부는 환경 · 사회 · 책임투자(ESG) 전략과 관련하여 이달 중 Credit 플랫폼 펀드에 약정했다고 밝히었다. 이는 블랙스톤 크레딧의 지속가능 자원(Sustainable Resources)으로 장기적인 안정적인 수익 제고 및 포트폴리오의 다변화를 위한 대체 펀드이다.

지속가능 자원 Credit 펀드는 ESG 관련 섹터 내 기업들과 크레딧 전략을 통해 협업하는 것을 목적으로 하며 높은 성장성뿐 아니라, 물가 및 이자율 상승에 대한 하방 안정성을 같이 추구할 수 있다.

크레딧 구조란 수익의 안정성을 위해 변동금리 및 선순위 상환 구조를 통해 제고한 구조로 블랙스톤 크레딧 부문의 경우 크레딧 전문 운용사인 GSO Capital Partners를 블랙스톤 그룹이 인수해 설립됐다.

기금운용본부장은 "국민연금을 많은 시간 신중한 검토 끝에 투자 포트폴리오 다변화 및 신규 전략 발굴을 위한 노력을 통해 지속가능 자원 Credit 플랫폼 펀드 약정을 결정했다"며 "동 펀드는 ESG 관점에서 투자의 매력도가 높아 글로벌 트렌드로 자리 매김했으며 기금의 수익률 제고 역시 기여할 것으로 기대된다"라고 말했다.

-2022. 8. 25.

면접질문	• 우리 공단의 미션을 말해보시오. • 우리 공단이 추구하는 핵심 가치를 말해보시오.

PART

III

직업기초능력평가

01 의사소통능력

1 **의사소통과 의사소통능력**

(1) 의사소통

① **개념** … 사람들 간에 생각이나 감정, 정보, 의견 등을 교환하는 총체적인 행위로, 직장생활에서의 의사소통은 조직과 팀의 효율성과 효과성을 성취할 목적으로 이루어지는 구성원 간의 정보와 지식 전달 과정이라고 할 수 있다.

② **기능** … 공동의 목표를 추구해 나가는 집단 내의 기본적 존재 기반이며 성과를 결정하는 핵심 기능이다.

③ **의사소통의 종류**
   ㉠ 언어적인 것 : 대화, 전화통화, 토론 등
   ㉡ 문서적인 것 : 메모, 편지, 기획안 등
   ㉢ 비언어적인 것 : 몸짓, 표정 등

④ **의사소통을 저해하는 요인** … 정보의 과다, 메시지의 복잡성 및 메시지 간의 경쟁, 상이한 직위와 과업지향형, 신뢰의 부족, 의사소통을 위한 구조상의 권한, 잘못된 매체의 선택, 폐쇄적인 의사소통 분위기 등

(2) 의사소통능력

① **개념** … 의사소통능력은 직장생활에서 문서나 상대방이 하는 말의 의미를 파악하는 능력, 자신의 의사를 정확하게 표현하는 능력, 간단한 외국어 자료를 읽거나 외국인의 의사표시를 이해하는 능력을 포함한다.

② **의사소통능력 개발을 위한 방법**
   ㉠ 사후검토와 피드백을 활용한다.
   ㉡ 명확한 의미를 가진 이해하기 쉬운 단어를 선택하여 이해도를 높인다.
   ㉢ 적극적으로 경청한다.
   ㉣ 메시지를 감정적으로 곡해하지 않는다.

2 | 의사소통능력을 구성하는 하위능력

(1) 문서이해능력

① 문서와 문서이해능력

    ㉠ 문서 : 제안서, 보고서, 기획서, 이메일, 팩스 등 문자로 구성된 것으로 상대방에게 의사를 전달하여 설득하는 것을 목적으로 한다.

    ㉡ 문서이해능력 : 직업현장에서 자신의 업무와 관련된 문서를 읽고, 내용을 이해하고 요점을 파악할 수 있는 능력을 말한다.

예제 1

다음은 신용카드 약관의 주요내용이다. 규정 약관을 제대로 이해하지 못한 사람은?

> **[부가서비스]**
> 카드사는 법령에서 정한 경우를 제외하고 상품을 새로 출시한 후 1년 이내에 부가서비스를 줄이거나 없앨 수가 없다. 또한 부가서비스를 줄이거나 없앨 경우에는 그 세부내용을 변경일 6개월 이전에 회원에게 알려주어야 한다.
>
> **[중도 해지 시 연회비 반환]**
> 연회비 부과기간이 끝나기 이전에 카드를 중도해지하는 경우 남은 기간에 해당하는 연회비를 계산하여 10 영업일 이내에 돌려줘야 한다. 다만, 카드 발급 및 부가서비스 제공에 이미 지출된 비용은 제외된다.
>
> **[카드 이용한도]**
> 카드 이용한도는 카드 발급을 신청할 때에 회원이 신청한 금액과 카드사의 심사기준을 종합적으로 반영하여 회원이 신청한 금액 범위 이내에서 책정되며 회원의 신용도가 변동되었을 때에는 카드사는 회원의 이용한도를 조정할 수 있다.
>
> **[부정사용 책임]**
> 카드 위조 및 변조로 인하여 발생된 부정사용 금액에 대해서는 카드사가 책임을 진다. 다만, 회원이 비밀번호를 다른 사람에게 알려주거나 카드를 다른 사람에게 빌려주는 등의 중대한 과실로 인해 부정사용이 발생하는 경우에는 회원이 그 책임의 전부 또는 일부를 부담할 수 있다.

① 혜수 : 카드사는 법령에서 정한 경우를 제외하고는 1년 이내에 부가서비스를 줄일 수 없어

② 진성 : 카드 위조 및 변조로 인하여 발생된 부정사용 금액은 일괄 카드사가 책임을 지게 돼

③ 영훈 : 회원의 신용도가 변경되었을 때 카드사가 이용한도를 조정할 수 있어

④ 영호 : 연회비 부과기간이 끝나기 이전에 카드를 중도해지하는 경우에는 남은 기간에 해당하는 연회비를 카드사는 돌려줘야 해

출제의도

주어진 약관의 내용을 읽고 그에 대한 상세 내용의 정보를 이해하는 능력을 측정하는 문항이다.

해 설

② 부정사용에 대해 고객의 과실이 있으면 회원이 그 책임의 전부 또는 일부를 부담할 수 있다.

답 ②

② 문서의 종류

    ㉠ **공문서** : 정부기관에서 공무를 집행하기 위해 작성하는 문서로, 단체 또는 일반회사에서 정부기관을 상대로 사업을 진행할 때 작성하는 문서도 포함된다. 엄격한 규격과 양식이 특징이다.

    ㉡ **기획서** : 아이디어를 바탕으로 기획한 프로젝트에 대해 상대방에게 전달하여 시행하도록 설득하는 문서이다.

    ㉢ **기안서** : 업무에 대한 협조를 구하거나 의견을 전달할 때 작성하는 사내 공문서이다.

    ㉣ **보고서** : 특정한 업무에 관한 현황이나 진행 상황, 연구·검토 결과 등을 보고하고자 할 때 작성하는 문서이다.

    ㉤ **설명서** : 상품의 특성이나 작동 방법 등을 소비자에게 설명하기 위해 작성하는 문서이다.

    ㉥ **보도자료** : 정부기관이나 기업체 등이 언론을 상대로 자신들의 정보를 기사화 되도록 하기 위해 보내는 자료이다.

    ㉦ **자기소개서** : 개인이 자신의 성장과정이나, 입사 동기, 포부 등에 대해 구체적으로 기술하여 자신을 소개하는 문서이다.

    ㉧ **비즈니스 레터(E-mail)** : 사업상의 이유로 고객에게 보내는 편지다.

    ㉨ **비즈니스 메모** : 업무상 확인해야 할 일을 메모형식으로 작성하여 전달하는 글이다.

③ **문서이해의 절차** … 문서의 목적 이해 → 문서 작성 배경·주제 파악 → 정보 확인 및 현안문제 파악 → 문서 작성자의 의도 파악 및 자신에게 요구되는 행동 분석 → 목적 달성을 위해 취해야 할 행동 고려 → 문서 작성자의 의도를 도표나 그림 등으로 요약·정리

(2) 문서작성능력

① 작성되는 문서에는 대상과 목적, 시기, 기대효과 등이 포함되어야 한다.

② 문서작성의 구성요소

    ㉠ 짜임새 있는 골격, 이해하기 쉬운 구조

    ㉡ 객관적이고 논리적인 내용

    ㉢ 명료하고 설득력 있는 문장

    ㉣ 세련되고 인상적인 레이아웃

다음은 들은 내용을 구조적으로 정리하는 방법이다. 순서에 맞게 배열하면?

> ㉠ 관련 있는 내용끼리 묶는다.
> ㉡ 묶은 내용에 적절한 이름을 붙인다.
> ㉢ 전체 내용을 이해하기 쉽게 구조화한다.
> ㉣ 중복된 내용이나 덜 중요한 내용을 삭제한다.

① ㉠㉡㉢㉣   ② ㉠㉡㉣㉢
③ ㉡㉠㉢㉣   ④ ㉡㉠㉣㉢

출제의도

음성정보는 문자정보와는 달리 쉽게 잊혀지기 때문에 음성정보를 구조화시키는 방법을 묻는 문항이다.

해 설

내용을 구조적으로 정리하는 방법은 '㉠ 관련 있는 내용끼리 묶는다. → ㉡ 묶은 내용에 적절한 이름을 붙인다. → ㉣ 중복된 내용이나 덜 중요한 내용을 삭제한다. → ㉢ 전체 내용을 이해하기 쉽게 구조화 한다.'가 적절하다.

답 ②

③ 문서의 종류에 따른 작성방법

　㉠ 공문서

　　• 육하원칙이 드러나도록 써야 한다.

　　• 날짜는 반드시 연도와 월, 일을 함께 언급하며, 날짜 다음에 괄호를 사용할 때는 마침표를 찍지 않는다.

　　• 대외문서이며, 장기간 보관되기 때문에 정확하게 기술해야 한다.

　　• 내용이 복잡할 경우 '-다음-', '-아래-'와 같은 항목을 만들어 구분한다.

　　• 한 장에 담아내는 것을 원칙으로 하며, 마지막엔 반드시 '끝'자로 마무리 한다.

　㉡ 설명서

　　• 정확하고 간결하게 작성한다.

　　• 이해하기 어려운 전문용어의 사용은 삼가고, 복잡한 내용은 도표화 한다.

　　• 명령문보다는 평서문을 사용하고, 동어 반복보다는 다양한 표현을 구사하는 것이 바람직하다.

　㉢ 기획서

　　• 상대를 설득하여 기획서가 채택되는 것이 목적이므로 상대가 요구하는 것이 무엇인지 고려하여 작성하며, 기획의 핵심을 잘 전달하였는지 확인한다.

　　• 분량이 많을 경우 전체 내용을 한눈에 파악할 수 있도록 목차구성을 신중히 한다.

　　• 효과적인 내용 전달을 위한 표나 그래프를 적절히 활용하고 산뜻한 느낌을 줄 수 있도록 한다.

　　• 인용한 자료의 출처 및 내용이 정확해야 하며 제출 전 충분히 검토한다.

ⓔ 보고서

- 도출하고자 한 핵심내용을 구체적이고 간결하게 작성한다.
- 내용이 복잡할 경우 도표나 그림을 활용하고, 참고자료는 정확하게 제시한다.
- 제출하기 전에 최종점검을 하며 질의를 받을 것에 대비한다.

예제 3

다음 중 공문서 작성에 대한 설명으로 가장 적절하지 못한 것은?

① 공문서나 유가증권 등에 금액을 표시할 때에는 한글로 기재하고 그 옆에 괄호를 넣어 숫자로 표기한다.
② 날짜는 숫자로 표기하되 년, 월, 일의 글자는 생략하고 그 자리에 온점(.)을 찍어 표시한다.
③ 첨부물이 있는 경우에는 붙임 표시문 끝에 1자 띄우고 "끝."이라고 표시한다.
④ 공문서의 본문이 끝났을 경우에는 1자를 띄우고 "끝."이라고 표시한다.

출제의도

업무를 할 때 필요한 공문서 작성법을 잘 알고 있는지를 측정하는 문항이다.

해 설

공문서 금액 표시
아라비아 숫자로 쓰고, 숫자 다음에 괄호를 하여 한글로 기재한다.
예) 123,456원의 표시 : 금 123,456(금 일십이만삼천사백오십육원)

답 ①

---

④ 문서작성의 원칙

ㄱ 문장은 짧고 간결하게 작성한다(간결체 사용).
ㄴ 상대방이 이해하기 쉽게 쓴다.
ㄷ 불필요한 한자의 사용을 자제한다.
ㄹ 문장은 긍정문의 형식을 사용한다.
ㅁ 간단한 표제를 붙인다.
ㅂ 문서의 핵심내용을 먼저 쓰도록 한다(두괄식 구성).

⑤ 문서작성 시 주의사항

ㄱ 육하원칙에 의해 작성한다.
ㄴ 문서 작성시기가 중요하다.
ㄷ 한 사안은 한 장의 용지에 작성한다.
ㄹ 반드시 필요한 자료만 첨부한다.
ㅁ 금액, 수량, 일자 등은 기재에 정확성을 기한다.
ㅂ 경어나 단어사용 등 표현에 신경 쓴다.
ㅅ 문서작성 후 반드시 최종적으로 검토한다.

⑥ 효과적인 문서작성 요령
  ㉠ **내용이해** : 전달하고자 하는 내용과 핵심을 정확하게 이해해야 한다.
  ㉡ **목표설정** : 전달하고자 하는 목표를 분명하게 설정한다.
  ㉢ **구성** : 내용 전달 및 설득에 효과적인 구성과 형식을 고려한다.
  ㉣ **자료수집** : 목표를 뒷받침할 자료를 수집한다.
  ㉤ **핵심전달** : 단락별 핵심을 하위목차로 요약한다.
  ㉥ **대상파악** : 대상에 대한 이해와 분석을 통해 철저히 파악한다.
  ㉦ **보충설명** : 예상되는 질문을 정리하여 구체적인 답변을 준비한다.
  ㉧ **문서표현의 시각화** : 그래프, 그림, 사진 등을 적절히 사용하여 이해를 돕는다.

(3) 경청능력

① **경청의 중요성** … 경청은 다른 사람의 말을 주의 깊게 들으며 공감하는 능력으로 경청을 통해 상대방을 한 개인으로 존중하고 성실한 마음으로 대하게 되며, 상대방의 입장에 공감하고 이해하게 된다.

② **경청을 방해하는 습관** … 짐작하기, 대답할 말 준비하기, 걸러내기, 판단하기, 다른 생각하기, 조언하기, 언쟁하기, 옳아야만 하기, 슬쩍 넘어가기, 비위 맞추기 등

③ 효과적인 경청방법
  ㉠ **준비하기** : 강연이나 프레젠테이션 이전에 나누어주는 자료를 읽어 미리 주제를 파악하고 등장하는 용어를 익혀둔다.
  ㉡ **주의 집중** : 말하는 사람의 모든 것에 집중해서 적극적으로 듣는다.
  ㉢ **예측하기** : 다음에 무엇을 말할 것인가를 추측하려고 노력한다.
  ㉣ **나와 관련짓기** : 상대방이 전달하고자 하는 메시지를 나의 경험과 관련지어 생각해 본다.
  ㉤ **질문하기** : 질문은 듣는 행위를 적극적으로 하게 만들고 집중력을 높인다.
  ㉥ **요약하기** : 주기적으로 상대방이 전달하려는 내용을 요약한다.
  ㉦ **반응하기** : 피드백을 통해 의사소통을 점검한다.

예제 4

다음은 면접스터디 중 일어난 대화이다. 민아의 고민을 해소하기 위한 조언으로 가장 적절한 것은?

> 지섭 : 민아씨, 어디 아파요? 표정이 안 좋아 보여요.
>
> 민아 : 제가 원서 넣은 공단이 내일 면접이어서요. 그동안 스터디를 통해서 면접 연습을 많이 했는데도 벌써부터 긴장이 되네요.
>
> 지섭 : 민아씨는 자기 의견도 명확히 피력할 줄 알고 조리 있게 설명을 잘 하시니 걱정 안하셔도 될 것 같아요. 아, 손에 꽉 쥐고 계신 건 뭔가요?
>
> 민아 : 아, 제가 예상 답변을 정리해서 모아둔거에요. 내용은 거의 외웠는데 이렇게 쥐고 있지 않으면 불안해서..
>
> 지섭 : 그 정도로 준비를 철저히 하셨으면 걱정할 이유 없을 것 같아요.
>
> 민아 : 그래도 압박면접이거나 예상치 못한 질문이 들어오면 어떻게 하죠?
>
> 지섭 : _____

① 시선을 적절히 처리하면서 부드러운 어투로 말하는 연습을 해보는 건 어때요?
② 공식적인 자리인 만큼 옷차림을 신경 쓰는 게 좋을 것 같아요.
③ 당황하지 말고 질문자의 의도를 잘 파악해서 침착하게 대답하면 되지 않을까요?
④ 예상 질문에 대한 답변을 좀 더 정확하게 외워보는 건 어떨까요?

출제의도

상대방이 하는 말을 듣고 질문 의도에 따라 올바르게 답하는 능력을 측정하는 문항이다.

해 설

민아는 압박질문이나 예상치 못한 질문에 대해 걱정을 하고 있으므로 침착하게 대응하라고 조언을 해주는 것이 좋다.

답 ③

(4) 의사표현능력

① **의사표현의 개념과 종류**

ㄱ **개념** : 화자가 자신의 생각과 감정을 청자에게 음성언어나 신체언어로 표현하는 행위이다.

ㄴ **종류**

  • 공식적 말하기 : 사전에 준비된 내용을 대중을 대상으로 말하는 것으로 연설, 토의, 토론 등이 있다.

  • 의례적 말하기 : 사회·문화적 행사에서와 같이 절차에 따라 하는 말하기로 식사, 주례, 회의 등이 있다.

  • 친교적 말하기 : 친근한 사람들 사이에서 자연스럽게 주고받는 대화 등을 말한다.

② **의사표현의 방해요인**

ㄱ **연단공포증** : 연단에 섰을 때 가슴이 두근거리거나 땀이 나고 얼굴이 달아오르는 등의 현상으로 충분한 분석과 준비, 더 많은 말하기 기회 등을 통해 극복할 수 있다.

ⓒ 말 : 말의 장단, 고저, 발음, 속도, 쉼 등을 포함한다.

ⓒ 음성 : 목소리와 관련된 것으로 음색, 고저, 명료도, 완급 등을 의미한다.

ⓡ 몸짓 : 비언어적 요소로 화자의 외모, 표정, 동작 등이다.

ⓜ 유머 : 말하기 상황에 따른 적절한 유머를 구사할 수 있어야 한다.

③ 상황과 대상에 따른 의사표현법

　ⓐ 잘못을 지적할 때 : 모호한 표현을 삼가고 확실하게 지적하며, 당장 꾸짖고 있는 내용에만 한정한다.

　ⓑ 칭찬할 때 : 자칫 아부로 여겨질 수 있으므로 센스 있는 칭찬이 필요하다.

　ⓒ 부탁할 때 : 먼저 상대방의 사정을 듣고 응하기 쉽게 구체적으로 부탁하며 거절을 당해도 싫은 내색을 하지 않는다.

　ⓡ 요구를 거절할 때 : 먼저 사과하고 응해줄 수 없는 이유를 설명한다.

　ⓜ 명령할 때 : 강압적인 말투보다는 '○○을 이렇게 해주는 것이 어떻겠습니까?'와 같은 식으로 부드럽게 표현하는 것이 효과적이다.

　ⓑ 설득할 때 : 일방적으로 강요하기보다는 먼저 양보해서 이익을 공유하겠다는 의지를 보여주는 것이 좋다.

　ⓢ 충고할 때 : 충고는 가장 최후의 방법이다. 반드시 충고가 필요한 상황이라면 예화를 들어 비유적으로 깨우쳐주는 것이 바람직하다.

　ⓞ 질책할 때 : 샌드위치 화법(칭찬의 말 + 질책의 말 + 격려의 말)을 사용하여 청자의 반발을 최소화한다.

예제 5

당신은 팀장님께 업무 지시내용을 수행하고 결과물을 보고 드렸다. 하지만 팀장님께서는 "최대리 업무를 이렇게 처리하면 어떡하나? 누락된 부분이 있지 않은가."라고 말하였다. 이에 대해 당신이 행할 수 있는 가장 부적절한 대처 자세는?

① "죄송합니다. 제가 잘 모르는 부분이라 이수혁 과장님께 부탁을 했는데 과장님께서 실수를 하신 것 같습니다."

② "주의를 기울이지 못해 죄송합니다. 어느 부분을 수정보완하면 될까요?"

③ "지시하신 내용을 제가 충분히 이해하지 못하였습니다. 내용을 다시 한 번 여쭤보아도 되겠습니까?"

④ "부족한 내용을 보완하는 자료를 취합하기 위해서 하루정도가 더 소요될 것 같습니다. 언제까지 재작성하여 드리면 될까요?"

출제의도

상사가 잘못을 지적하는 상황에서 어떻게 대처해야 하는지를 묻는 문항이다.

해 설

상사가 부탁한 지시사항을 다른 사람에게 부탁하는 것은 옳지 못하며 설사 그렇다고 해도 그 일의 과오에 대해 책임을 전가하는 것은 지양해야 할 자세이다.

답 ①

④ 원활한 의사표현을 위한 지침

　　㉠ 올바른 화법을 위해 독서를 하라.

　　㉡ 좋은 청중이 되라.

　　㉢ 칭찬을 아끼지 마라.

　　㉣ 공감하고, 긍정적으로 보이게 하라.

　　㉤ 겸손은 최고의 미덕임을 잊지 마라.

　　㉥ 과감하게 공개하라.

　　㉦ 뒷말을 숨기지 마라.

　　㉧ 첫마디 말을 준비하라.

　　㉨ 이성과 감성의 조화를 꾀하라.

　　㉩ 대화의 룰을 지켜라.

　　㉪ 문장을 완전하게 말하라.

⑤ 설득력 있는 의사표현을 위한 지침

　　㉠ 'Yes'를 유도하여 미리 설득 분위기를 조성하라.

　　㉡ 대비 효과로 분발심을 불러 일으켜라.

　　㉢ 침묵을 지키는 사람의 참여도를 높여라.

　　㉣ 여운을 남기는 말로 상대방의 감정을 누그러뜨려라.

　　㉤ 하던 말을 갑자기 멈춤으로써 상대방의 주의를 끌어라.

　　㉥ 호칭을 바꿔서 심리적 간격을 좁혀라.

　　㉦ 끄집어 말하여 자존심을 건드려라.

　　㉧ 정보전달 공식을 이용하여 설득하라.

　　㉨ 상대방의 불평이 가져올 결과를 강조하라.

　　㉩ 권위 있는 사람의 말이나 작품을 인용하라.

　　㉪ 약점을 보여 주어 심리적 거리를 좁혀라.

　　㉫ 이상과 현실의 구체적 차이를 확인시켜라.

　　㉬ 자신의 잘못도 솔직하게 인정하라.

　　㉭ 집단의 요구를 거절하려면 개개인의 의견을 물어라.

　　ⓐ 동조 심리를 이용하여 설득하라.

　　ⓑ 지금까지의 노고를 치하한 뒤 새로운 요구를 하라.

　　ⓒ 담당자가 대변자 역할을 하도록 하여 윗사람을 설득하게 하라.

　　ⓓ 겉치레 양보로 기선을 제압하라.

　　ⓔ 변명의 여지를 만들어 주고 설득하라.

　　ⓕ 혼자 말하는 척하면서 상대의 잘못을 지적하라.

(5) 기초외국어능력

① 기초외국어능력의 개념과 필요성

    ㉠ 개념 : 기초외국어능력은 외국어로 된 간단한 자료를 이해하거나, 외국인과의 전화응대와 간단한 대화 등 외국인의 의사표현을 이해하고, 자신의 의사를 기초외국어로 표현할 수 있는 능력이다.

    ㉡ 필요성 : 국제화 · 세계화 시대에 다른 나라와의 무역을 위해 우리의 언어가 아닌 국제적인 통용어를 사용하거나 그들의 언어로 의사소통을 해야 하는 경우가 생길 수 있다.

② 외국인과의 의사소통에서 피해야 할 행동

    ㉠ 상대를 볼 때 흘겨보거나, 노려보거나, 아예 보지 않는 행동

    ㉡ 팔이나 다리를 꼬는 행동

    ㉢ 표정이 없는 것

    ㉣ 다리를 흔들거나 펜을 돌리는 행동

    ㉤ 맞장구를 치지 않거나 고개를 끄덕이지 않는 행동

    ㉥ 생각 없이 메모하는 행동

    ㉦ 자료만 들여다보는 행동

    ㉧ 바르지 못한 자세로 앉는 행동

    ㉨ 한숨, 하품, 신음소리를 내는 행동

    ㉩ 다른 일을 하며 듣는 행동

    ㉪ 상대방에게 이름이나 호칭을 어떻게 부를지 묻지 않고 마음대로 부르는 행동

③ 기초외국어능력 향상을 위한 공부법

    ㉠ 외국어공부의 목적부터 정하라.

    ㉡ 매일 30분씩 눈과 손과 입에 밸 정도로 반복하라.

    ㉢ 실수를 두려워하지 말고 기회가 있을 때마다 외국어로 말하라.

    ㉣ 외국어 잡지나 원서와 친해져라.

    ㉤ 소홀해지지 않도록 라이벌을 정하고 공부하라.

    ㉥ 업무와 관련된 주요 용어의 외국어는 꼭 알아두자.

    ㉦ 출퇴근 시간에 외국어 방송을 보거나, 듣는 것만으로도 귀가 트인다.

    ㉧ 어린이가 단어를 배우듯 외국어 단어를 암기할 때 그림카드를 사용해 보라.

    ㉨ 가능하면 외국인 친구를 사귀고 대화를 자주 나눠 보라.

01 출제예상문제

1 다음 글은 사회보장제도와 국민연금에 관한 내용이다. 다음 글을 읽고 정리한 〈보기〉의 내용 중 빈 칸 ⑺, ⑷에 들어갈 적절한 말이 순서대로 나열된 것은?

> 산업화 이전의 사회에서도 인간은 질병·노령·장애·빈곤 등과 같은 문제를 겪어 왔습니다. 그러나 이 시기의 위험은 사회구조적인 차원의 문제라기보다는 개인적인 문제로 여겨졌습니다. 이에 따라 문제의 해결 역시 사회구조적인 대안보다는 개인이나 가족의 책임 아래에서 이루어졌습니다.
>
> 그러나 산업사회로 넘어오면서 환경오염, 산업재해, 실직 등과 같이 개인의 힘만으로는 해결하기 어려운 각종 사회적 위험이 부각되었고, 부양 공동체 역할을 수행해오던 대가족 제도가 해체됨에 따라, 개인 차원에서 다루어지던 다양한 문제들이 국가개입 필요성이 요구되는 사회적 문제로 대두되기 시작했습니다.
>
> 이러한 다양한 사회적 위험으로부터 모든 국민을 보호하여 빈곤을 해소하고 국민생활의 질을 향상시키기 위해 국가는 제도적 장치를 마련하였는데, 이것이 바로 사회보장제도입니다. 우리나라에서 시행되고 있는 대표적인 사회보장제도는 국민연금, 건강보험, 산재보험, 고용보험, 노인장기요양보험 등과 같은 사회보험제도, 기초생활보장과 의료보장을 주목적으로 하는 공공부조제도인 국민기초생활보장제도, 그리고 노인·부녀자·아동·장애인 등을 대상으로 제공되는 다양한 사회복지서비스 등이 있습니다. 우리나라의 사회보장제도는 1970년대까지만 해도 구호사업과 구빈정책 위주였으나, 1970년대 후반에 도입된 의료보험과 1988년 실시된 국민연금제도를 통해 그 외연을 확장할 수 있었습니다.
>
> 이처럼 다양한 사회보장제도 중에서 국민연금은 보험원리에 따라 운영되는 대표적인 사회보험제도라고 할 수 있습니다. 즉, 가입자, 사용자로부터 일정액의 보험료를 받고, 이를 재원으로 사회적 위험에 노출되어 소득이 중단되거나 상실될 가능성이 있는 사람들에게 다양한 급여를 제공하는 제도입니다. 국민연금제도를 통해 제공되는 급여에는 노령으로 인한 근로소득 상실을 보전하기 위한 노령연금, 주소득자의 사망에 따른 소득상실을 보전하기 위한 유족연금, 질병 또는 사고로 인한 장기근로능력 상실에 따른 소득상실을 보전하기 위한 장애연금 등이 있으며, 이러한 급여를 지급함으로써 국민의 생활안정과 복지증진을 도모하고자 합니다.

〈보기〉

사회보장 (광의)	사회보장 (협의)	사회보험	건강보험, (가), 고용보험, 노인장기요양보험
			공적연금 – 노령연금, 유족연금, (나)
		공공부조 : 생활보장, 의료보장, 재해보장	
		사회복지서비스 (노인·부녀자·아동·장애인복지 등)	
	관련제도	주택 및 생활환경, 지역사회개발, 공중보건 및 의료	
		영양, 교육, 인구 및 고용대책	

① 연금급여, 사회보험

② 산재보험, 장애연금

③ 사회보험, 연금급여

④ 사회보험, 장애연금

 사회보험의 종류에는 공적연금, 건강보험, 산재보험, 고용(실업)보험, 노인장기요양보험 등이 있으며 공적연금은 다시 노령연금, 유족연금, 장애연금으로 구분되어 있다.

Answer⤵ 1.②

2 다음은 국민연금 가입 대상 사업장의 사업장 가입 자격취득 신고와 관련된 안내 사항의 일부이다. 다음 안내 사항의 빈칸 ㈎~㈑ 중 어느 곳에도 들어갈 수 없는 말은?

㈎ (   )
- 18세 이상 60세 미만인 사용자 및 근로자
  ※ 단, 18세 미만 근로자는 2015. 7. 29.부터 사업장가입자로 당연적용하나, 본인의 신청에 의해 적용제외 가능
- 단시간 근로자로 1개월 이상, 월 60시간(주 15시간) 이상 일하는 사람
- 일용근로자로 사업장에 고용된 날부터 1개월 이상 근로하고, 근로일수가 8일 이상 또는 근로시간이 월 60시간 이상인 사람
  ※ 단, 건설일용근로자는 공사현장을 사업장 단위로 적용하며, 1개월간 근로일수가 20일 이상인 경우 사업장 가입자로 적용
- 조기노령연금 수급권자로서 소득 있는 업무에 종사하거나, 본인이 희망하여 연금지급이 정지된 사람
- 월 60시간 미만인 단시간근로자 중 생업목적으로 3개월 이상 근로를 제공하기로 한 대학 시간강사 또는 사용자 동의를 받아 근로자 적용 희망하는 사람

㈏ (   )
- 근로자 : 직업의 종류에 관계없이 사업장에서 노무를 제공하고 그 대가로 임금을 받아 생활하는 자 (법인의 이사, 기타 임원 포함)
- 근로자에서 제외되는 자
  - 일용근로자나 1개월 미만의 기한을 정하여 사용되는 근로자
  - 법인의 이사 중 「소득세법」에 따른 근로소득이 발생하지 않는 사람
  - 1개월 동안의 소정근로시간이 60시간 미만인 단시간근로자.
  - 둘 이상 사업장에 근로를 제공하면서 각 사업장의 1개월 소정근로시간의 합이 60시간 이상인 사람으로서 1개월 소정근로시간이 60시간 미만인 사업장에서 근로자로 적용되기를 희망하는 사람

㈐ (   )
- 사업장이 1인 이상의 근로자를 사용하게 된 때
- 국민연금 적용사업장에 근로자 또는 사용자로 종사하게 된 때
- 임시·일용·단시간근로자가 당연적용 사업장에 사용된 때 또는 근로자로 된 때
- 국민연금 가입사업장의 월 60시간 미만 단시간근로자 중 생업을 목적으로 3개월 이상 근로를 제공하는 사람(대학시간강사 제외)의 가입신청이 수리된 때
- 둘 이상의 사업장에서 1개월 소정근로시간의 합이 60시간 이상이 되는 단시간근로자의 가입신청이 수리된 때

㈑ (   )
- 사업장가입자 자격취득신고서 1부
- 특수직종근로자의 자격취득 신고 시에는 증빙서류 제출이 필요함

① 자격취득시기
② 납부예외 조건
③ 제출서류
④ 근로자의 개념

소득이 없는 등의 사유로 연금보험료를 납부할 수 없는 납부예외에 대한 사항은 제시된 안내 사항에 언급되어 있지 않다. ㈎ ~ ㈑의 내용으로 다음과 같은 사실들을 확인할 수 있다.

㈎ 신고대상

㈏ 근로자의 개념　　　　　·

㈐ 자격취득시기

㈑ 제출서류

3 다음 문장이 들어갈 곳으로 알맞은 것은?

> 면접관들이 면접자들을 평가할 때 그들의 부분적인 특성인 외모나 용모, 인상 등만을 보고 회사 업무에 잘 적응할 만한 사람이라고 판단하는 경우 이러한 효과가 작용했다고 할 수 있다.

> ㈎처음 보는 사람을 평가할 때 몇 초 안에 첫인상이 모든 것을 좌우한다고 할 수 있다. 첫인상이 좋으면 이후에 발견되는 단점은 작게 느껴지지만 첫인상이 좋지 않으면 그의 어떠한 장점도 눈에 들어오지 않는 경우가 많다. ㈏미국 유명 기업 CEO들의 평균 신장이 180cm를 넘는다는 것 역시 큰 키에서 우러나오는 것들이 다른 특징들을 압도했다고 볼 수 있을 것이다. ㈐소비자들이 가격이 비싼 명품 상품이나 인기 브랜드의 상품을 판단할 때 대상의 품질이나 디자인에 있어 다른 브랜드의 상품들에 비해 우수할 것이라고 생각하는 경우도 역시 이러한 내용이 작용한 결과라고 볼 수 있다. ㈑'브랜드의 명성'이라는 일부에 대한 특성이 품질, 디자인 등 대상의 전체적인 평가에까지 영향을 준 것이다.

① ㈎ ② ㈏

③ ㈐ ④ ㈑

 ㈏부분 이전 문장에는 첫인상의 효과가 나오고 있고 ㈏부분 이후 문장에는 유명 기업의 사례를 들며 첫인상의 영향을 설명하고 있다. 그러므로 ㈏부분에는 유명 기업 사례가 나오게 된 배경을 설명하는 것이 적절하다.

Answer ↱ 2.② 3.②

4 다음 내용을 참고할 때, 빈 칸 ㈎ ~ ㈑에 들어갈 수 없는 말은?

> 한국사회는 2000년에 이미 고령화 사회에 진입한 이후, 2012년 노인 인구 비율은 10.7%로 불과 10년 사이에 4.1% 증가하였고, 2018년에는 14%를 넘어서게 되었다. 이처럼 한국 사회의 인구 고령화에 있어서 가장 심각한 문제는 바로 그 속도이다. 각국에서의 고령화 사회에서 고령사회로의 속도는 프랑스 115년, 미국은 71년, 이탈리아 61년, 일본은 24년이 걸렸던 것이 한국사회는 출산율저하와 함께 18년 정도 걸릴 것으로 예상된다는 점이다. 이런 속도로 인해 한국사회의 심각한 문제는 노인의 노후보장 즉, 빈곤문제를 대처할 준비시간이 부족하다는 것이다.
>
> 국민의 평균수명 연장과 노령기가 점차 연장되면서 일반 국민을 대상으로 하여 소득보장 및 노후보장을 위한 가장 기본적이고도 핵심적인 삶과 생활을 보장할 새로운 사회보험제도의 도입을 요청하게 되었다. 이런 시대적 상황에서 도입이 된 공적연금제도가 국민연금제도이다.
>
> 우리나라의 국민연금은 가입이 강제적이고 급여가 획일적으로 정해져 있으나 가입자에게 노령, 폐질, 사망이란 사회적 위험이 발생한 경우 가입자의 보험료를 주된 재원으로 하여 가입자 또는 유족에게 법으로 정해진 급여를 지급하여 장기적으로 소득보장을 함으로써 사회경제적 안전을 부여하는 공적연금제도이다.
>
> 공적연금은 사회보험으로서 법률에 정한 위험이 발생하였을 때 정부 또는 그 감독을 받는 기관에 의해 운영되는 위험 분산 장치이며 금전적 급여가 자동적으로 지급되는 사회보장프로그램이다. 베버리지의 '사회보험 및 관련서비스'(Social Insurance and Allied Service)라는 보고서에 의하면, 특정의 실업, 질병, 사고, 노령, 사망, 예외적 지출과 같은 위기상황(contingencies)에서 금전적 혜택을 제공하여 대처하기 위한 사회보장이 사회보험이라고 하였다.
>
> 따라서 공적연금제도의 원칙으로는 첫째, (㈎), 둘째, (㈏), 셋째, (㈐), 넷째, (㈑)는 점을 들 수 있다. 그리고 급여가 충족되지 못하여 이의가 있을 때에는 법원에 청구할 수 있어야 한다. 우리나라의 국민연금은 이러한 원칙을 가진 공적연금 중의 하나이다.

① 수혜자가 원하는 소득대체율이 보장되어야 한다.

② 연금제도의 수혜권리가 명백히 규정되어야 한다.

③ 급여는 과거의 소득과 기여금에 근거해야 한다.

④ 가입대상은 강제적이어야 한다.

공적연금으로서의 국민연금 제도의 특징을 설명하고 있는 글이다. 소득대체율은 지급받는 연금이 수혜자의 소득을 얼마나 대체할 수 있는지를 나타내는 환산비율로, 연금 보험료를 근거로 정책적으로 산정되는 것이므로 수혜자가 원하는 수준의 소득대체율이 반드시 보장되어야 하는 특징을 지닌 제도는 아니다.

한편, 제시글에서도 밝히고 있는 바와 같이, 국민연금제도는 가입이 강제적이며, 저소득층이나 취약 계층에 차별적인 요율 적용 등의 혜택이 주어지고 있다. 또한 보험급여는 소득과 재산 수준에 근거하여 산출되며 이에 대한 수혜권리가 명백히 규정되어 정해진 절차에 따라 가입자가 공평하게 혜택을 받는 사회보장프로그램의 일환으로 운영되고 있다.

5 다음은 국민연금 가입자의 네 가지 형태를 설명하고 있는 글이다. ㈎ ~ ㈑에 해당하는 형태의 가입자를 순서 대로 올바르게 연결한 것은?

㈎ 납부한 국민연금 보험료가 있는 가입자 또는 가입자였던 자로서 60세에 달한 자가 가입기간이 부족하여 연금을 받지 못하거나 가입기간을 연장하여 더 많은 연금을 받기를 원할 경우는 65세에 달할 때까지 신청에 의하여 가입자가 될 수 있다.

㈏ 60세 이전에 본인의 희망에 의해 가입신청을 하면 가입자가 될 수 있다. 즉, 다른 공적연금에서 퇴직연금(일시금), 장애연금을 받는 퇴직연금 등 수급권자, 국민기초생활보장법에 의한 수급자 중 생계급여 또는 의료급여 또는 보장시설 수급자, 소득활동에 종사하지 않는 사업장가입자 등의 배우자 및 보험료를 납부한 사실이 없고 소득활동에 종사하지 않는 27세 미만인 자는 가입을 희망하는 경우 이 가입자가 될 수 있다.

㈐ 국내에 거주하는 18세 이상 60세 미만의 국민으로서 사업장가입자가 아닌 사람은 당연히 가입자가 된다. 다만, 다른 공적연금에서 퇴직연금(일시금), 장애연금을 받는 퇴직연금 등 수급권자, 국민기초생활보장법에 의한 수급자 중 생계급여 또는 의료급여 또는 보장시설 수급자, 소득활동에 종사하지 않는 사업장가입자 등의 배우자 및 보험료를 납부한 사실이 없고 소득활동에 종사하지 않는 27세 미만인 자는 이 가입자가 될 수 없다.

㈑ 국민연금에 가입된 사업장의 18세 이상 60세 미만의 사용자 및 근로자로서 국민연금에 가입된 자를 말한다. 1인 이상의 근로자를 사용하는 사업장 또는 주한외국기관으로서 1인 이상의 대한민국 국민인 근로자를 사용하는 사업장에서 근무하는 18세 이상 60세 미만의 사용자와 근로자는 당연히 이 가입자가 된다.

① 임의계속가입자 – 지역가입자 – 임의가입자 – 사업장 가입자
② 사업장 가입자 – 임의가입자 – 지역가입자 – 임의계속가입자
③ 임의계속가입자 – 임의가입자 – 사업장 가입자 – 지역가입자
④ 임의계속가입자 – 임의가입자 – 지역가입자 – 사업장 가입자

 (Tip)

㈎ 임의계속가입자 : 국민연금 가입자 또는 가입자였던 자가 기간연장 또는 추가 신청을 통하여 65세까지 가입을 희망하는 가입자를 말한다.

㈏ 임의가입자 : 사업장가입자 및 지역가입자 외의 자로서 국민연금에 가입된 자를 말한다.

㈐ 지역가입자 : 사업장가입자가 아닌 자로서 국민연금에 가입된 자를 말한다.

㈑ 사업장 가입자 : 사업장에 고용된 근로자 및 사용자로서 국민연금에 가입된 자를 말한다.

Answer 4.① 5.④

1988년에 도입된 국민연금은 10인 이상 사업장부터 적용되기 시작하였고, 도입된 지 10여년 만에 전 국민을 대상으로 하는 우리나라의 대표적인 공적연금으로서의 위상을 갖추게 되었다. 그 결과 2015년 12월말 현재 국민연금 가입대상 연령인 18~59세 경제활동인구 대비 국민연금 가입률은 92.5%이며, 특수직역연금을 포함한 공적연금 가입률은 98.9%에 달한다. 그러나 국민연금 가입자 중 보험료를 납부하지 않는 사람들이 많아 경활인구 중 실제 보험료 납부자 비율은 73.8%로 가입자 규모와 많은 차이가 난다. 국민연금은 기본적으로 소득활동을 하는 사람을 가입대상으로 하기 때문에 전업주부나 18~27세 미만의 청년과 같이 소득활동을 하지 않을 것으로 추정되는 일부 집단들을 적용제외자로 분류하여 국민연금 의무가입 대상에서 제외하고 있다. 또한 국민연금의 당연 적용대상이지만 소득이 없는 경우 보험료 납부의무를 지지 않도록 하는 납부예외 규정을 두고 있다. 하지만 실제로는 소득이 있음에도 고의로 소득신고를 기피하는 경우가 많으며, 지역가입자의 경우 소득이 있더라도 보험료를 납부하지 않는 체납자도 많다. 이러한 요인들로 인해 광범위한 국민연금 사각지대가 발생하고 있다.

대부분의 사회보험 방식 연금제도들은 노동시장에서의 소득활동을 전제로 기여가 이루어지고, 제도에 내재된 보험의 원리에 따라 개인의 기여에 비례하는 급여를 제공한다. 국민연금제도 역시 근로 및 사업소득 발생 여부를 중심으로 당연가입자를 결정하고, 개인의 소득수준에 비례하여 보험료 부과 및 급여지급이 이루어지고 있다. 이러한 (㉠) 속성을 지닌 국민연금제도의 특성을 고려했을 때, 노동시장 취약계층에 대한 제도적 배려 없이 기여와 급여를 단선적으로 연결시켜 공식적인 유급노동에서의 소득·기여를 기준으로 연금을 지급한다면, 이들 취약계층 중 상당수는 국민연금 사각지대로 편입될 가능성이 높아지게 된다. 실제로 많은 연구들이 고용불안정성이 국민연금과 같은 사회보험으로부터의 배제와 노후소득의 불안정성으로 이어짐을 밝히고 있다.

6 윗글의 빈 칸 ㉠에 들어갈 가장 적절한 단어는?

① 자의적   ② 일방적

③ 대중적   ④ 계리적

 '계리(actuarial)'란 계산하고 정리한다는 말로 이익의 많고 적음을 잰다는 뜻을 지닌 단어이다. 필자는 제시글에서 국민연금제도의 속성으로, 노동시장 취약계층에 대한 배려가 없이 단순한 소득에 따라 '계리적'으로 보험료와 급여지급액이 지급되는 것에 대한 우려를 주장하고 있다. 따라서 국민연금제도의 속성 중 계리적인 면을 부각시켜 언급하고 있다.

7 다음 중 윗글의 설명을 통하여 알 수 있는 내용이 아닌 것은?

① 국민연금 가입자 비율과 납부자 비율 관한 정보

② 지역가입자의 소득수준과 국민연금 체납률

③ 국민연금 체납자 발생 유형

④ 일반적인 사회보험 방식 연금제도의 특성

8 다음 빈칸에 들어갈 단어로 적절한 것은?

> 어떤 사람들이 특정 옷을 입으면 마치 유행처럼 주변 사람들도 이 옷을 따라 입는 경우가 있다. 이처럼 다른 사람의 영향을 받아 상품을 사는 것은 '유행효과'라고 부른다. 유행효과는 일반적으로 특정 상품에 대한 수요가 예측보다 더 늘어나는 현상을 설명해준다. 예를 들어 옷의 가격이 4만 원일 때 5천 벌의 수요가 있고, 3만 원일 때 6천 벌의 수요가 있다고 하자. ㉠___ 유행효과가 있으면 늘어난 소비자의 수에 영향을 받아 새로운 소비가 창출되게 된다. ㉡___ 가격이 3만 원으로 떨어지면 수요가 6천 벌이 되어야 하지만 실제로는 8천 벌로 늘어나게 된다.

	㉠	㉡
①	그런데	그래서
②	그러나	그런데
③	그래서	그런데
④	반면에	그러나

㉠의 앞부분과 뒷부분이 다른 방향으로 전개되고 있으므로 ㉠에는 화제를 앞의 내용과 관련시키면서 다른 방향으로 이끌어 나갈 때 쓰는 접속 부사인 '그런데'를 쓰는 것이 적절하다. ㉡은 앞의 내용이 뒤의 내용의 원인이나 근거, 조건 따위가 될 때 쓰는 접속 부사인 '그래서'를 배치하는 것이 알맞다.

Answer → 6.④ 7.② 8.①

9 다음 글을 참고할 때, '깨진 유리창의 법칙'이 시사하는 바로 가장 적절한 설명은 무엇인가?

> 1969년 미국 스탠포드 대학의 심리학자인 필립 짐바르도 교수는 아주 흥미로운 심리실험을 진행했다. 범죄가 자주 발생하는 골목을 골라 새 승용차 한 대를 보닛을 열어놓은 상태로 방치시켰다. 일주일이 지난 뒤 확인해보니 그 차는 아무런 이상이 없었다. 원상태대로 보존된 것이다. 이번에는 똑같은 새 승용차를 보닛을 열어놓고, 한쪽 유리창을 깬 상태로 방치시켜 두었다. 놀라운 일이 벌어졌다. 불과 10분이 지나자 배터리가 없어지고 차 안에 쓰레기가 버려져 있었다. 시간이 지나면서 낙서, 도난, 파괴가 연이어 일어났다. 1주일이 지나자 그 차는 거의 고철상태가 되어 폐차장으로 실려 갈 정도가 되었던 것이다. 훗날 이 실험결과는 '깨진 유리창의 법칙'이라는 이름으로 불리게 된다.
>
> 1980년대의 뉴욕 시는 연간 60만 건 이상의 중범죄가 발생하는 범죄도시로 악명이 높았다. 당시 여행객들 사이에서 '뉴욕의 지하철은 절대 타지 마라'는 소문이 돌 정도였다. 미국 라토가스 대학의 겔링 교수는 '깨진 유리창의 법칙'에 근거하여, 뉴욕 시의 지하철 흉악 범죄를 줄이기 위한 대책으로 낙서를 철저하게 지울 것을 제안했다. 낙서가 방치되어 있는 상태는 창문이 깨져있는 자동차와 같은 상태라고 생각했기 때문이다.

① 범죄는 대중교통 이용 공간에서 발생확률이 가장 높다.
② 문제는 확인되기 전에 사전 단속이 중요하다.
③ 작은 일을 철저히 관리하면 큰 사고를 막을 수 있다.
④ 낙서는 가장 핵심적인 범죄의 원인이 된다.

 '깨진 유리창의 법칙'은 깨진 유리창처럼 사소한 것들을 수리하지 않고 방치해두면, 나중에는 큰 범죄로 이어진다는 범죄 심리학 이론으로, 작은 일을 소홀히 관리하면 나중에는 큰일로 이어질 수 있음을 의미한다.

10 다음 글의 내용을 참고할 때, 빈칸에 들어갈 말로 가장 적절하지 않은 것은?

> 2014년 7월부터 65세 이상 노인의 70%를 대상으로 기초연금제도가 시행되고 있다. 기초연금은 기존 기초노령연금과 비교할 때 급여액이 최대 2배 상향되었고, 이는 기존 2028년으로 예정되어 있었던 급여 인상 스케줄을 약 15년 앞당겼다는 점에서 우리나라의 높은 노인 빈곤 해소 및 노인들의 생활안정에 기여할 것으로 기대되고 있다.
>
> 이러한 기초연금이 제도의 본래 목적을 잘 달성하고 있는지, 또한 기초연금 수급자에게 미치는 영향이나 효과는 어떠한지 제도가 시행된 지 현 시점에서 검토하고 평가할 필요가 있다. 보다 구체적으로는 (   ) 등이 그 예가 될 수 있겠다.
>
> 분석결과, 기초연금 도입을 통해 소득이 증가하고 지출이 증가하는 등 수급자들의 가계경제가 안정되었으며, 이외에도 기초연금은 수급자들에게 생활이 안정되면서 심리적으로도 안정되고 가족들과의 관계에서도 당당함을 느낄 뿐 아니라 사회로부터 존중받는 느낌을 받는 등 긍정적인 역할을 하고 있다는 것을 확인하였다. 또한 수급자들이 느끼는 일상생활에서의 만족과 우울, 행복 수준에 대해서도 긍정적인 영향을 미치고 있었으며 사회적 관계가 더 좋아졌고 미래를 긍정적으로 생각할 수 있도록 도움을 주고 있다는 점을 확인할 수 있었다.

① 노인의 소득이 증가하면서 그에 따라 수급자들의 지출이 증가하였는지

② 기초연금제도에 대한 만족도와 같은 수급자들의 평가는 어떠한지

③ 기초연금이 생활에 얼마나 도움을 주고 있는지

④ 기초연금 수급으로 인해 자녀들의 부양비용이 얼마나 감소되었는지

 기초연금의 본래 목적으로 언급된 것은 '우리나라의 높은 노인 빈곤 해소 및 노인들의 생활안정에 기여'라고 볼 수 있다. 따라서 노인을 부양하고 있는 자녀들의 부양비용 감소 여부를 파악하는 것은 본래의 기초연금의 목적과 직접적인 관계가 있다고 보기 어렵다.

Answer → 9.③ 10.④

|11~12| 다음은 연금공단의 보험료 지원에 관한 규정의 일부이다. 이를 보고 물음에 답하시오.

제00조 지원대상 사업장 신청안내

① 공단은 사업장에서 보험료 지원신청을 할 수 있도록 지원대상 사업장에 대하여 매년 또는 매월 안내하여야 한다.

② 지원대상은 연금 사업장가입자 중 사용자(법인인 경우에는 대표이사를 말한다)를 제외한 근로자가 10명 미만인 사업장에 근무하는 기준소득월액이 고시소득 상한액 미만인 근로자로 한다.

제00조 보험료지원 방법

① 보험료 지원은 해당 월의 보험료 지원금을 다음 달 납부할 보험료에서 공제하는 방식으로 한다.

② 지원대상자의 연금보험료 중 사용자 및 근로자 보험료의 각 1/2를 지원한다.

제00조 자격변동신고

① 지원제외 사유
- 사용자가 공공기관에 해당할 경우(사업장의 별도 신고 불필요)
- 보험료 지원을 받는 사업장이 해당 연도에 3개월 연속 근로자 수가 10명 이상이면 4개월째부터 해당 연도의 마지막 달까지 지원 대상에서 제외
- 매년 12월말 기준 당해 연도 월평균 근로자 수가 10명 이상이면 다음연도는 지원 대상에서 제외
- 매년 12월말 기준 당해 연도 월평균 근로자 수가 10명 미만이나 익년도 1월(신청(간주)월) 근로자 수가 10명 이상인 경우
- 매년 12월말 기준 지원 대상 근로자가 없는 경우

② 근로자 자격변동신고를 지원제외신고로 갈음하므로 자격변동신고를 적기에 하지 않아 보험료 지원 대상 요건에 해당되지 않음이 확인되면 기 지원 금액에 대하여 국가가 이를 환수할 수 있으므로 자격변동신고를 적기에 하시기 바랍니다.

제00조 환수대상 및 금액

① 지원신청 당시 지원요건을 갖추지 못하였음에도 거짓이나 그 밖의 부정한 방법으로 신청하여 지원받은 경우 : 지원받은 금액 전부

② 3개월 연속 10명 이상으로 연금보험료 지원 중단 사유가 발생하였음에도 계속 지원받았음이 확인된 경우 : 그 사유가 발생한 날이 속하는 달의 다음 달 이후부터 지원받은 금액

③ 지원대상 근로자(해당 연도에 사업장가입자 자격을 새로 취득한 근로자에 한정한다)의 다음 연도의 기준소득월액이 고시한 소득상한액의 1천분의 1천100을 초과한 경우 : 해당 근로자가 지원받은 금액 전부(⇒ 가입자 개별 지원제외 신청 가능)

④ 그 밖에 사용자의 미신고 등의 사유로 지원대상이 아닌 자에게 지원되었음이 확인된 경우 : 잘못 지원된 금액

11 보험료 지원 신청을 하려는 甲, 乙, 丙, 丁이 위의 규정을 이해한 내용으로 옳지 않은 것은?

① 甲 : 공공기관인 경우는 보험료 지원 대상에서 제외되어 별도 신고가 필요하지 않군.

② 乙 : 지원대상이 아닌 자에게 지원된 금액은 환수조치 하도록 되어 있군.

③ 丙 : 보험료 지원 금액은 사용자 및 근로자 보험료의 각 30%야.

④ 丁 : 공단은 사업장에서 보험료 지원신청을 할 수 있도록 지원 대상 사업장에 대하여 안내장을 보내야 해.

> (Tip) ③ 지원대상자의 연금보험료 중 사용자 및 근로자 보험료의 각 1/2를 지원한다.

12 공단에서 근무하고 있는 사원 S씨는 보험료를 지원하고 있는 A사업장이 사실은 지원요건을 갖추지 않았음에도 불구하고 거짓으로 신청한 사실을 알았다. 사원 S씨는 어떻게 해야 하는가?

① 부당이득반환청구소송을 진행한다.

② 지원받은 금액 전부를 환수 결정한다.

③ 여태까지 지원한 금액은 그냥 넘어가고 다음 달부터 지원을 하지 않는다.

④ 검찰에 고발한다.

> (Tip) 지원신청 당시 지원요건을 갖추지 못하였음에도 거짓이나 그 밖의 부정한 방법으로 신청하여 지원받은 경우는 지원받은 금액 전부를 환수한다.

Answer 11.③ 12.②

┃13~14┃ 다음은 국민연금과 관련하여 심사청구에 대한 안내이다. 다음을 보고 물음에 답하시오.

심사청구 대상

① 가입자의 자격 취득 / 상실 통지

② 기준소득월액 결정 · 통지

③ 노령(장애/유족)연금 및 반환(사망)일시금 미해당 / 부지급 결정 · 통지

④ 급여지급 결정 · 통지

⑤ 연금 수급권 취소 결정 · 통지

⑥ 부당이득 환수 결정 · 통지 등

※ 2011.1.1부터 연금보험료 징수 관련업무가 건강보험공단으로 위탁됨에 따라 연금보험료 징수와 관련된 건강보험공단의 처분에 이의가 있는 경우에는 건강보험공단에 심사청구를 제기하여야 한다.

청구인과 피청구인

① 청구인

 • 국민연금법 : 가입자의 자격, 기준소득월액, 연금보험료 그 밖의 국민연금법에 따른 징수금과 급여에 관한 공단 또는 건강보험공단의 처분에 이의가 있는 자

 • 행정심판법 : 처분의 취소 또는 변경을 구할 법률상 이익이 있는 자

② 피청구인 : 국민연금공단 또는 건강보험공단

심사청구 기간과 방법

① 기간 : 심사청구는 공단의 처분이 있음을 안 날부터 90일 이내에 정해진 서식에 따라 심사청구서를 작성하여 청구인의 주장을 입증할 수 있는 증거자료와 함께 공단 또는 건강보험공단에 제출하여야 하며, 처분이 있은 날부터 180일을 경과하면 이를 제기하지 못한다.

② 방법 : 청구인이 직접 공단을 방문 또는 우편, 인터넷으로 가능하다.

심사청구 처리절차와 결정절차

① 처리절차 : 심사청구→지사 접수 · 이송→본부 안건 검토→심사위원회 심사 · 의결→결정→결정서 송부

② 결정절차 : 심사청구 사안을 심사하는 국민연금심사위원회는 사회 각계를 대표하는 위원들로 구성되어 있다. 심사위원회에서는 각각의 심사청구 사안에 대하여 증거자료를 수집하고, 필요한 경우 전문가의 자문을 거쳐 처분이 적법 · 타당했는지 심사하게 된다. 공단은 심사위원회의 심사 · 의결에 따라 각하, 기각 또는 인용(처분취소 또는 변경)결정을 하고 그 결과를 심사청구를 받은 날부터 60일(30일 연장한 경우에는 90일) 이내에 통지한다.

심판기관

국민연금심사위원회 또는 징수심사위원회

---

13 위의 안내문을 보고 알 수 없는 것은?

① 심사청구를 할 수 있는 기간은 언제인가?

② 연금 수급권 취소 결정이 심사청구 대상에 포함되는가?

③ 심사청구에 대한 결정에 불복하는 자는 어떻게 하여야 하는가?

④ 심사청구의 처리절차는 어떻게 되는가?

 ③ 위의 안내문에서는 심사청구를 어떻게, 언제 제기하여야 하는가에 대해서는 언급하고 있지만 심사청구 결정에 대해 불복할 때 어떻게 하여야 하는지에 관해서는 언급이 없다.

14 甲은 위의 안내문을 바탕으로 홈페이지에 올라온 고객의 질문에 답변하려고 한다. 답변한 내용으로 옳지 않은 것은?

① Q : 부당이득 환수 결정 처분이 있은 지는 7개월이 되었지만 최근에서야 그 처분이 있었다는 걸 알았습니다. 심사청구가 가능한가요?

A : 처분이 있은 날부터 180일을 경과하면 심사청구를 제기하지 못합니다.

② Q : 심사청구를 하려고 하는데 어디에 청구해야 할지 모르겠어요.

A : 직접 공단을 방문하거나 우편 또는 인터넷으로 청구하시면 됩니다.

③ Q : 심사청구를 오늘 하였는데 언제 결과를 통지받을 수 있나요?

A : 원칙으로라면 60일 이내에 통지하나, 30일을 연장할 수 있기 때문에 최대 90일로 보시면 될 것 같습니다.

④ Q : 연금보험료 징수 처분에 대한 심사청구도 연금공단에 하여야 하나요?

A : 네. 심사청구 기간 이내에 연금공단 쪽으로 심사청구 하시면 됩니다.

 ④ 2011.1.1부터 연금보험료 징수 관련업무가 건강보험공단으로 위탁됨에 따라 연금보험료 징수와 관련된 건강보험공단의 처분에 이의가 있는 경우에는 건강보험공단에 심사청구를 제기하여야 한다.

Answer ➡ 13.③ 14.④

┃15~16┃ 다음은 어느 공사의 윤리강령에 관한 일부 내용이다. 이를 보고 물음에 답하시오.

임직원의 기본윤리
- 제4조 : 임직원은 공사의 경영이념과 비전을 공유하고 공사가 추구하는 목표와 가치에 공감하여 창의적인 정신과 성실한 자세로 맡은바 책임을 다하여야 한다.
- 제7조 : 임직원은 직무를 수행함에 있어 공사의 이익에 상충되는 행위나 이해관계를 하여서는 아니 된다.
- 제8조 : 임직원은 직무와 관련하여 사회통념상 용인되는 범위를 넘어 공정성을 저해할 수 있는 금품 및 향응 등을 직무관련자에게 제공하거나 직무관련자로부터 제공받아서는 아니 된다.
- 제12조 : 임직원은 모든 정보를 정당하고 투명하게 취득·관리하여야 하며 회계기록 등의 정보는 정확하고 정직하게 기록·관리하여야 한다.

고객에 대한 윤리
- 제13조 : 임직원은 고객이 공사의 존립이유이며 목표라는 인식하에서 항상 고객을 존중하고 고객의 입장에서 생각하며 고객을 모든 행동의 최우선의 기준으로 삼는다.
- 제14조 : 임직원은 고객의 요구와 기대를 정확하게 파악하여 이에 부응하는 최고의 상품과 최상의 서비스를 제공하기 위해 노력한다.

경쟁사 및 거래업체에 대한 윤리
- 제16조 : 임직원은 모든 사업 및 업무활동을 함에 있어서 제반법규를 준수하고 국내외 상거래관습을 존중한다.
- 제17조 : 임직원은 자유경쟁의 원칙에 따라 시장경제 질서를 존중하고 경쟁사와는 상호존중을 기반으로 정당한 선의의 경쟁을 추구한다.
- 제18조 : 임직원은 공사가 시행하는 공사·용역·물품구매 등의 입찰 및 계약체결 등에 있어서 자격을 구비한 모든 개인 또는 단체에게 평등한 기회를 부여한다.

임직원에 대한 윤리
- 제19조 : 공사는 임직원에 대한 믿음과 애정을 가지고 임직원 개개인을 존엄한 인격체로 대하며, 임직원 개인의 종교적·정치적 의사와 사생활을 존중한다.
- 제20조 : 공사는 교육 및 승진 등에 있어서 임직원 개인의 능력과 자질에 따라 균등한 기회를 부여하고, 성과와 업적에 대해서는 공정하게 평가하고 보상하며, 성별·학력·연령·종교·출신지역·장애 등을 이유로 차별하거나 우대하지 않는다.
- 제21조 : 공사는 임직원의 능력개발을 적극 지원하여 전문적이고 창의적인 인재로 육성하고, 임직원의 독창적이고 자율적인 사고와 행동을 촉진하기 위하여 모든 임직원이 자유롭게 제안하고 의사표현을 할 수 있는 여건을 조성한다.

---

15 공사의 윤리강령을 보고 이해한 내용으로 가장 적절하지 않은 것은?

① 윤리강령은 윤리적 판단의 기준을 임직원에게 제공하기 위해 작성되었다.

② 국가와 사회에 대한 윤리는 위의 윤리강령에 언급되지 않았다.

③ 임직원이 지켜야 할 행동 기준뿐만 아니라 공사가 임직원을 어떻게 대해야 하는지에 관한 윤리도 포함되었다.

④ 강령에 저촉된 행위를 한 임직원에 대하여는 징계 조치를 취할 수 있다.

 ④ 윤리강령을 나열하였을 뿐, 징계 조치에 관한 부분은 나와 있지 않다.

16 위의 '임직원의 기본윤리' 중 언급되지 않은 항목은?

① 이해충돌 회피

② 부당이득 수수금지

③ 투명한 정보관리

④ 자기계발

 제4조는 책임완수, 제7조는 이해충돌 회피, 제8조는 부당이득 수수금지, 제12조는 투명한 정보관리에 관한 내용이다. 자기계발에 관한 부분은 언급되지 않았다.

Answer ⤷ 15.④ 16.④

17 다음은 어느 공사의 윤리헌장이다. 밑줄 친 단어를 한자로 바꾸어 쓴 것으로 옳지 않은 것은?

우리 공사는 신뢰와 존경받는 일등 공기업으로서 새롭게 100년의 역사를 만들기 위하여 모든 임직원은 올바른 행동과 가치판단의 기준으로 아래와 같이 윤리헌장을 제정하고 <u>실천</u>을 다짐한다.

하나, 윤리적 기준과 원칙이 모든 경영 활동의 기본이 되고 의사결정의 <u>기초</u>가 된다.

하나, 국내외 법규와 국제협약을 준수한다.

하나, 임직원의 <u>존엄성</u>과 다양성을 존중한다.

하나, 개인의 이해를 초월하여 공사의 <u>이익</u>을 추구한다.

하나, 고객만족을 실천하고 협력업체와 상생을 추구한다.

하나, 기업시민으로서 지켜야 할 의무와 책임을 다한다.

하나, 지속가능경영을 위한 글로벌 스탠다드를 준수한다.

① 실천 – 實踐

② 기초 – 基礎

③ 존엄성 – 尊嚴性

④ 이익 – 李漢

> **Tip** ④ '이익'은 한자로 '利益'으로 써야 한다.

18 다음은 S공사의 기간제 근로자 채용 공고문이다. 이에 대한 설명으로 바르지 않은 것은?

□ 접수기간 : 20xx. 2. 17.(금) ~ 20xx. 2. 21.(화) (09:00~18:00)
□ 접수방법 : 이메일(abcde@fg.or.kr)
□ 제출서류
 – 이력서 및 자기소개서 1부(반드시 첨부 양식에 맞춰 작성요망)
 – 자격증 사본 1부(해당자에 한함)
□ 서류전형발표 : 20xx. 2. 22.(수) 2시 이후(합격자에게만 개별 유선통보)
□ 면접전형 : 20xx. 2. 23.(목) 오후
 – 면접장소 : 경기도 성남시 분당구 성남대로 54번길 3 경기지역본부 2층
□ 최종합격자 발표 : 20xx. 2. 24.(금) 오전(합격자에게만 개별 유선통보)
  ※ 위 채용일정은 채용사정에 따라 변동 가능
□ 근로조건
 – 구분 : 주거복지 보조
 – 근무지 : S공사 경기지역본부
 – 근무조건 : 1일 8시간(09~18시) 주 5일 근무
 – 임금 : 월 170만 원 수준(수당 포함)
 – 계약기간 : 6개월(최대 2년 미만)
 – 4대 보험 가입
  ※ 최초 6개월 이후 근무성적평정 결과에 따라 추가 계약 가능
  ※ 예산 또는 업무량 감소로 인원 감축이 필요하거나 해당 업무가 종료되었을 경우에는 그 시기까지를 계약기간으
   로 함(최소 계약기간은 보장함).

① 접수 기간 내 접수가 가능한 시간은 근로자의 근무시간대와 동일하다.
② 제출서류는 양식에 맞춰 이메일로만 제출 가능하며, 모든 지원자가 관련 자격증을 제출해야 하
 는 것은 아니다.
③ 서류전형 발표일 오후 늦게까지 아무런 연락이 없을 경우, S공사 홈페이지에서 확인을 해야 한다.
④ 최종합격자의 공식 근무지는 경기도 성남시 분당구에 위치하게 된다.

 ③ 서류전형과 최종합격자 발표는 합격자에게만 개별 유선통보가 되는 것이므로 연락이 없을 경우 합격
   하지 못한 것으로 판단할 수 있다. 일반적으로 채용 공고문에서는 합격자 발표 방법으로 개별 통보
   또는 홈페이지에서 확인 등을 제시하고 있으므로 반드시 이를 숙지할 필요가 있다.
   ① 접수 가능 시간과 근로자 근무시간대는 동일하게 09:00~18:00이다.
   ② 접수방법은 이메일이라고 언급하고 있으며, 자격증은 해당자만 제출하면 된다.
   ④ 근무지는 S공사 경기지역본부이므로 공식 근무지 위치는 경기지역본부 소재지인 경기도 성남시 분당
   구가 된다.

Answer ➔ 17.④ 18.③

▎19~20▎ 다음은 어느 회사 약관의 일부이다. 약관을 읽고 물음에 답하시오.

제6조(보증사고)
① 보증사고라 함은 아래에 열거된 보증사고 사유 중 하나를 말합니다.
  1. 보증채권자가 전세계약기간 종료 후 1월까지 정당한 사유 없이 전세보증금을 반환받지 못하였을 때
  2. 전세계약 기간 중 전세목적물에 대하여 경매 또는 공매가 실시되어, 배당 후 보증채권자가 전세보증금을 반환받지 못하였을 때
② 제1항 제1호의 보증사고에 있어서는 전세계약기간이 갱신(묵시적 갱신을 포함합니다)되지 않은 경우에 한합니다.

제7조(보증이행 대상이 아닌 채무)
보증회사는 다음 각 호의 어느 하나에 해당하는 사유가 있는 경우에는 보증 채무를 이행하지 아니합니다.
  1. 천재지변, 전쟁, 내란 기타 이와 비슷한 사정으로 주채무자가 전세계약을 이행하지 못함으로써 발생한 채무
  2. 주채무자의 전세보증금 반환의무 지체에 따른 이자 및 지연손해금
  3. 주채무자가 실제 거주하지 않는 명목상 임차인 등 정상계약자가 아닌 자에게 부담하는 채무
  4. 보증채권자가 보증채무이행을 위한 청구서류를 제출하지 아니하거나 협력의무를 이행하지 않는 등 보증채권자의 책임 있는 사유로 발생하거나 증가된 채무 등

제9조(보증채무 이행청구시 제출서류)
① 보증채권자가 보증채무의 이행을 청구할 때에는 보증회사에 다음의 서류를 제출하여야 합니다.
  1. 보증채무이행청구서
  2. 신분증 사본
  3. 보증서 또는 그 사본(보증회사가 확인 가능한 경우에는 생략할 수 있습니다)
  4. 전세계약이 해지 또는 종료되었음을 증명하는 서류
  5. 명도확인서 또는 퇴거예정확인서
  6. 배당표 등 전세보증금 중 미수령액을 증명하는 서류(경·공매시)
  7. 회사가 요구하는 그 밖의 서류
② 보증채권자는 보증회사로부터 전세계약과 관계있는 서류사본의 교부를 요청받은 때에는 이에 응하여야 합니다.
③ 보증채권자가 제1항 내지 제2항의 서류 중 일부를 누락하여 이행을 청구한 경우 보증회사는 서면으로 기한을 정하여 서류보완을 요청할 수 있습니다.

제18조(분실·도난 등)
보증채권자는 이 보증서를 분실·도난 또는 멸실한 경우에는 즉시 보증회사에 신고하여야 합니다. 만일 신고하지 아니함으로써 일어나는 제반 사고에 대하여 보증회사는 책임을 부담하지 아니합니다.

19 이 회사의 사원 L은 약관을 읽고 질의응답에 답변을 했다. 질문에 대한 답변으로 옳지 않은 것은?

① Q : 2년 전세 계약이 만료되고 묵시적으로 계약이 연장되었는데, 이 경우도 보증사고에 해당하는 건가요?

　A : 묵시적으로 전세계약기간이 갱신된 경우에는 보증사고에 해당하지 않습니다.

② Q : 보증서를 분실하였는데 어떻게 해야 하나요?

　A : 즉시 보증회사에 신고하여야 합니다. 그렇지 않다면 제반 사고에 대하여 보증회사는 책임지지 않습니다.

③ Q : 주채무자가 전세보증금 반환의무를 지체하는 바람에 생긴 지연손해금도 보증회사에서 이행하는 건가요?

　A : 네. 주채무자의 전세보증금 반환의무 지체에 따른 이자 및 지연손해금도 보증 채무를 이행하고 있습니다.

④ Q : 보증회사에 제출해야 하는 서류는 어떤 것들이 있나요?

　A : 보증채무이행청구서, 신분증 사본, 보증서 또는 그 사본, 전세계약이 해지 또는 종료되었음을 증명하는 서류, 명도확인서 또는 퇴거예정확인서, 배당표 등 전세보증금중 미수령액을 증명하는 서류(경 · 공매시) 등이 있습니다.

> (Tip) ③ 주채무자의 전세보증금 반환의무 지체에 따른 이자 및 지연손해금은 보증 채무를 이행하지 아니한다 (제7조 제2호).

20 다음과 같은 상황이 발생하여 적용되는 약관을 찾아보려고 한다. 적용되는 약관의 조항과 그에 대한 대응방안으로 옳은 것은?

> 보증채권자인 A는 보증채무 이행을 청구하기 위하여 보증채무이행청구서, 신분증 사본, 보증서 사본, 명도확인서를 제출하였다. 이를 검토해 보던 사원 L은 A가 전세계약이 해지 또는 종료되었음을 증명하는 서류를 제출하지 않은 것을 알게 되었다. 이 때, 사원 L은 어떻게 해야 하는가?

① 제9조 제2항, 청구가 없었던 것으로 본다.
② 제9조 제2항, 기간을 정해 서류보완을 요청한다.
③ 제9조 제3항, 청구가 없었던 것으로 본다.
④ 제9조 제3항, 기간을 정해 서류보완을 요청한다.

> (Tip) 보증채권자가 서류 중 일부를 누락하여 이행을 청구한 경우 보증회사는 서면으로 기한을 정하여 서류보완을 요청할 수 있다.

Answer 19.③ 20.④

21~22 다음은 어느 공항의 〈교통약자 공항이용안내〉의 일부이다. 이를 읽고 물음에 답하시오.

패스트트랙

- Fast Track을 이용하려면 교통약자(보행장애인, 7세 미만 유소아, 80세 이상 고령자, 임산부, 동반여객 2인 포함)는 본인이 이용하는 항공사의 체크인카운터에서 이용대상자임을 확인 받고 'Fast Track Pass'를 받아 Fast Track 전용출국장인 출국장 1번, 6번 출국장입구에서 여권과 함께 제시하면 됩니다.
- 인천공항 동편 전용출국통로(Fast Track, 1번 출국장), 오전7시 ~ 오후7시까지 운영 중이며, 운영상의 미비점을 보완하여 정식운영(동·서편, 전 시간 개장)을 개시할 예정에 있습니다.

휠체어 및 유모차 대여

공항 내 모든 안내데스크에서 휠체어 및 유모차를 필요로 하는 분께 무료로 대여하여 드리고 있습니다.

장애인 전용 화장실

- 여객터미널 내 화장실마다 최소 1실의 장애인 전용화장실이 있습니다.
- 장애인분들의 이용 편의를 위하여 넓은 출입구와 내부공간, 버튼식자동문, 비상벨, 센서작동 물내림 시설을 설치하였으며 항상 깨끗하게 관리하여 편안한 공간이 될 수 있도록 하고 있습니다.

주차대행 서비스

- 공항에서 허가된 주차대행 서비스(유료)를 이용하시면 보다 편리하고 안전하게 차량을 주차하실 수 있습니다.
- 경차, 장애인, 국가유공자의 경우 할인된 금액으로 서비스를 이용하실 수 있습니다.

장애인 주차 요금 할인

주차장 출구의 유인부스를 이용하는 장애인 차량은 장애인증을 확인 후 일반주차요금의 50%를 할인하여 드리고 있습니다.

휠체어 리프트 서비스

- 장기주차장에서 여객터미널까지의 이동이 불편한 장애인, 노약자 등 교통약자의 이용 편의 증진을 위해 무료 이동 서비스를 제공하여 드리고 있습니다.
- 여객터미널↔장기주차장, 여객터미널↔화물터미널행의 모든 셔틀버스에 휠체어 탑승리프트를 설치, 편안하고 안전하게 모시고 있습니다.

21 다음 교통약자를 위한 서비스 중 무료로 이용할 수 있는 서비스만으로 묶인 것은?

① 주차대행 서비스, 장애인 전용 화장실 이용

② 장애인 차량 주차, 휠체어 및 유모차 대여

③ 휠체어 및 유모차 대여, 휠체어 리프트 서비스

④ 휠체어 및 유모차 대여, 주차대행 서비스

 ①④ 주차대행 서비스가 유료이다.
② 장애인 차량은 장애인증 확인 후 일반주차요금의 50%가 할인된다.

22 Fast Track 이용 가능한 교통약자가 아닌 사람은?

① 80세 고령자

② 임산부

③ 보행장애인

④ 8세 아동

 Fast Track 이용 가능한 교통약자는 보행장애인, 7세 미만 유소아, 80세 이상 고령자, 임산부, 동반여객 2인이다.

Answer → 21.③ 22.④

23 다음 자료는 H전자 50주년 기념 프로모션에 대한 안내문이다. 안내문을 보고 이해한 내용으로 틀린 사람을 모두 고른 것은?

H전자 50주년 기념행사 안내

50년이라는 시간동안 저희 H전자를 사랑해주신 고객여러분들께 감사의 마음을 전하고자 아래와 같이 행사를 진행합니다. 많은 이용 부탁드립니다.

– 아래 –

1. 기간 : 20××년 12월 1일~ 12월 15일
2. 대상 : 전 구매고객
3. 내용 : 구매 제품별 혜택 상이

제품명		혜택	비고
노트북	H-100	• 15% 할인 • 2년 무상 A/S • 사은품 : 노트북 파우치 or 5GB USB(택1)	현금결제 시 할인금액의 5% 추가 할인
	H-105		
세탁기	H 휘롬	• 20% 할인 • 사은품 : 세제 세트, 고급 세탁기커버	전시상품 구매 시 할인 금액의 5% 추가 할인
TV	스마트 H TV	• 46in 구매시 LED TV 21.5in 무상 증정	
스마트폰	H-Tab20	• 10만 원 할인(H카드 사용 시) • 사은품 : 샤오밍 10000mAh 보조배터리	–
	H-V10	• 8만 원 할인(H카드 사용 시) • 사은품 : 샤오밍 5000mAh 보조배터리	–

4. 기타 : 기간 내에 H카드로 매장 방문 20만 원 이상 구매고객에게 1만 서비스 포인트를 더 드립니다.
5. 추첨행사 안내 : 매장 방문고객 모두에게 추첨권을 드립니다(1인 1매).

등수	상품
1등상(1명)	H캠-500D
2등상(10명)	샤오밍 10000mAh 보조배터리
3등상(500명)	스타베네 상품권(1만 원)

※ 추첨권 당첨자는 20××년 12월 25일 www.H-digital.co.kr에서 확인하실 수 있습니다.

ⓐ 수미 : H-100 노트북을 현금으로 사면 20%나 할인 받을 수 있구나.
ⓑ 병진 : 스마트폰 할인을 받으려면 H카드가 있어야 해.
ⓒ 지수 : 46in 스마트 H TV를 사면 같은 기종의 작은 TV를 사은품으로 준대.
ⓓ 효정 : H전자에서 할인 혜택을 받으려면 H카드나 현금만 사용해야 하나봐.

① 수미   ② 병진, 지수

③ 수미, 효정   ④ 수미, 지수, 효정

 ㉠ 15% 할인 후 가격에서 5%가 추가로 할인되는 것이므로 20%보다 적게 할인된다.
ㄴ 위 안내문과 일치한다.
ㄷ 같은 기종이 아닌 LED TV가 증정된다.
ㄹ 노트북, 세탁기, TV는 따로 H카드를 사용해야 한다는 항목이 없으므로 옳지 않다.

24 다음은 정보공개 청구권자에 대한 자료이다. 이 자료에서 잘못 쓰여진 글자는 모두 몇 개인가?

정보공개 청구권자

○ 모든 국민
• 미성년자, 재외국민, 수형인 등 포함
• 미성년자에 의한 공개청구에 대하여 법률상 별도의 규정이 없으나, 일반적으로 미성년자는 사법상의 무능력자로서 단독으로는 완전한 법률행위가 불가능하다. 그러나 무능력자의 범위는 대체로 재산보호를 위해 설정된 것이며, 정보공개와 같은 성질의 행위는 다음과 같은 경우에는 가능하다고 본다.
　　－중학생 이하 : 비용부담능력이 없기 때문에 단독으로 청구하는 것은 인정하지 않으며, 친권자 등 법정대시인에 의한 청구가 가능
　　－고등학생 이상 : 공개제도의 취지, 내용 등에 대하여 충분히 이해가 가능하고 비용부담능력이 있다고 판단되므로 단독청구 가능
○ 법인
• 사법상의 사단법인 · 재란법인, 공법상의 법인(자치단체 포함), 정부투기기관, 정부출연기관 등
• 법인격 없는 단체나 기관 포함
○ 외국인
• 국내에 일정한 주소를 두고 거주하는 자
• 학술 · 연구를 위하여 일시적으로 체유하는 자
• 국내에 사무소를 두고 있는 법인 또는 단체
　※ 제외대상 : 외국거주자(개인, 법인), 국내 불법체류 외국인 등

---

① 1개   ② 2개

③ 3개   ④ 4개

 법정대시인→법정대리인
재란법인→재단법인
정부투기기관→정부투자기관
체유하는→체류하는

Answer ↱ 23.④   24.④

25 다음 글은 합리적 의사결정을 위해 필요한 절차적 조건 중의 하나에 관한 설명이다. 다음 보기 중 이 조건을 위배한 것끼리 묶은 것은?

> 합리적 의사결정을 위해서는 정해진 절차를 충실히 따르는 것이 필요하다. 고도로 복잡하고 불확실하나 문제상황 속에서 결정의 절차가 합리적이기 위해서는 다음과 같은 조건이 충족되어야 한다
>
> 〈조건〉
>
> 정책결정 절차에서 논의되었던 모든 내용이 결정절차에 참여하지 않은 다른 사람들에게 투명하게 공개되어야 한다. 그렇지 않으면 이성적 토론이 무력해지고 객관적 증거나 논리 대신 강압이나 회유 등의 방법으로 결론이 도출되기 쉽기 때문이다.

> 〈보기〉
> ㉠ 심의에 참여한 분들의 프라이버시 보호를 위해 오늘 회의의 결론만 간략히 알려드리겠습니다.
> ㉡ 시간이 촉박하니 회의 참석자 중에서 부장급 이상만 발언하도록 합시다.
> ㉢ 오늘 논의하는 안건은 매우 민감한 사안이니만큼 비참석자에게는 그 내용을 알리지 않을 것입니다. 그러니 회의자료 및 메모한 내용도 두고 가시기 바랍니다.
> ㉣ 우리가 외부에 자문을 구한 박사님은 이 분야의 최고 전문가이기 때문에 참석자 간의 별도 토론 없이 박사님의 의견을 그대로 채택하도록 합시다.
> ㉤ 오늘 안건은 매우 첨예한 이해관계가 걸려 있으니 상대방에 대한 반론은 자제해주시고 자신의 주장만 말씀해주시기 바랍니다.

① ㉠, ㉡   ② ㉠, ㉢

③ ㉢, ㉣   ④ ㉢, ㉤

 합리적 의사결정의 조건으로 회의에서 논의된 내용이 투명하게 공개되어야 한다는 조건을 명시하고 있으나, ㉠과 ㉢에서는 비공개주의를 원칙으로 하고 있기 때문에 조건에 위배된다.

| 26~27 | 다음은 가스안전사용요령이다. 이를 보고 물음에 답하시오.

사용 전 주의사항 : 환기

• 가스를 사용하기 전에는 연소기 주변을 비롯한 실내에서 특히 냄새를 맡아 가스가 새지 않았는가를 확인하고 창문을 열어 환기시키는 안전수칙을 생활화 합니다.
• 연소기 부근에는 가연성 물질을 두지 말아야 합니다.
• 콕, 호스 등 연결부에서 가스가 누출되는 경우가 많기 때문에 호스 밴드로 확실하게 조이고, 호스가 낡거나 손상되었을 때에는 즉시 새것으로 교체합니다.
• 연소 기구는 자주 청소하여 불꽃구멍 등에 음식찌꺼기 등이 끼어있지 않도록 유의합니다.

사용 중 주의사항 : 불꽃확인

• 사용 중 가스의 불꽃 색깔이 황색이나 적색인 경우는 불완전 연소되는 것으로, 연소 효율이 좋지 않을 뿐 아니라 일산화탄소가 발생되므로 공기조절장치를 움직여서 파란불꽃 상태가 되도록 조절해야 합니다.
• 바람이 불거나 국물이 넘쳐 불이 꺼지면 가스가 그대로 누출되므로 사용 중에는 불이 꺼지지 않는지 자주 살펴봅니다. 구조는 버너, 삼발이, 국물받이로 간단히 분해할 수 있게 되어 있으며, 주로 가정용으로 사용되고 있다.
• 불이 꺼질 경우 소화 안전장치가 없는 연소기는 가스가 계속 누출되고 있으므로 가스를 잠근 다음 샌 가스가 완전히 실외로 배출된 것을 확인한 후에 재점화 해야 합니다. 폭발범위 안의 농도로 공기와 혼합된 가스는 아주 작은 불꽃에 의해서도 인화 폭발되므로 배출시킬 때에는 환풍기나 선풍기 같은 전기제품을 절대로 사용하지 말고 방석이나 빗자루를 이용함으로써 전기스파크에 의한 폭발을 막아야 합니다.
• 사용 중에 가스가 떨어져 불이 꺼졌을 경우에도 반드시 연소기의 콕과 중간밸브를 잠그도록 해야 합니다.

사용 후 주의사항 : 밸브잠금

• 가스를 사용하고 난 후에는 연소기에 부착된 콕은 물론 중간밸브도 확실하게 잠그는 습관을 갖도록 해야 합니다.
• 장기간 외출시에는 중간밸브와 함께 용기밸브(LPG)도 잠그고, 도시가스를 사용하는 곳에서는 가스계량기 옆에 설치되어 있는 메인밸브까지 잠가 두어야 밀폐된 빈집에서 가스가 새어나와 냉장고 작동시 생기는 전기불꽃에 의해 폭발하는 등의 불의의 사고를 예방할 수 있습니다.
• 가스를 다 사용하고 난 빈 용기라도 용기 안에 약간의 가스가 남아 있는 경우가 많으므로 빈용기라고 해서 용기밸브를 열어놓은 채 방치하면 남아있는 가스가 새어나올 수 있으므로 용기밸브를 반드시 잠근 후에 화기가 없는 곳에 보관하여야 합니다.

Answer⌐→ 25.②

26 가스안전사용요령을 읽은 甲의 행동으로 옳지 않은 것은?

① 甲은 호스가 낡아서 즉시 새것으로 교체를 하였다.

② 甲은 가스의 불꽃이 적색인 것을 보고 정상적인 것으로 생각해 그냥 내버려 두었다.

③ 甲은 장기간 집을 비우게 되어 중간밸브와 함께 용기밸브(LPG)도 잠그고 메인밸브까지 잠가두고 집을 나갔다.

④ 甲은 연소 기구를 자주 청소하여 음식물 등이 끼지 않도록 하였다.

> (Tip) ② 사용 중 가스의 불꽃 색깔이 황색이나 적색인 경우는 불완전 연소되는 것으로, 연소 효율이 좋지 않을 뿐 아니라 일산화탄소가 발생되므로 공기조절장치를 움직여서 파란불꽃 상태가 되도록 조절해야 한다.

27 가스 사용 중에 가스가 떨어져 불이 꺼졌을 경우에는 어떻게 해야 하는가?

① 창문을 열어 환기시킨다.

② 연소기구를 청소한다.

③ 용기밸브를 열어 놓는다.

④ 연소기의 콕과 중간밸브를 잠그도록 해야 한다.

> (Tip) ④ 사용 중에 가스가 떨어져 불이 꺼졌을 경우에도 반드시 연소기의 콕과 중간밸브를 잠그도록 해야 한다.

28 다음 일정표에 대해 잘못 이해한 것을 고르면?

Albert Denton : Tuesday, September 24

8:30 a.m.	Meeting with S.S. Kim in Metropolitan Hotel lobby Taxi to Extec Factory
9:30–11:30 a.m.	Factory Tour
12:00–12:45 p.m.	Lunch in factory cafeteria with quality control supervisors
1:00–2:00 p.m.	Meeting with factory manager
2:00 p.m.	Car to warehouse
2:30–4:00 p.m.	Warehouse tour
4:00 p.m.	Refreshments
5:00 p.m.	Taxi to hotel (approx. 45 min)
7:30 p.m.	Meeting with C.W. Park in lobby
8:00 p.m.	Dinner with senior managers

① They are having lunch at the factory.

② The warehouse tour takes 90 minutes.

③ The factory tour is in the afternoon.

④ Mr. Denton has some spare time before in the afternoon.

 Albert Denton : 9월 24일, 화요일

8:30 a.m.	Metropolitan 호텔 로비 택시에서 Extec 공장까지 Kim S.S.와 미팅
9:30–11:30 a.m.	공장 투어
12:00–12:45 p.m.	품질 관리 감독관과 공장 식당에서 점심식사
1:00–2:00 p.m.	공장 관리자와 미팅
2:00 p.m.	차로 창고에 가기
2:30–4:00 p.m.	창고 투어
4:00 p.m.	다과
5:00 p.m.	택시로 호텔 (약 45분)
7:30 p.m.	C.W. Park과 로비에서 미팅
8:00 p.m.	고위 간부와 저녁식사

③ 공장 투어는 9시 30분에서 11시 30분까지이므로 오후가 아니다.

Answer → 26.② 27.④ 28.③

29 다음은 어느 시의회의 2018년도 업무보고 청취 회의의 회의록의 일부이다. 회의에 임하는 태도로 가장 부적절한 것은?

> A 위원장 : 2018년도 업무보고 청취의 건을 계속해서 상정합니다. 다음은 부문별 보고로 보건관리과 소관 업무보고를 받도록 하겠습니다. ⊙보건관리과장 나오셔서 신규사업 위주로 보고해 주시기 바랍니다.
>
> 보건관리과장 : 보건관리과장 ○○○입니다. 보건관리과 소관 2018년도 주요업무 계획을 보고 드리겠습니다.
>
> (보고사항 생략)
>
> A 위원장 : 수고하셨습니다. 다음은 질의하실 위원 질의하여 주시기 바랍니다.
>
> B 위원 : ⓒB 위원입니다. ○○○과장님 보고 잘 받았습니다. 우리 시 시민의 건강을 위해 늘 애쓰심에 감사의 말씀을 드리고요. 질의 들어가겠습니다. 보고서 11쪽, 보건소 제증명 인터넷 재발급 서비스를 보면 신규사업인데 비예산 사업이네요. 저는 이런 부분에 대해서 직원 분한테 감사하다는 말씀드리고 싶어요. 기존에 있는 시스템, 프로그램을 활용해서 제증명을 발급하는 거죠?
>
> 보건관리과장 : 동은 작년도에 실시했고요. 59.3%를 동에서 발급했습니다.
>
> B 위원 : 비예산으로 사업을 함으로써 우리 시민이 편안하게 행정서비스를 받을 수 있다는 것에 박수를 보내드립니다. 이런 것들이 정말 중요한 사업이 아닌가 생각을 합니다. 감사하고요. 14쪽 '4분의 기적' 꼭 필요한 겁니다. 지금 우리 시 전체 설치된 자동심장충격기가 몇 개죠? 2017년 실적을 보면 종합운동장 등 78개소라고 돼 있는데요.
>
> 보건관리과장 : ⓒ올해부터 5월 31일까지 500세대 이상 되는 아파트라든지 집단시설에 의무적으로 설치하도록 되어 있습니다.
>
> B 위원 : 강제조항이 있습니까?
>
> 보건관리과장 : 법이 개정돼서 올해부터 점검을 통해서 주택과에서 감사도 하고요. 저희 점검을 통해서, 관리비로 다 세우기 때문에……
>
> B 위원 : ⓔ잘 하시는 사업인데요. 본 위원이 걱정스러운 게 4분의 기적이에요. 일반적으로 평상 시 다니다 보면 '자동심장충격기 여기 있구나.' 알아요. 그런데 급한 시 사용하잖아요. 그때 "자동심장충격기 보신 분 가져다 주세요." 하면 사람들이 위치가 어디인지 파악할 수가 없게 되어 있어요. 요점은, 효과적으로 홍보가 안됐다는 거죠.

① ⊙

② ⓒ

③ ⓒ

④ ⓔ

 ③ B 위원은 시 전체 설치된 자동심장충격기가 몇 개인지 물었는데 보건관리과장은 ⓒ에서 다른 답변을 하고 있다. 회의 중 받은 질의에 대해서는 질의자의 질문에 적절한 답변을 해야 한다.
① 명령을 할 때에는 강압적인 말투보다는 요청하듯 부드럽게 표현하는 것이 효과적이다.
② 회의에서 질의를 할 때에는 가장 먼저 자신의 소속이나 이름을 밝히고, 발표자의 보고를 경청했다는 표현 등을 함께 해 주면 좋다.
④ 질책을 하기 전에는 칭찬의 말을 먼저 하고 질책의 말을 하는 것이 바람직하며, 질책 후에는 격려를 함께 하는 것이 청자의 반발을 최소화할 수 있다.

30 다음은 A 그룹 정기총회의 식순이다. 정기총회 준비와 관련하여 대표이사 甲과 비서 乙의 업무처리 과정에서 가장 옳지 않은 것은?

2016년도 ㈜A 그룹 정기총회

주관 : 대표이사 甲

▌ 식순 ▌

1. 성원보고
2. 개회선언
3. 개회사
4. 위원회 보고
5. 미결안건 처리
6. 안건심의

[제1호 의안] 2015년도 회계 결산 보고 및 승인의 건
[제2호 의안] 2016년도 사업 계획 및 예산 승인의 건
[제3호 의안] 이사 선임 및 변경에 대한 추인 건

7. 폐회

---

① 비서 乙은 성원보고와 관련하여 정관의 내용을 확인하고 甲에게 정기총회 요건이 충족되었다고 보고하였다.

② 비서 乙은 2015년도 정기총회의 개회사를 참고하여 2016년도 정기총회 개회사 초안을 작성하여 甲에게 보고하고 검토를 요청하였다.

③ 대표이사 甲은 지난 주주총회에서 미결된 안건이 없었는지 다시 확인해보라고 지시하였고, 비서 乙은 이에 대한 정관을 찾아서 확인 내용을 보고하였다.

④ 주주총회를 위한 회의 준비를 점검하는 과정에서 비서 乙은 빠진 자료가 없는지 매번 확인하였다.

 ④ 회의 준비를 점검하는 과정에서 매번 빠진 자료가 없는지 확인하는 것은 시간이 많이 소요되므로, 필요한 자료 목록을 작성하여 빠진 자료가 없는지 체크하고 중간점검과 최종점검을 통해 확인한다.

Answer 29.③ 30.④

02 문제해결능력

1 문제와 문제해결

(1) 문제의 정의와 분류

① 정의 … 문제란 업무를 수행함에 있어서 답을 요구하는 질문이나 의논하여 해결해야 되는 사항이다.

② 문제의 분류

구분	창의적 문제	분석적 문제
문제제시 방법	현재 문제가 없더라도 보다 나은 방법을 찾기 위한 문제 탐구→문제 자체가 명확하지 않음	현재의 문제점이나 미래의 문제로 예견될 것에 대한 문제 탐구→문제 자체가 명확함
해결방법	창의력에 의한 많은 아이디어의 작성을 통해 해결	분석, 논리, 귀납과 같은 논리적 방법을 통해 해결
해답 수	해답의 수가 많으며, 많은 답 가운데 보다 나은 것을 선택	답의 수가 적으며 한정되어 있음
주요특징	주관적, 직관적, 감각적, 정성적, 개별적, 특수성	객관적, 논리적, 정량적, 이성적, 일반적, 공통성

(2) 업무수행과정에서 발생하는 문제 유형

① **발생형 문제(보이는 문제)** … 현재 직면하여 해결하기 위해 고민하는 문제이다. 원인이 내재되어 있기 때문에 원인지향적인 문제라고도 한다.
    ㉠ 일탈문제 : 어떤 기준을 일탈함으로써 생기는 문제
    ㉡ 미달문제 : 어떤 기준에 미달하여 생기는 문제

② **탐색형 문제(찾는 문제)** … 현재의 상황을 개선하거나 효율을 높이기 위한 문제이다. 방치할 경우 큰 손실이 따르거나 해결할 수 없는 문제로 나타나게 된다.
    ㉠ 잠재문제 : 문제가 잠재되어 있어 인식하지 못하다가 확대되어 해결이 어려운 문제
    ㉡ 예측문제 : 현재로는 문제가 없으나 현 상태의 진행 상황을 예측하여 찾아야 앞으로 일어날 수 있는 문제가 보이는 문제
    ㉢ 발견문제 : 현재로서는 담당 업무에 문제가 없으나 선진기업의 업무 방법 등 보다 좋은 제도나 기법을 발견하여 개선시킬 수 있는 문제

③ 설정형 문제(미래 문제) … 장래의 경영전략을 생각하는 것으로 앞으로 어떻게 할 것인가 하는 문제이다. 문제해결에 창조적인 노력이 요구되어 창조적 문제라고도 한다.

예제 1

D회사 신입사원으로 입사한 귀하는 신입사원 교육에서 업무수행과정에서 발생하는 문제 유형 중 설정형 문제를 하나씩 찾아오라는 지시를 받았다. 이에 대해 귀하는 교육받은 내용을 다시 복습하려고 한다. 설정형 문제에 해당하는 것은?

① 현재 직면하여 해결하기 위해 고민하는 문제
② 현재의 상황을 개선하거나 효율을 높이기 위한 문제
③ 앞으로 어떻게 할 것인가 하는 문제
④ 원인이 내재되어 있는 원인지향적인 문제

출제의도

업무수행 중 문제가 발생하였을 때 문제 유형을 구분하는 능력을 측정하는 문항이다.

해 설

업무수행과정에서 발생하는 문제 유형으로는 발생형 문제, 탐색형 문제, 설정형 문제가 있으며 ①④는 발생형 문제이며 ②는 탐색형 문제, ③이 설정형 문제이다.

답 ③

(3) 문제해결

① 정의 … 목표와 현상을 분석하고 이 결과를 토대로 과제를 도출하여 최적의 해결책을 찾아 실행·평가해 가는 활동이다.

② 문제해결에 필요한 기본적 사고
  ㉠ 전략적 사고 : 문제와 해결방안이 상위 시스템과 어떻게 연결되어 있는지를 생각한다.
  ㉡ 분석적 사고 : 전체를 각각의 요소로 나누어 그 의미를 도출하고 우선순위를 부여하여 구체적인 문제해결방법을 실행한다.
  ㉢ 발상의 전환 : 인식의 틀을 전환하여 새로운 관점으로 바라보는 사고를 지향한다.
  ㉣ 내·외부자원의 활용 : 기술, 재료, 사람 등 필요한 자원을 효과적으로 활용한다.

③ 문제해결의 장애요소
  ㉠ 문제를 철저하게 분석하지 않는 경우
  ㉡ 고정관념에 얽매이는 경우
  ㉢ 쉽게 떠오르는 단순한 정보에 의지하는 경우
  ㉣ 너무 많은 자료를 수집하려고 노력하는 경우

④ 문제해결방법
  ㉠ **소프트 어프로치**: 문제해결을 위해서 직접적인 표현보다는 무언가를 시사하거나 암시를 통하여 의사를 전달하여 문제해결을 도모하고자 한다.
  ㉡ **하드 어프로치**: 상이한 문화적 토양을 가지고 있는 구성원을 가정하고, 서로의 생각을 직설적으로 주장하고 논쟁이나 협상을 통해 서로의 의견을 조정해 가는 방법이다.
  ㉢ **퍼실리테이션(facilitation)**: 촉진을 의미하며 어떤 그룹이나 집단이 의사결정을 잘 하도록 도와주는 일을 의미한다.

2 문제해결능력을 구성하는 하위능력

(1) 사고력

① 창의적 사고 … 개인이 가지고 있는 경험과 지식을 통해 새로운 가치 있는 아이디어를 산출하는 사고 능력이다.
  ㉠ **창의적 사고의 특징**
   • 정보와 정보의 조합
   • 사회나 개인에게 새로운 가치 창출
   • 창조적인 가능성

예제 2

M사 홍보팀에서 근무하고 있는 귀하는 입사 5년차로 창의적인 기획안을 제출하기로 유명하다. S부장은 이번 신입사원 교육 때 귀하에게 창의적인 사고란 무엇인지 교육을 맡아달라고 부탁하였다. 창의적인 사고에 대한 귀하의 설명으로 옳지 않은 것은?

① 창의적인 사고는 새롭고 유용한 아이디어를 생산해 내는 정신적인 과정이다.
② 창의적인 사고는 특별한 사람들만이 할 수 있는 대단한 능력이다.
③ 창의적인 사고는 기존의 정보들을 특정한 요구조건에 맞거나 유용하도록 새롭게 조합시킨 것이다.
④ 창의적인 사고는 통상적인 것이 아니라 기발하거나, 신기하며 독창적인 것이다.

출제의도

창의적 사고에 대한 개념을 정확히 파악하고 있는지를 묻는 문항이다.

해 설

흔히 사람들은 창의적인 사고에 대해 특별한 사람들만이 할 수 있는 대단한 능력이라고 생각하지만 그리 대단한 능력이 아니며 이미 알고 있는 경험과 지식을 해체하여 다시 새로운 정보로 결합하여 가치 있는 아이디어를 산출하는 사고라고 할 수 있다.

답 ②

ⓛ 발산적 사고 : 창의적 사고를 위해 필요한 것으로 자유연상법, 강제연상법, 비교발상법 등을 통해 개발할 수 있다.

구분	내용
자유연상법	생각나는 대로 자유롭게 발상 ex) 브레인스토밍
강제연상법	각종 힌트에 강제적으로 연결 지어 발상 ex) 체크리스트
비교발상법	주제의 본질과 닮은 것을 힌트로 발상 ex) NM법, Synectics

Point ≫ 브레인스토밍

ⓐ 진행방법
- 주제를 구체적이고 명확하게 정한다.
- 구성원의 얼굴을 볼 수 있는 좌석 배치와 큰 용지를 준비한다.
- 구성원들의 다양한 의견을 도출할 수 있는 사람을 리더로 선출한다.
- 구성원은 다양한 분야의 사람들로 5~8명 정도로 구성한다.
- 발언은 누구나 자유롭게 할 수 있도록 하며, 모든 발언 내용을 기록한다.
- 아이디어에 대한 평가는 비판해서는 안 된다.

ⓑ 4대 원칙
- 비판엄금(Support) : 평가 단계 이전에 결코 비판이나 판단을 해서는 안 되며 평가는 나중까지 유보한다.
- 자유분방(Silly) : 무엇이든 자유롭게 말하고 이런 바보 같은 소리를 해서는 안 된다는 등의 생각은 하지 않아야 한다.
- 질보다 양(Speed) : 질에는 관계없이 가능한 많은 아이디어들을 생성해내도록 격려한다.
- 결합과 개선(Synergy) : 다른 사람의 아이디어에 자극되어 보다 좋은 생각이 떠오르고, 서로 조합하면 재미있는 아이디어가 될 것 같은 생각이 들면 즉시 조합시킨다.

② 논리적 사고 … 사고의 전개에 있어 전후의 관계가 일치하고 있는가를 살피고 아이디어를 평가하는 사고능력이다.

ⓐ 논리적 사고를 위한 5가지 요소 : 생각하는 습관, 상대 논리의 구조화, 구체적인 생각, 타인에 대한 이해, 설득

ⓛ 논리적 사고 개발 방법
- 피라미드 구조 : 하위의 사실이나 현상부터 사고하여 상위의 주장을 만들어가는 방법
- so what기법 : '그래서 무엇이지?'하고 자문자답하여 주어진 정보로부터 가치 있는 정보를 이끌어내는 사고 기법

③ 비판적 사고 … 어떤 주제나 주장에 대해서 적극적으로 분석하고 종합하며 평가하는 능동적인 사고이다.

ⓐ 비판적 사고 개발 태도 : 비판적 사고를 개발하기 위해서는 지적 호기심, 객관성, 개방성, 융통성, 지적 회의성, 지적 정직성, 체계성, 지속성, 결단성, 다른 관점에 대한 존중과 같은 태도가 요구된다.

ⓛ 비판적 사고를 위한 태도
- 문제의식 : 비판적인 사고를 위해서 가장 먼저 필요한 것은 바로 문제의식이다. 자신이 지니고 있는 문제와 목적을 확실하고 정확하게 파악하는 것이 비판적인 사고의 시작이다.
- 고정관념 타파 : 지각의 폭을 넓히는 일은 정보에 대한 개방성을 가지고 편견을 갖지 않는 것으로 고정관념을 타파하는 일이 중요하다.

(2) 문제처리능력과 문제해결절차

① 문제처리능력 … 목표와 현상을 분석하고 이를 토대로 문제를 도출하여 최적의 해결책을 찾아 실행 · 평가하는 능력이다.

② 문제해결절차 … 문제 인식 → 문제 도출 → 원인 분석 → 해결안 개발 → 실행 및 평가
　　ⓐ 문제 인식 : 문제해결과정 중 'what'을 결정하는 단계로 환경 분석 → 주요 과제 도출 → 과제 선정의 절차를 통해 수행된다.
- 3C 분석 : 환경 분석 방법의 하나로 사업환경을 구성하고 있는 요소인 자사(Company), 경쟁사(Competitor), 고객(Customer)을 분석하는 것이다.

예제 3

L사에서 주력 상품으로 밀고 있는 TV의 판매 이익이 감소하고 있는 상황에서 귀하는 B부장으로부터 3C분석을 통해 해결방안을 강구해 오라는 지시를 받았다. 다음 중 3C에 해당하지 않는 것은?

① Customer　　　　　　② Company
③ Competitor　　　　　 ④ Content

출제의도

3C의 개념과 구성요소를 정확히 숙지하고 있는지를 측정하는 문항이다.

해 설

3C 분석에서 사업 환경을 구성하고 있는 요소인 자사(Company), 경쟁사(Competitor), 고객을 3C(Customer)라고 한다. 3C 분석에서 고객 분석에서는 '고객은 자사의 상품 · 서비스에 만족하고 있는지를, 자사 분석에서는 '자사가 세운 달성목표와 현상 간에 차이가 없는지를 경쟁사 분석에서는 '경쟁 기업의 우수한 점과 자사의 현상과 차이가 없는지에 대한 질문을 통해서 환경을 분석하게 된다.

답 ④

• SWOT 분석 : 기업내부의 강점과 약점, 외부환경의 기회와 위협요인을 분석·평가하여 문제해결 방안을 개발하는 방법이다.

		내부환경요인	
		강점(Strengths)	약점(Weaknesses)
외부환경요인	기회 (Opportunities)	SO 내부강점과 외부기회 요인을 극대화	WO 외부기회를 이용하여 내부약점을 강점으로 전환
	위협 (Threat)	ST 외부위협을 최소화하기 위해 내부강점을 극대화	WT 내부약점과 외부위협을 최소화

ⓛ **문제 도출** : 선정된 문제를 분석하여 해결해야 할 것이 무엇인지를 명확히 하는 단계로, 문제 구조 파악→핵심 문제 선정 단계를 거쳐 수행된다.
• Logic Tree : 문제의 원인을 파고들거나 해결책을 구체화할 때 제한된 시간 안에서 넓이와 깊이를 추구하는데 도움이 되는 기술로 주요 과제를 나무모양으로 분해·정리하는 기술이다.
ⓒ **원인 분석** : 문제 도출 후 파악된 핵심 문제에 대한 분석을 통해 근본 원인을 찾는 단계로 Issue 분석→Data 분석→원인 파악의 절차로 진행된다.
ⓔ **해결안 개발** : 원인이 밝혀지면 이를 효과적으로 해결할 수 있는 다양한 해결안을 개발하고 최선의 해결안을 선택하는 것이 필요하다.
ⓜ **실행 및 평가** : 해결안 개발을 통해 만들어진 실행계획을 실제 상황에 적용하는 활동으로 실행계획 수립→실행→Follow-up의 절차로 진행된다.

예제 4

C사는 최근 국내 매출이 지속적으로 하락하고 있어 사내 분위기가 심상치 않다. 이에 대해 Y부장은 이 문제를 극복하고자 문제처리 팀을 구성하여 해결방안을 모색하도록 지시하였다. 문제처리 팀의 문제해결 절차를 올바른 순서로 나열한 것은?

① 문제 인식 → 원인 분석 → 해결안 개발 → 문제 도출 → 실행 및 평가
② 문제 도출 → 문제 인식 → 해결안 개발 → 원인 분석 → 실행 및 평가
③ 문제 인식 → 원인 분석 → 문제 도출 → 해결안 개발 → 실행 및 평가
④ 문제 인식 → 문제 도출 → 원인 분석 → 해결안 개발 → 실행 및 평가

출제의도

실제 업무 상황에서 문제가 일어났을 때 해결 절차를 알고 있는지를 측정하는 문항이다.

해 설

일반적인 문제해결절차는 '문제 인식 → 문제 도출 → 원인 분석 → 해결안 개발 → 실행 및 평가'로 이루어진다.

답 ④

▌1~2▐ 다음은 국민연금의 사업장 가입자 자격취득 신고와 관련한 내용의 안내 자료이다. 다음을 읽고 이어지는 물음에 답하시오.

가. 신고대상

(1) 18세 이상 60세 미만인 사용자 및 근로자

    ※ 단, 본인의 신청에 의해 적용 제외 가능

(2) 단시간 근로자로 1개월 이상, 월 60시간(주 15시간) 이상 일하는 사람

(3) 일용근로자로 사업장에 고용된 날부터 1개월 이상 근로하고, 근로일수가 8일 이상 또는 근로시간이 월 60시간 이상인 사람

    ※ 단, 건설일용근로자는 공사현장을 사업장 단위로 적용하며, 1개월간 근로일수가 20일 이상인 경우 사업장 가입자로 적용

(4) 조기노령연금 수급권자로서 소득이 있는 업무에 종사하거나, 본인이 희망하여 연금지급이 정지된 사람

    *소득이 있는 업무 종사 : 월 2,176,483원(2017년 기준, 사업소득자 필요경비 공제 후 금액, 근로소득자 근로 소득공제 후 금액)이 넘는 소득이 발생되는 경우

(5) 월 60시간 미만인 단시간근로자 중 생업목적으로 3개월 이상 근로를 제공하기로 한 대학 시간강사 또는 사용자 동의를 받아 근로자 적용 희망하는 사람

나. 근로자의 개념

(1) 근로자 : 직업의 종류에 관계없이 사업장에서 노무를 제공하고 그 대가로 임금을 받아 생활하는 자(법인의 이사, 기타 임원 포함)

(2) 근로자에서 제외되는 자

• 일용근로자나 1개월 미만의 기한을 정하여 사용되는 근로자

    ※ 다만, 1개월 이상 계속 사용되는 경우에는 자격 취득신고 대상임

• 법인의 이사 중 「소득세법」에 따른 근로소득이 발생하지 않는 사람

• 1개월 동안의 소정근로시간이 60시간 미만인 단시간근로자. 다만, 해당 단시간근로자 중 생업을 목적으로 3개월 이상 계속하여 근로를 제공하는 사람으로서, 대학시간강사와 사용자의 동의를 받아 근로자로 적용되기를 희망하는 사람은 제외함

• 둘 이상 사업장에 근로를 제공하면서 각 사업장의 1개월 소정근로시간의 합이 60시간 이상인 사람으로서 1개월 소정근로시간이 60시간 미만인 사업장에서 근로자로 적용되기를 희망하는 사람(2016. 1. 1. 시행)

(3) 생업 목적 판단 기준 : 생업 목적은 원칙적으로 "다른 직업이 없는 경우"를 말하며, 다음의 경우에는 다른 직업이 있는 것으로 보아 생업 목적에 해당되지 않음

• 국민연금 사업장가입자로 이미 가입되어 있거나,

• 국민연금 지역가입자(소득신고자에 한함)로 사업자등록자의 경우 또는 다른 공적소득이 많은 경우

다. 자격취득시기

(1) 사업장이 1인 이상의 근로자를 사용하게 된 때
(2) 국민연금 적용사업장에 근로자 또는 사용자로 종사하게 된 때
(3) 임시·일용·단시간근로자가 당연적용 사업장에 사용된 때 또는 근로자로 된 때
(4) 국민연금 가입사업장의 월 60시간 미만 단시간근로자 중 생업을 목적으로 3개월 이상 근로를 제공하는 사람 (대학 시간강사 제외)의 가입신청이 수리된 때
(5) 둘 이상의 사업장에서 1개월 소정근로시간의 합이 60시간 이상이 되는 단시간근로자의 가입신청이 수리된 때

　※ 신고를 하지 않는 경우 근로자의 청구 또는 공단 직권으로 확인 시 자격 취득

1　다음 중 위 안내 자료의 내용을 올바르게 이해한 것은?

① 근로일수가 8일 이상인 건설일용근로자는 신고대상이 된다.
② 월 300만 원의 세후 소득이 있는 조기노령연금 수급권자는 신고 대상이 될 수 없다.
③ 근로시간이 월 70시간인 1년 계약 대학 시간강사는 신고 대상이 될 수 있다.
④ 지역가입자 중 공적소득이 많은 것으로 인정되는 자는 근로자의 개념에 포함되지 않는다.

 　지역가입자 중 공적소득이 많은 것으로 인정되는 자는 생업 목적에 해당하는 근로를 제공한다고 보지 않으므로 근로자에서 제외된다.
① 건설일용근로자는 1개월간 근로일수가 20일 이상인 경우에 사업장 가입자 신고대상이 된다.
② '소득 있는 업무 종사자'가 되므로 조기노령연금 수급권자인 경우에는 다시 사업장 가입자로 신고할 수 있다.
③ 대학 시간강사의 경우 월 60시간 미만인 자로서 생업목적으로 3개월 이상 근로를 제공하기로 한 경우에 신고대상에 해당된다.

Answer ↪ 1.④

2 다음에 제시된 사람 중 국민연금 사업장 가입자 자격 취득 신고를 해야 하는 사람은?

① 두 개의 사업장에서 도합 60시간 근로하는 사람으로 추가 사업장에서 매주 2시간씩의 근로를 제공하는 근로자가 되기를 희망하는 자

② 월 50시간, 3개월 계약 조건을 맺은 생업을 목적으로 한 대학 시간강사

③ 근로계약 기간을 연장 없이 처음부터 1개월 미만으로 정하고 근로를 시작한 근로자

④ K사(법인)의 명예직 전무이사로 소득이 발생하지 않는 자

 대학 시간강사의 경우, 1개월의 근로시간이 50시간(60시간 미만)이더라도 생업을 목적으로 3개월 이상의 근로를 제공하게 되면, '근로자에서 제외되는 자'의 조건에서 제외되므로 근로자가 되어 사업장 가입자 자격 취득 신고대상이 된다.

① 2016년에 시행된 규정에 의해 둘 이상 사업장에 근로를 제공하면서 각 사업장의 1개월 소정근로시간의 합이 60시간 이상인 사람으로서 1개월 소정근로시간이 60시간 미만인 사업장에서 근로자로 적용되기를 희망하는 자는 근로자에서 제외되므로 신고대상에서 제외된다.

③ 일용근로자 또는 1개월 미만의 기한을 정하여 사용되는 근로자에 해당되므로 '근로자'의 개념에서 제외되어 신고대상에서 제외된다.

④ 소득이 발생하지 않는 법인의 이사이므로 근로자에서 제외되어 신고대상에서 제외된다.

3 연금급여실 최 과장은 국민연금 가입률을 조사하기 위해 A, B 두 지역의 가구 수를 다음과 같이 조사하였다. 조사 자료를 보고 최 과장이 판단한 내용 중 옳은 것으로만 모두 고른 것은?

<지역별 가구 형태 분포>

(단위 : 가구)

구분	총 가구 수	1인 가구 수	1세대 가구 수	2세대 가구 수	3세대 이상 가구 수
A지역	10,000	3,000	4,000	2,500	500
B지역	8,000	3,500	4,000	400	100

<보기>

㉠ A지역이 B지역보다 핵가족 수가 적다.

㉡ A지역이 B지역보다 총 인구수가 적다.

㉢ 1인 가구 총 인구수는 A지역이 B지역보다 적다.

㉣ 1세대 가구의 비율은 A지역보다 B지역이 더 높다.

① ㉢, ㉣ 　　　　　　　　② ㉠, ㉢

③ ㉡, ㉣ 　　　　　　　　④ ㉠, ㉡

 ㉠ 2세대 가구에는 핵가족과 확대가족 모두 있기 때문에 알 수 없다. (×)

㉡ 가구 당 가구원 수를 모르기 때문에 총 인구수를 알 수 없다. (×)

㉢ 1인 가구는 1명이기 때문에 A지역의 1인 가구 총 인구수는 3,000명, B지역의 1인 가구 총 인구수는 3,500명으로 A지역이 더 적다. (○)

㉣ A지역은 4,000÷10,000, B지역은 4,000÷8,000으로 B지역이 더 높다. (○)

Answer ↪ 2.② 3.①

4 사회보장급여 실시를 위한 자산 조사 제출서류 목록이 다음과 같다. 다음 목록을 보고 판단한 내용 중 적절하지 않은 것은?

제출 목적	제출 서류	비고
가구원 및 부양의무자 확인	실종 등의 신고접수서 등	행방불명자는 보장가구에서 제외 ※ 전산 확인이 가능한 군복무확인서, 재소증명서, 출입국사실증명서, 외국인 등록사실증명서는 제외
소득확인	• 고용 · 임금확인서 • 월급명세서	• 근로소득 파악
	• 건강보험자격득실확인서 • 퇴직증명서	• 취업 · 퇴직사실 확인
	• 소득금액증명원 • 휴 · 폐업 확인서	• 사업자 소득 파악 ※ 사업자등록증 전산 확인 가능
	• 어종별 출하량 및 수입 자료	• 어업소득 파악
	• 임산물 유통기관 판매기록	• 임업소득 파악
	• 임대차 계약서	• 임대소득 파악(건물 · 상가, 본인 거주 외 주택 등이 조회된 경우)
	• 무료임대확인서	• 사적이전소득 파악 • 주거급여 대상 확인
	• 진단서 · 의료비 영수증 • 입학금 · 수업료 납입고지서 등	• 소득평가액 산정 시 가구특성 지출비용으로 실제소득에서 차감처리
	• 지출실태조사표 • 근로활동 및 소득신고서	• 소득파악 곤란자에 대한 소득파악
	• 일용근로소득 사실 확인서	• 국세청 일용근로소득 지급명세서(분기별 신고 자료)가 사실과 다름을 주장하는 경우, 확인조사 지침에 따라 적용
재산확인	• 임대차계약서(전 · 월세계약서) ※ 전세권설정등기 또는 확정일자를 받은 계약서	• 임차보증금 파악
부채	• 법원 판결문, 화해 · 조정조서	• 개인 간 사채 확인
	• 임대차계약서	• 임대보증금
근로능력 판정	• 근로능력 평가용 진단서 • 진료기록부 사본(최근 2개월분)	• 근로능력 판정
급여계좌 확인	• 통장사본	• 지급계좌 등록 및 실명 확인

① "재소증명서가 있는 수감자의 경우는 실종 등으로 인한 행방불명자와 다른 지위를 갖게 되는군."

② "취업이나 퇴직을 확인하기 위한 서류는 취업·퇴직증명서만 있는 게 아니로군."

③ "임대차계약서는 임대소득을 확인하기 위한 서류니까 무주택 월세 거주자인 경우엔 임대차계약서를 제출하지 않아도 되겠구나."

④ "일용직은 근로소득 증빙이 매월 신고 되지 않아 소득확인이 한두 달 지연될 수도 있겠네."

임대차계약서는 임대소득을 확인하기 위한 목적뿐 아니라 임차보증금 등의 재산상태를 확인하기 위한 제출서류이기도 하다.

① 보장가구 제외대상인 행방불명자 등으로 보지 않는 예외 경우에 해당된다.

② 건강보험자격득실확인서 또한 취업이나 퇴직의 증빙 서류가 된다.

④ 일용근로소득 지급명세서는 분기별 신고 자료라고 언급되어 있으므로 한두 달 소득확인의 지연이 발생할 수 있다.

Answer → 4.③

▮5~6▮ 다음은 국민연금관리공단에서 시행하고 있는 두루누리 사회보험료 지원사업에 관한 내용이다. 다음을 읽고 이어지는 물음에 답하시오.

　두루누리 지원사업이란 소규모 사업을 운영하는 사업주와 소속 근로자의 사회보험료(고용보험 · 국민연금)의 일부를 국가에서 지원함으로써 사회보험 가입에 따른 부담을 덜어주고, 사회보험 사각지대를 해소하기 위한 사업입니다.

지원대상
- 근로자 수가 10명 미만인 사업장에 고용된 근로자 중 월평균보수가 210만 원 미만인 근로자와 그 사업주에게 사회보험료(고용보험 · 국민연금)를 최대 90%까지 각각 지원해 드립니다.('210만 원 미만'이란 근로소득에서 비과세 근로소득을 제외하고 산정한 월평균보수가 210만 원이 되지 않는 경우를 말합니다.)
- 2018년 1월 1일부터 신규지원자 및 기지원자 지원을 합산하여 3년(36개월)만 지원합니다.
- 기지원자의 경우 2020년까지 지원됩니다.(2021년부터 지원 중단)

지원 제외대상
지원 대상에 해당하는 근로자가 아래의 어느 하나라도 해당되는 경우에는 지원 제외됩니다.
- 지원신청일이 속한 보험연도의 전년도 재산의 과세표준액 합계가 6억 원 이상인 자
- 지원신청일이 속한 보험연도의 전년도 근로소득이 연 2,772만 원 이상인 자
- 지원신청일이 속한 보험연도의 전년도 근로소득을 제외한 종합소득이 연 2,520만 원 이상인 자

지원수준
- 신규지원자 : 지원신청일 직전 1년간 피보험자격 취득이력이 없는 근로자와 그 사업주
　* 5명 미만 사업 90% 지원 / 5명 이상 10명 미만 사업 80% 지원
- 기지원자 : 신규지원자에 해당하지 않는 근로자와 사업주
　* 10명 미만 사업 40% 지원

5　다음 중 두루누리 지원사업을 올바르게 이해하지 못한 의견은?

① 기지원자와 신규지원자 모두 2021년부터는 두루누리 지원사업이 중단된다.

② 두루누리 지원 대상자의 월평균보수 산정 기준은 과세 대상 근로소득이다.

③ 기지원자는 근무하는 사업장의 근로자 수가 4명인 경우와 7명인 경우에 지원비가 동일하다.

④ 지원신청일이 속한 월의 과세 대상 근로소득이 210만 원을 초과하나, 전년도 과세표준과 근로소득이 지원 제외대상에 포함되지 않는 근로자는 지원 대상이 된다.

지원 제외대상에서 언급한 조건은 해당 시점의 근로소득 기준인 '210만 원 미만' 조건을 충족하는 근로자 중 제외되는 대상을 규정한 것이므로, 지원신청일이 속한 월의 과세 대상 근로소득이 210만 원을 초과한다면 지원 대상에서 당연 배제되는 것이다.

① 2018년 1월 1일부터 신규지원자 및 기지원자 지원을 합산하여 3년만 운영하는 제도이므로 2021년부터는 모두 중단된다.

② 비과세 근로소득을 제외한 부분이 210만 원을 넘는지 여부를 판단하게 되므로 과세 대상 근로소득을 기준으로 산정하는 것이다.

③ 기지원자의 경우 근무하는 사업장 근로자 수가 10명 미만인 경우 동일하게 40%가 지원된다.

6 위의 사업 내역을 참고할 때, 다음 두 가지 경우에 근로자에게 지원되는 지원금액은 각각 얼마인가? (단, 두 경우 모두 신규지원자이며, 지원 제외대상은 아니라고 가정한다)

> A. 근로자 수 4명인 사업장에 고용된 근로자의 월평균보수가 190만 원
>   근로자의 월 고용보험료 총액 : 34,200원
>   근로자의 월 국민연금보험료 총액 : 171,000원
> B. 근로자 수 8명인 사업장에 고용된 근로자의 월평균보수가 190만 원
>   근로자의 월 고용보험료 총액 : 24,700원
>   근로자의 월 국민연금보험료 총액 : 163,000원

① 84,465원, 82,080원

② 17,100원, 12,350원

③ 85,500원, 81,500원

④ 92,340원, 75,080원

 두 경우 모두 월평균보수가 210만 원 미만이므로 지원 대상이 되며, A의 경우는 5명 미만 사업장이므로 90%가, B의 경우는 5명 이상 10명 미만인 사업장이므로 80%가 지원된다.

제시된 고용보험료와 연금보험료는 근로자에게 부과된 총액이므로 이를 사업주와 근로자가 절반씩 부담하게 되므로 절반 부담액에 대하여 지원 비율이 적용되어 다음과 같이 지원된다.

A : 근로자 부담금 $17,100 + 85,500 = 102,600$ 원

  지원금 $102,600 \times 0.9 = 92,340$ 원

B : 근로자 부담금 $12,350 + 81,500 = 93,850$ 원

  지원금 $93,850 \times 0.8 = 75,080$ 원

Answer ↪ 5.④ 6.④

▎7~8▎ '기준소득월액이란 연금보험료와 급여를 산정하기 위하여 연금 가입자의 소득월액을 기준으로 하여 대통령령으로 정하는 금액을 의미한다. 이와 관련한 다음의 설명을 읽고 이어지는 물음에 답하시오.

〈자격취득 및 납부재개 시 기준소득월액의 결정〉

(1) 사용자는 사업장가입자 자격취득신고서 및 납부재개신고서를 작성할 때에는 다음의 방법으로 산출한 소득월액을 기재하여 신고함

　(가) 월이나 주 또는 그 밖에 일정 기간으로 소득이 정하여지는 경우에는 그 소득액을 그 기간의 총 일수로 나눈 금액의 30배에 해당하는 금액

　(나) 일ㆍ시간ㆍ생산량 또는 도급으로 소득이 정하여지는 경우에는 가입자의 자격을 취득한 날이나 납부를 재개한 날이 속하는 달의 전 1개월 동안 해당 사업장에서 같은 업무에 종사하고 같은 소득이 있는 자가 받은 소득월액을 평균한 금액

　(다) (가)와 (나)에 따라 소득월액을 계산하여 정하기 어려운 자의 경우에는 가입자의 자격을 취득한 날이나 납부를 재개한 날이 속하는 달의 전 1개월 동안에 그 지방에서 같은 업무에 종사하고 같은 소득이 있는 자가 받은 소득월액을 평균한 금액

　(라) 자격취득 및 소득월액 신고를 하지 않을 경우, 소득 자료가 있으면 소득 자료대로, 소득 자료가 없으면 중위수소득(2017년 기준 995천원)으로 결정함.

　　* 중위수소득 : 전년도 12월 31일 현재 지역가입자 전체의 중간에 해당하는 자의 기준소득월액

(2) 근로자 입사(복직) 시 소득월액 신고 기준

　(가) 사업장에 입사(복직)한 근로자의 소득월액은 아래 기준에 따라 사용자가 근로자에게 지급하기로 약정하였던 금액으로, 입사(복직) 당시 지급이 예측 가능한 모든 근로소득을 포함해야 함

　　• 소득세법 제20조 제1항에 따른 근로소득에서 같은 법 제12조 제3호에 따른 비과세근로소득을 제외

　(나) 급여 항목별 입사(복직) 시 소득월액

구분	포함해야 하는 소득	포함하지 않는 소득
판단 기준	입사(복직) 당시 근로계약서, 보수규정 등에서 지급하기로 확정된 모든 과세소득	소득세법 상 비과세소득, 입사(복직) 당시 지급 여부 및 지급 금액이 확정되지 않은 소득
급여 항목	기본급, 직책수당, 직급보조비, 정기(명절) 상여금, 기본 성과급, 휴가비, 교통비, 고정 시간외 근무수당, 복지연금, 기타 각종 수당 등	비과세소득(월 10만 원 이하 식사대, 출산이나 6세 이하 보육수당 월 10만 원 이내 등), 실적에 따라 지급 여부 및 지급금액이 결정되는 실적급 등

　(다) 소득월액 산정 방법

　　입사(복직) 시점에 따른 근로자간 신고 소득월액 차등이 발생하지 않도록 입사(복직) 당시 약정되어 있는 급여 항목에 대한 1년 치 소득총액에 대하여 30일로 환산하여 결정

　　☞ 소득월액=입사(복직) 당시 지급이 약정된 각 급여 항목에 대한 1년간 소득총액÷365×30

　　※ 단, 정규직 전환이 예정된 시보, 인턴 등의 취득 시 소득월액은 시보, 인턴 등의 소득과 그 이후 정규직 소득을 합산한 평균소득으로 신고함

---

7 다음 중 위의 설명 내용을 올바르게 이해하지 못한 것은?

① 소득월액은 주, 일 단위 소득 발생 시에도 30일을 기준으로 한 월 소득으로 환산하여 적용한다.

② 해당 사업장의 동료나 지역 내 소득 수준은 소득월액의 산정 시 기준으로 작용할 수 있다.

③ 입사 당시 지급받을 것으로 예상이 되는 비과세소득은 소득월액에 포함된다.

④ 정규직으로 전환된 자의 소득월액은 정규직 이전과 이후의 평균 소득 금액을 산정하여 적용한다.

 입사 당시 지급받을 것으로 예상이 된다 해도 비과세소득인 경우는 소득월액에 포함되지 않는 소득으로 간주한다.

8 다음과 같은 경우, 홍길동이 신고해야 할 국민연금 소득월액은?

〈A사에 2017년 3월 5일, 월급제로 입사한 홍길동의 급여 내역〉

- 기본급 : 1,000,000원
- 교통비 : 월 100,000원
- 고정 시간외 수당 : 월 200,000원
- 분기별 상여금 : 기본급의 100%(1, 4, 7, 10월 지급)
- 하계휴가비(매년 7월 지급) : 500,000원

① 1,300,000원   ② 1,325,500원

③ 1,446,785원   ④ 1,652,055원

 신고 급여 항목이 되어야 할 것은 지급이 약정된 급여 항목 전체인 기본급, 교통비, 고정 시간외 수당, 상여금, 휴가비가 되어야 한다.
따라서 주어진 산식에 의하여
$\{(1,000,000 + 100,000 + 200,000) \times 12 + (1,000,000 \times 4) + 500,000\} \div 365 \times 30 = 1,652,055$ 원이 된다.

Answer ⟶ 7.③ 8.④

▌9~10 ▌ 다음은 국민연금공단에서 제공하는 휴양콘도 이용 안내문이다. 다음 안내문을 읽고 이어지는 물음에 답하시오.

---

(1) 휴양콘도 이용대상

- 주말, 성수기 : 월평균소득이 243만 원 이하 근로자
- 평일 : 모든 근로자(월평균소득이 243만 원 초과자 포함), 특수형태근로종사자
- 이용희망일 2개월 전부터 신청 가능
- 이용희망일이 주말, 성수기인 경우 최초 선정일 전날 23시 59분까지 접수 요망. 이후에 접수할 경우 잔여객실 선정일정에 따라 처리

(2) 휴양콘도 이용우선순위

- 주말, 성수기
- –주말·성수기 선정 박수가 적은 근로자
- –이용가능 점수가 높은 근로자
- –월평균소득이 낮은 근로자
  - ※ 위 기준 순서대로 적용되며, 근로자 신혼여행의 경우 최우선 선정
- 평일 : 선착순

(3) 이용 · 변경 · 신청취소

- 선정결과 통보 : 이용대상자 콘도 이용권 이메일 발송
- 이용대상자로 선정된 후에는 변경 불가 → 변경을 원할 경우 신청 취소 후 재신청
- 신청취소는 「근로복지서비스 → 신청결과확인」 메뉴에서 이용일 10일 전까지 취소
  - ※ 9일 전~1일 전 취소는 이용점수가 차감되며, 이용당일 취소 또는 취소 신청 없이 이용하지 않는 경우(No-Show) 1년 동안 이용 불가
- 선정 후 취소 시 선정 박수에는 포함되므로 이용우선순위에 유의(평일 제외)
  - ※ 기준년도 내 선정 박수가 적은 근로자 우선으로 자동선발하고, 차순위로 점수가 높은 근로자 순으로 선발하므로 선정 후 취소 시 차후 이용우선순위에 영향을 미치니 유의하시기 바람
- 이용대상자로 선정된 후 타인에게 양도 등 부정사용 시 신청일 부터 5년간 이용 제한

(4) 기본점수 부여 및 차감방법 안내

☞ 매년(년 1회) 연령에 따른 기본점수 부여

[월평균소득 243만 원 이하 근로자]

연령대	50세 이상	40~49세	30~39세	20~29세	19세 이하
점수	100점	90점	80점	70점	60점

※ 월평균소득 243만 원 초과 근로자, 특수형태근로종사자, 고용 · 산재보험 가입사업장 : 0점

☞ 기 부여된 점수에서 연중 이용점수 및 벌점에 따라 점수 차감

구분	이용점수(1박당)			벌점	
	성수기	주말	평일	이용취소 (9~1일 전 취소)	No-show (당일취소, 미이용)
차감점수	20점	10점	0점	50점	1년 사용제한

(5) 벌점(이용취소, No-show)부과 예외
- 이용자의 배우자·직계존비속 또는 배우자의 직계존비속이 사망한 경우
- 이용자 본인·배우자·직계존비속 또는 배우자의 직계존비속이 신체이상으로 3일 이상 의료기관에 입원하여 콘도 이용이 곤란한 경우
- 운송기관의 파업·휴업·결항 등으로 운송수단을 이용할 수 없어 콘도 이용이 곤란한 경우
  ※ 벌점부과 예외 사유에 의한 취소 시에도 선정박수에는 포함되므로 이용우선순위에 유의하시기 바람

9 다음 중 위의 안내문을 보고 올바른 콘도 이용계획을 세운 사람은?

① "난 이용가능 점수도 높아 거의 1순위인 것 같은데, 올해엔 시간이 없으니 내년 여름휴가 때 이용할 콘도나 미리 예약해 둬야겠군."

② "경태 씨, 우리 신혼여행 때 휴양 콘도 이용 일정을 넣고 싶은데 이용가능점수도 낮고 소득도 좀 높은 편이라 어려울 것 같네요."

③ "여보, 지난 번 신청한 휴양콘도 이용자 선정 결과가 아직 안 나왔나요? 신청할 때 제 전화번호를 기재했다고 해서 계속 기다리고 있는데 전화가 안 오네요."

④ "영업팀 최 부장님은 50세 이상이라서 기본점수가 높지만 지난 번 성수기에 2박 이용을 하셨으니 아직 미사용 중인 20대 엄 대리가 점수 상으로는 좀 더 선정 가능성이 높겠군."

 50세인 최 부장은 기본점수가 100점 이었으나 성수기 2박 이용으로 40점(1박 당 20점)이 차감되어 60점의 기본점수가 남아 있으나 20대인 엄 대리는 미사용으로 기본점수 70점이 남아 있으므로 점수 상으로는 선정 가능성이 더 높다고 할 수 있다.
① 신청은 2개월 전부터 가능하므로 내년 이용 콘도를 지금 예약할 수는 없다.
② 신혼여행 근로자는 최우선 순위로 콘도를 이용할 수 있다.
③ 선정 결과는 유선 통보가 아니며 콘도 이용권을 이메일로 발송하게 된다.

Answer┌→ 9.④

10 다음 〈보기〉의 신청인 중 올해 말 이전 휴양콘도 이용 순위가 높은 사람부터 순서대로 올바르게 나열한 것은?

〈보기〉
- A씨 : 30대, 월 소득 200만 원, 주말 2박 선정 후 3일 전 취소(무벌점)
- B씨 : 20대, 월 소득 180만 원, 신혼여행 시 이용 예정
- C씨 : 40대, 월 소득 220만 원, 성수기 2박 기 사용
- D씨 : 50대, 월 소득 235만 원, 올 초 선정 후 5일 전 취소, 평일 1박 기 사용

① D씨 － B씨 － A씨 － C씨
② B씨 － D씨 － C씨 － A씨
③ C씨 － D씨 － A씨 － B씨
④ B씨 － D씨 － A씨 － C씨

모두 월 소득이 243만 원 이하이므로 기본점수가 부여되며, 다음과 같이 순위가 선정된다.
우선, 신혼여행을 위해 이용하고자 하는 B씨가 1순위가 된다. 다음으로 주말과 성수기 선정 박수가 적은 신청자가 우선순위가 되므로 주말과 성수기 이용 실적이 없는 D씨가 2순위가 된다. A씨는 기본점수 80점, 3일 전 취소이므로 20점(주말 2박) 차감을 감안하면 60점의 점수를 보유하고 있으며, C씨는 기본점수 90점, 성수기 사용 40점(1박 당 20점) 차감을 감안하면 50점의 점수를 보유하게 된다. 따라서 최종순위는 B씨 － D씨 － A씨 － C씨가 된다.

11 다음 자료를 읽고 2013년 '갑'국의 경제 상황을 2012년과 적절하게 비교한 설명을 〈보기〉에서 모두 고른 것은?

'갑'국에서는 은퇴 생활자들이 이자 소득만으로 소비 생활을 영위하고 있다. '갑'국 경제의 2012년 이자율은 6%였고, 물가 상승률은 3%였다. 2013년에 이자율은 7%로, 물가 상승률은 3.5%로 상승하였다.

〈보기〉
㉠ 기업들의 투자는 증가하였을 것이다.
㉡ 기업들의 투자는 감소하였을 것이다.
㉢ 은퇴 생활자의 이자 소득은 명목 가치로도 증가하였고, 실질 가치로도 증가하였을 것이다.
㉣ 은퇴 생활자의 이자 소득은 명목 가치로는 증가하였지만, 실질 가치로는 감소하였을 것이다.
㉤ 은퇴 생활자의 이자 소득은 명목 가치로는 증가하였지만, 실질 가치로는 변화가 없었을 것이다.

① ㉠, ㉢   ② ㉠, ㉣

③ ㉡, ㉢   ④ ㉡, ㉣

 '갑'국의 2012년 이자율은 6%였고, 물가상승률은 3%였다. 2013년에는 이자율은 7%로, 물가상승률은 3.5%로 상승하였다. 이 경우 물가상승을 감안한 실질이자율은 2012년 3%에서 2013년 3.5%로 상승하였고, 투자의 기회비용이 높아졌으므로 기업들의 투자는 감소하였을 것으로 판단할 수 있다. 따라서 ㉡와 ㉢의 설명만이 올바르게 비교한 것이 된다.

Answer → 10.④ 11.③

12 H 기업 영업부장인 甲은 차장 乙 그리고 직원 丙, 丁과 함께 총 4명이 장거리 출장이 가능하도록 배터리 완전충전 시 주행거리가 200km 이상인 전기자동차 1대를 선정하여 구매팀에 구매를 의뢰하려고 한다. 다음을 근거로 판단할 때, 甲이 선정하게 될 차량은?

◻ 배터리 충전기 설치
- 구매와 동시에 회사 주차장에 배터리 충전기를 설치하려고 하는데, 배터리 충전시간(완속 기준)이 6시간을 초과하지 않으면 완속 충전기를, 6시간을 초과하면 급속 충전기를 설치하려고 한다.

◻ 정부 지원금
- 정부는 전기자동차 활성화를 위하여 전기자동차 구매 보조금을 구매와 동시에 지원하고 있는데, 승용차는 2,000만 원, 승합차는 1,000만 원을 지원하고 있다. 승용차 중 경차는 1,000만 원을 추가로 지원한다.
- 배터리 충전기에 대해서는 완속 충전기에 한하여 구매 및 설치비용을 구매와 동시에 전액 지원하며, 2,000만 원이 소요되는 급속 충전기의 구매 및 설치비용은 지원하지 않는다.

◻ 차량 선택
- 배터리 충전기 설치와 정부 지원금을 감안하여 甲은 차량 A~D 중에서 실구매 비용(충전기 구매 및 설치비용 포함)이 가장 저렴한 차량을 선택하려고 한다. 단, 실구매 비용이 동일할 경우에는 '점수 계산 방식'에 따라 점수가 가장 높은 차량을 구매하려고 한다.

◻ 점수 계산 방식
- 최고속도가 120km/h 미만일 경우에는 120km/h를 기준으로 10km/h가 줄어들 때마다 2점씩 감점
- 승차 정원이 4명을 초과할 경우에는 초과인원 1명당 1점씩 가점

◻ 구매 차량 후보

차량	A	B	C	D	E
최고속도(km/h)	130	100	140	120	120
완전충전 시 주행거리(km)	250	200	300	300	250
충전시간(완속 기준)	7시간	5시간	4시간	5시간	8시간
승차 정원	6명	8명	4명	5명	2명
차종	승용	승합	승용(경차)	승용	승용(경차)
가격(만 원)	5,000	6,000	8,000	8,000	4,000

① A

② B

③ C

④ D

승차 정원이 2명인 E를 제외한 나머지 차량의 차량별 실구매 비용을 계산하면 다음과 같다.

(단위 : 만 원)

차량	차량 가격	충전기 구매 및 설치비용	정부 지원금 (완속 충전기 지원금 제외)	실구매 비용
A	5,000	2,000	2,000	5,000 + 2,000 − 2,000 = 5,000
B	6,000	0(정부 지원금)	1,000	6,000 + 0 − 1,000 = 5,000
C	8,000	0(정부 지원금)	3,000	8,000 + 0 − 3,000 = 5,000
D	8,000	0(정부 지원금)	2,000	8,000 + 0 − 2,000 = 6,000

이 중 실구매 비용이 동일한 A, B, C에 대하여 '점수 계산 방식'에 따라 차량별 점수를 구하면 A는 승차 정원에서 2점의 가점을, B는 최고속도에서 4점의 감점과 승차 정원에서 4점의 가점을 받게 되고 C는 감점 및 가점이 없다. 따라서 甲이 선정하게 될 차량은 점수가 가장 높은 A가 된다.

Answer↵ 12.①

13 ○○기업은 甲, 乙, 丙 3개 신문사를 대상으로 광고비를 지급하기 위해 3가지 선정 방식을 논의 중에 있다. 3개 신문사의 현황이 다음과 같을 때, 〈선정 방식〉에 따라 판단한 내용으로 옳지 않은 것은?

☐ 신문사 현황

신문사	발행부수(부)	유료부수(부)	발행기간(년)
甲	30,000	9,000	5
乙	30,000	11,500	10
丙	20,000	12,000	12

※ 발행부수 = 유료부수 + 무료부수

☐ 선정 방식
• 방식 1 : 항목별 점수를 합산하여 고득점 순으로 500만 원, 300만 원, 200만 원을 광고비로 지급하되, 80점 미만인 신문사에는 지급하지 않는다.

평가항목	항목별 점수			
발행부수 (부)	20,000 이상	15,000~19,999	10,000~14,999	10,000 미만
	50점	40점	30점	20점
유료부수 (부)	15,000 이상	10,000~14,999	5,000~9,999	5,000 미만
	30점	25점	20점	15점
발행기간 (년)	15 이상	12~14	9~11	6~8
	20점	15점	10점	5점

※ 항목별 점수에 해당하지 않을 경우 해당 항목을 0점으로 처리한다.

• 방식 2 : A등급에 400만 원, B등급에 200만 원, C등급에 100만 원을 광고비로 지급하되, 등급별 조건을 모두 충족하는 경우에만 해당 등급을 부여한다.

등급	발행부수(부)	유료부수(부)	발행기간(년)
A	20,000 이상	10,000 이상	10 이상
B	10,000 이상	5,000 이상	5 이상
C	5,000 이상	2,000 이상	2 이상

※ 하나의 신문사가 복수의 등급에 해당할 경우, 그 신문사에게 가장 유리한 등급을 부여한다.

• 방식 3 : 1,000만 원을 발행부수 비율에 따라 각 신문사에 광고비로 지급한다.

① 甲은 방식 3이 가장 유리하다.

② 乙은 방식 2이 가장 유리하다.

③ 방식 2로 선정할 경우, 丙은 甲보다 두 배의 광고비를 지급받는다.

④ 방식 1로 선정할 경우, 甲은 200만 원의 광고비를 지급받는다.

 방식 1~3에 따른 甲, 乙, 丙 신문사가 받을 광고비는 다음과 같다.

구분	甲	乙	丙
방식 1	0원	300만 원	500만 원
방식 2	200만 원	400만 원	400만 원
방식 3	375만 원	375만 원	250만 원

④ 방식 1로 선정할 경우, 甲은 80점 미만을 득점하여 광고비를 지급받지 못한다.

Answer↱ 13.④

14 甲 공단 재무부에서 근무하는 乙은 2018년도 예산을 편성하기 위해 2017년에 시행되었던 정책 A~F에 대한 평가를 실시하였다. 평가 결과가 다음과 같을 때 乙이 분석한 내용으로 잘못된 것은?

□ 정책 평가 결과

(단위 : 점)

정책	계획의 충실성	계획 대비 실적	성과지표 달성도
A	96	95	76
B	93	83	81
C	94	96	82
D	98	82	75
E	95	92	79
F	95	90	85

• 정책 평가 영역과 각 영역별 기준 점수는 다음과 같다.
– 계획의 충실성 : 기준 점수 90점
– 계획 대비 실적 : 기준 점수 85점
– 성과지표 달성도 : 기준 점수 80점
• 평가 점수가 해당 영역의 기준 점수 이상인 경우 '통과'로 판단하고 기준 점수 미만인 경우 '미통과' 로 판단한다.
• 모든 영역이 통과로 판단된 정책에는 전년과 동일한 금액을 편성하며, 2개 영역이 통과로 판단된 정 책에는 전년 대비 10% 감액, 1개 영역만 통과로 판단된 정책에는 15% 감액하여 편성한다. 다만 '계 획 대비 실적' 영역이 미통과인 경우 위 기준과 상관없이 15% 감액하여 편성한다.
• 2017년도 재무부의 A~F 정책 예산은 각각 20억 원으로 총 120억 원이었다.

① 전년과 동일한 금액의 예산을 편성해야 하는 정책은 총 2개이다.
② 재무부의 2018년도 A~F 정책 예산은 전년 대비 9억 원이 줄어들 것이다.
③ '성과지표 달성도' 영역에서 '통과'로 판단된 경우에도 예산을 감액해야 하는 정책이 있다.
④ 예산을 전년 대비 15% 감액하여 편성하는 정책들은 모두 '계획 대비 실적' 영역이 '미통과'로 판 단되었을 것이다.

기준 점수에 따라 통과 및 미통과, 2018년도 예산편성을 정리하면 다음과 같다.

정책	계획의 충실성 (기준 점수 90점)	계획 대비 실적 (기준 점수 85점)	성과지표 달성도 (기준 점수 80점)	예산편성
A	통과	통과	미통과	10% 감액
B	통과	미통과	통과	15% 감액
C	통과	통과	통과	동일
D	통과	미통과	미통과	15% 감액
E	통과	통과	미통과	10% 감액
F	통과	통과	통과	동일

② 각 정책별 2018년도 예산은 A 18억, B 17억, C 20억, D 17억, E 18억, F 20억으로 총 110억 원이다. 따라서 재무부의 2018년도 A~F 정책 예산은 전년 대비 10억 원이 줄어든다.

① 전년과 동일한 금액의 예산을 편성해야 하는 정책은 C, F 총 2개이다.

③ 정책 B는 '성과지표 달성도' 영역에서 '통과'로 판단되었지만, '계획 대비 실적'에서 미통과로 판단되어 예산을 감액해야 한다.

④ 예산을 전년 대비 15% 감액하여 편성하는 정책들은 B와 D로 모두 '계획 대비 실적' 영역이 '미통과'로 판단되었다.

Answer 14.②

15 다음 글을 근거로 판단할 때 〈상황〉에 맞는 대안을 가장 적절히 연결한 것을 고르면?

> ○○공사에서는 수익금의 일부를 기부하는 사랑의 바자회를 여름철에 정기적으로 실시하고 있다. 사랑의 바자회를 준비하고 있는 책임자는 바자회를 옥내에서 개최할 것인지 또는 야외에서 개최할 것인지를 검토하고 있는데, 여름철의 날씨와 장소 사용에 따라서 수익금액이 영향을 받는다. 사랑의 바자회를 담당한 주최측에서는 옥내 또는 야외의 개최장소를 결정하는 판단기준으로 일기상황과 예상수입을 토대로 하여 대안별 일기상황의 확률과 예상수입을 곱한 결과 값의 합계가 큰 대안을 선택한다.

〈상황〉

A : 옥내에서 대회를 개최하는 경우 비가 오면 수익금은 150만원 정도로 예상되고, 비가 오지 않으면 190만원 정도로 될 것으로 예상된다고 한다. 한편 야외에서 개최하는 경우 비가 오면 수익금은 70만원 정도로 예상되고, 비가 오지 않으면 300만원 정도로 예상된다고 한다. 일기예보에 의하면 행사 당일에 비가 오지 않을 확률은 70%라고 한다.

B : 옥내에서 대회를 개최하는 경우 비가 오면 수익금은 80만원 정도로 예상되고, 비가 오지 않으면 250만원 정도로 될 것으로 예상된다고 한다. 한편 야외에서 개최하는 경우 비가 오면 수익금은 60만원 정도로 예상되고, 비가 오지 않으면 220만원 정도로 예상된다고 한다. 일기예보에 의하면 행사 당일에 비가 올 확률은 60%라고 한다.

C : 옥내에서 대회를 개최하는 경우 비가 오면 수익금은 150만원 정도로 예상되고, 비가 오지 않으면 200만원 정도로 될 것으로 예상된다고 한다. 한편 야외에서 개최하는 경우 비가 오면 수익금은 100만원 정도로 예상되고, 비가 오지 않으면 210만원 정도로 예상된다고 한다. 일기예보에 의하면 행사 당일에 비가 오지 않을 확률은 20%라고 한다.

① A : 옥내, B : 옥내, C : 옥내
② A : 옥내, B : 야외, C : 옥내
③ A : 야외, B : 옥내, C : 옥내
④ A : 야외, B : 옥내, C : 야외
⑤ A : 야외, B : 야외, C : 야외

ⓣ ㉠ 상황 A : 야외 선택
　　• 옥내 : $(150 \times 0.3) + (190 \times 0.7) = 178$(만원)
　　• 야외 : $(70 \times 0.3) + (300 \times 0.7) = 231$(만원)
　　㉡ 상황 B : 옥내 선택
　　• 옥내 : $(80 \times 0.6) + (250 \times 0.4) = 148$(만원)
　　• 야외 : $(60 \times 0.6) + (220 \times 0.4) = 124$(만원)
　　㉢ 상황 C : 옥내 선택
　　• 옥내 : $(150 \times 0.8) + (200 \times 0.2) = 160$(만원)
　　• 야외 : $(100 \times 0.8) + (210 \times 0.2) = 122$(만원)

16 다음은 국제협력의 개념정의와 목표를 설명한 것이다. 각국의 국제협력 정책과 목표를 가장 적절히 연결한 것을 고르면?

> 국제협력은 국가간 및 국가와 국제기관 간의 모든 유·무상 자본협력, 교역협력, 기술·인력협력, 사회문화협력 등 국제사회에서 발생하는 다양한 형태의 교류를 총체적으로 지칭하는 개념이다.
> UN은 다음과 같은 8가지 목표들로 구성된 새천년개발목표를 선언하였다. 새천년개발목표의 선언은 개발도상국의 빈곤문제가 개발도상국 자체만의 문제가 아니라 지구촌 전체의 문제라고 규정하면서 지구촌 모든 국가들의 적극적인 참여를 요청하는 계기가 되었다.
> • 목표1 : 극심한 빈곤과 기아의 근절
> • 목표2 : 초등교육 의무화 달성
> • 목표3 : 성 평등 촉진과 여성권의 향상
> • 목표4 : 아동사망률 감소
> • 목표5 : 모자보건 향상
> • 목표6 : 후천성 면역 결핍증(AIDS), 말라리아 등 질병 퇴치
> • 목표7 : 환경의 지속가능성 보장
> • 목표8 : 개발을 위한 글로벌 파트너십 조성

> 〈국가별 국제협력 정책〉
> • A국 : 개발도상국에 도로건설 지원사업을 실시하면서 야생동물들의 서식지 파괴를 최소화 하고자 하였다.
> • B국 : 빈곤국가인 Z국에 메르스 바이러스로 인한 감염 환자가 급증하자 의료진을 파견하고 재정을 지원하였다.
> • C국 : 빈곤국가인 Y국에 대한 발전소 건립 지원사업의 중복문제를 해소하기 위해 국가 간 협력 네트워크에 참여하였다.

① A국 – 목표3
② A국 – 목표5
③ B국 – 목표1
④ C국 – 목표8

ⓣ ㉠ A국 : 야생동물의 서식지 파괴를 최소화하였으므로 '환경의 지속가능성 보장'(목표7)에 해당한다.
㉡ B국 : 메르스 바이러스 감염에 대해 의료진 파견과 재정지원을 하였으므로 '후천성 면역 결핍증 (AIDS), 말라리아 등 질병 퇴치'(목표6)에 해당한다.
㉢ C국 : 국가 간 협력 네트워크에 참여한 것은 '개발을 위한 글로벌 파트너십 조성(목표8)'에 해당한다.

Answer 15.③ 16.④

17 다음은 난폭운전에 대한 문제점과 그 해결책이다. 각 문제점에 대한 해결책을 가장 적절히 연결한 것을 고르면?

〈문제점〉

㉠ 난폭운전의 개념자체가 모호한 상태이고 난폭운전에 대한 실질적인 단속과 처벌이 미흡하다. 난폭운전에 대한 명확한 개념정의가 없는 상태에서 포괄적인 규정인 안전운전 의무규정으로 단속을 하기 때문에 단속대상을 명확하게 인지할 수 없는 상황이다.

㉡ 난폭운전은 습관이나 정서불안 등 개인이 통제하기 어려운 요인에 의해 발생하게 되는데 고의적인 난폭운전자들에 대한 심리치료와 재발방지교육 프로그램이 미비하다.

〈해결책〉

A : 난폭운전의 적발가능성을 높여 실질적인 단속이 가능하도록 정책적 보완이 필요하다. 난폭운전이 빈번하게 발생하는 혼잡도로에 CCTV를 설치하여 집중단속을 실시하고 온라인으로 난폭운전을 신고할 수 있는 제도를 시행한다.

B : 난폭운전자들의 일반적인 습관이나 정서적인 요인 등을 분석하여 그들에게 맞는 교육프로그램을 개발하고 이를 의무적으로 수강하게 하는 방안을 마련할 뿐 아니라 난폭운전 예방캠페인 등 다양한 매체를 활용한다.

C : 선진국의 입법례와 난폭운전의 여러 가지 양태들을 고려하여 난폭운전의 구체적 요건을 설정하여 난폭운전에 대한 명확한 정의를 내리고 난폭운전에 대한 직접적인 처벌규정을 마련한다.

① ㉠－A, ㉡－B   ② ㉠－A, ㉡－C

③ ㉠－B, ㉡－A   ④ ㉠－C, ㉡－B

㉠ : 난폭운전의 모호한 개념자체를 지적하고 있으므로 난폭운전의 구체적 요건을 설정한다는 C가 대안이다.

㉡ : 난폭운전자들에 대한 심리치료나 교육 프로그램의 미비를 지적하고 있으므로 교육 프로그램을 개발한다는 B가 대안이다.

┃18~19┃ 다음은 지방자치단체(지자체) 경전철 사업분석의 결과로서 분야별 문제점을 정리한 것이다. 다음 물음에 답하시오.

분야	문제점
추진주체 및 방식	• 기초지자체 중심(선심성 공약 남발)의 무리한 사업추진으로 인한 비효율 발생 • 지자체의 사업추진 역량부족으로 지방재정 낭비심화 초래 • 종합적 표준지침 부재로 인한 각 지자체마다 개별적으로 추진
타당성 조사 및 계획수립	• 사업주관 지자체의 행정구역만을 고려한 폐쇄적 계획 수립 • 교통수요 예측 및 사업타당성 검토의 신뢰성·적정성 부족 • 이해관계자 참여를 통한 사업계획의 정당성 확보 노력 미흡
사업자 선정 및 재원지원	• 토목 및 건설자 위주 지분참여로 인한 고비용·저효율 시공 초래 • 민간투자사업 활성화를 위한 한시적 규제유예 효과 미비
노선건설 및 차량시스템 선정	• 건설시공 이익 검토미흡으로 인한 재원낭비 심화 • 국내개발 시스템 도입 활성화를 위한 방안 마련 부족

18 다음 〈보기〉에서 '추진주체 및 방식'의 문제점에 대한 개선방안을 모두 고르면?

〈보기〉
㉠ 이해관계자 의견수렴 활성화를 통한 사업추진 동력 확보
㉡ 지자체 역량 강화를 통한 사업관리의 전문성·효율성 증진
㉢ 교통수요 예측 정확도 제고 등 타당성 조사 강화를 위한 여건 조성
㉣ 경전철 사업관련 업무처리 지침 마련 및 법령 보완
㉤ 무분별한 해외시스템 도입 방지 및 국산기술·부품의 활성화 전략 수립
㉥ 상위교통계획 및 생활권과의 연계강화를 통한 사업계획의 체계성 확보
㉦ 시공이익에 대한 적극적 검토를 통해 총사업비 절감 효과 도모

① ㉠㉡
② ㉡㉣
③ ㉡㉣㉦
④ ㉣㉤㉥

㉡ : '지자체의 사업추진 역량부족으로 지방재정 낭비심화 초래'에 대한 개선방안이다.
㉣ : '종합적 표준지침 부재로 인한 각 지자체마다 개별적으로 추진'에 대한 개선방안이다.

Answer 17.④ 18.②

19 다음은 W기업 토론 면접상황이다. 다음 중 한 팀이 될 수 있는 사람들은 누구인가?

> - A, B, C, D, E, F의 여섯 명의 신입사원들이 있다.
> - 신입사원들은 모두 두 팀 중 한 팀에 속해야 한다.
> - 한 팀에 3명씩 두 팀으로 나눠야 한다.
> - A와 B는 한 팀이 될 수 없다.
> - E는 C 또는 F와 한 팀이 되어야 한다.

① A, B, C
② A, B, F
③ A, C, E
④ A, C, F

 우선 A와 B를 다른 팀에 배치하고 C, D, E, F를 두 명씩 각 팀에 배치하되 C, E, F는 한 팀이 될 수 없고 C와 E 또는 E와 F가 한 팀이 되어야 하므로 (A,C,E/B,D,F), (B,C,E/A,D,F), (A,E,F/B,C,D), (B,E,F/A,C,D)의 네 가지 경우로 나눌 수 있다.

20 다음은 건물주 甲이 판단한 입주 희망 상점에 대한 정보이다. 다음에 근거하여 건물주 甲이 입주시킬 두 상점을 고르면?

〈표〉 입주 희망 상점 정보

상점	월세(만원)	폐업위험도	월세 납부일 미준수비율
중국집	90	중	0.3
한식집	100	상	0.2
분식집	80	중	0.15
편의점	70	하	0.2
영어학원	80	하	0.3
태권도학원	90	상	0.1

※ 음식점 : 중국집, 한식집, 분식집
※ 학원 : 영어학원, 태권도학원

〈정보〉
• 건물주 甲은 자신의 효용을 극대화하는 상점을 입주시킨다.
• 甲의 효용 : 월세(만원)×입주 기간(개월)−월세 납부일 미준수비율×입주 기간(개월)×100(만원)
• 입주 기간 : 폐업위험도가 '상'인 경우 입주 기간은 12개월, '중'인 경우 15개월, '하'인 경우 18개월
• 음식점 2개를 입주시킬 경우 20만원의 효용이 추가로 발생한다.
• 학원 2개를 입주시킬 경우 30만원의 효용이 추가로 발생한다.

① 중국집, 한식집
② 한식집, 분식집
③ 분식집, 태권도학원
④ 영어학원, 태권도학원

중국집 : $90×15−0.3×15×100=900$
한식집 : $100×12−0.2×12×100=960$
분식집 : $80×15−0.15×15×100=975$
편의점 : $70×18−0.2×18×100=900$
영어학원 : $80×18−0.3×18×100=900$
태권도학원 : $90×12−0.1×12×100=960$
분식집의 효용이 가장 높고, 한식집과 태권도학원이 960으로 같다. 음식점 2개를 입주시킬 경우 20만원의 효용이 추가로 발생하므로 분식집과 한식집을 입주시킨다.

Answer → 19.③ 20.②

21 다음 조건을 바탕으로 을순이의 사무실과 어제 갔던 식당이 위치한 곳을 올바르게 짝지은 것은?

- 갑동, 을순, 병호는 각각 10동, 11동, 12동 중 한 곳에 사무실이 있으며 서로 같은 동에 사무실이 있지 않다.
- 이들 세 명은 어제 각각 자신의 사무실이 있는 건물이 아닌 다른 동에 있는 식당에 갔었으며, 서로 같은 동의 식당에 가지 않았다.
- 병호는 12동에서 근무하며, 갑동이와 을순이는 어제 11동 식당에 가지 않았다.
- 을순이는 병호가 어제 갔던 식당이 있는 동에서 근무한다.

	사무실	식당		사무실	식당
①	11동	10동	②	10동	11동
③	12동	12동	④	11동	12동

 세 사람은 모두 각기 다른 동에 사무실이 있으며, 어제 갔던 식당도 서로 겹치지 않는다.
- 세 번째 조건 후단에서 갑동이와 을순이는 어제 11동 식당에 가지 않았다고 하였으므로, 어제 11동 식당에 간 것은 병호이다. 따라서 병호는 12동에 근무하며 11동 식당에 갔다.
- 네 번째 조건에 따라 을순이는 11동에 근무하므로, 남은 갑동이는 10동에 근무한다.
- 두 번째 조건 전단에 따라 을순이가 10동 식당에, 갑동이가 12동 식당을 간 것이 된다.
따라서 을순이는 11동에 사무실이 있으며, 어제 갔던 식당은 10동에 위치해 있다.

22 다음은 이경제씨가 금융 상품에 대해 상담을 받는 내용이다. 이에 대한 옳은 설명을 모두 고른 것은?

> 이경제씨 : 저기 1,000만원을 예금하려고 합니다.
> 정기 예금 상품을 좀 추천해 주시겠습니까?
> 은행직원 : 원금에만 연 5%의 금리가 적용되는 A 상품과 원금뿐만 아니라 이자에 대해서도 연 4.5%의 금리가 적용되는 B 상품이 있습니다. 예금 계약 기간은 고객님께서 연 단위로 정하실 수 있습니다.

> ㉠ 이경제씨는 요구불 예금에 가입하고자 한다.
> ㉡ 이경제씨는 간접 금융 시장에 참여하고자 한다.
> ㉢ A 상품은 복리, B 상품은 단리가 적용된다.
> ㉣ 예금 계약 기간에 따라 이경제씨의 정기 예금 상품에 대한 합리적 선택은 달라질 수 있다.

① ㉠㉡　　　　　　　　　　　　② ㉠㉢

③ ㉡㉢　　　　　　　　　　　　④ ㉡㉣

 ㉠ 정기 예금은 저축성 예금에 해당한다.
㉢ A는 단리, B는 복리가 적용된 정기 예금 상품이다.

23 다음 SWOT 분석기법에 대한 설명과 분석 결과 사례를 토대로 한 대응 전략으로 가장 적절한 것은?

> SWOT 분석은 내부 환경요인과 외부 환경요인의 2개의 축으로 구성되어 있다. 내부 환경요인은 자사 내부의 환경을 분석하는 것으로 분석은 다시 자사의 강점과 약점으로 분석된다. 외부환경요인은 자사 외부의 환경을 분석하는 것으로 분석은 다시 기회와 위협으로 구분된다. 내부환경요인과 외부환경요인에 대한 분석이 끝난 후에 매트릭스가 겹치는 SO, WO, ST, WT에 해당되는 최종 분석을 실시하게 된다. 내부의 강점과 약점을, 외부의 기회와 위협을 대응시켜 기업의 목표를 달성하려는 SWOT 분석에 의한 발전전략의 특성은 다음과 같다.
> • SO전략 : 외부 환경의 기회를 활용하기 위해 강점을 사용하는 전략 선택
> • ST전략 : 외부 환경의 위협을 회피하기 위해 강점을 사용하는 전략 선택
> • WO전략 : 자신의 약점을 극복함으로써 외부 환경의 기회를 활용하는 전략 선택
> • WT전략 : 외부 환경의 위협을 회피하고 자신의 약점을 최소화하는 전략 선택
>
> [분석 결과 사례]
>
> | 강점
(Strength) | • 해외 조직 관리 경험 풍부
• 자사 해외 네트워크 및 유통망 다수 확보 |
> |---|---|
> | 약점
(Weakness) | • 순환 보직으로 인한 잦은 담당자 교체로 업무 효율성 저하
• 브랜드 이미지 관리에 따른 업무 융통성 부족 |
> | 기회
(Opportunity) | • 현지에서 친숙한 자사 이미지
• 현지 정부의 우대 혜택 및 세제 지원 약속 |
> | 위협
(Threat) | • 일본 경쟁업체와의 본격 경쟁체제 돌입
• 위안화 환율 불안에 따른 환차손 우려 |

내부환경 외부환경	강점(Strength)	약점(Weakness)
기회(Opportunity)	① 세제 혜택을 통하여 환차손 리스크 회피 모색	② 타 해외 조직의 운영 경험을 살려 업무 효율성 벤치마킹
위협(Threat)	③ 다양한 유통채널을 통하여 경쟁체제 우회 극복	④ 해외 진출 경험으로 축적된 우수 인력 투입으로 업무 누수 방지

 네트워크와 유통망이 다양한 것은 자사의 강점이며 이를 통하여 심화되고 있는 일본 업체와의 경쟁을 우회하여 돌파할 수 있는 전략은 주어진 환경에서 적절한 ST전략이라고 볼 수 있다.
① 세제 혜택(O)을 통하여 환차손 리스크 회피 모색(T)
② 타 해외 조직의 운영 경험(S)을 살려 업무 효율성 벤치마킹(W)
④ 해외 진출 경험으로 축적된 우수 인력(S) 투입으로 업무 누수 방지(W)

Answer ↪ 21.① 22.④ 23.③

24 다음은 특보의 종류 및 기준에 관한 자료이다. ㉠과 ㉡의 상황에 어울리는 특보를 올바르게 짝지은 것은?

〈특보의 종류 및 기준〉

종류	주의보	경보
강풍	육상에서 풍속 14m/s 이상 또는 순간풍속 20m/s 이상이 예상될 때. 다만, 산지는 풍속 17m/s 이상 또는 순간풍속 25m/s 이상이 예상될 때	육상에서 풍속 21m/s 이상 또는 순간풍속 26m/s 이상이 예상될 때. 다만, 산지는 풍속 24m/s 이상 또는 순간풍속 30m/s 이상이 예상될 때
호우	6시간 강우량이 70mm 이상 예상되거나 12시간 강우량이 110mm 이상 예상될 때	6시간 강우량이 110mm 이상 예상되거나 12시간 강우량이 180mm 이상 예상될 때
태풍	태풍으로 인하여 강풍, 풍랑, 호우 현상 등이 주의보 기준에 도달할 것으로 예상될 때	태풍으로 인하여 풍속이 17m/s 이상 또는 강우량이 100mm 이상 예상될 때. 다만, 예상되는 바람과 비의 정도에 따라 아래와 같이 세분한다.

	3급	2급	1급
바람(m/s)	17~24	25~32	33이상
비(mm)	100~249	250~399	400이상

종류	주의보	경보
폭염	6월~9월에 일최고기온이 33℃ 이상이고, 일최고열지수가 32℃ 이상인 상태가 2일 이상 지속될 것으로 예상될 때	6월~9월에 일최고기온이 35℃ 이상이고, 일최고열지수가 41℃ 이상인 상태가 2일 이상 지속될 것으로 예상될 때

> ㉠ 태풍이 남해안에 상륙하여 울산지역에 270mm의 비와 함께 풍속 26m/s의 바람이 예상된다.
> ㉡ 지리산에 오후 3시에서 오후 9시 사이에 약 130mm의 강우와 함께 순간풍속 28m/s가 예상된다.

	㉠	㉡
①	태풍경보 1급	호우주의보
②	태풍경보 2급	호우경보+강풍주의보
③	태풍주의보	강풍주의보
④	태풍경보 2급	호우경보+강풍경보

 ㉠ : 태풍경보 표를 보면 알 수 있다. 비가 270mm이고 풍속 26m/s에 해당하는 경우는 태풍경보 2급이다.
㉡ : 6시간 강우량이 130mm 이상 예상되므로 호우경보에 해당하며 산지의 경우 순간풍속 28m/s 이상이 예상되므로 강풍주의보에 해당한다.

25 다음으로부터 추론한 것으로 옳은 것은?

> 갑, 을, 병, 정이 문구점에서 산 학용품에 대해서 다음과 같은 사실이 있다.
> • 갑은 연필, 병은 지우개, 정은 샤프심을 샀다.
> • 을은 매직을 사지 않았다.
> • 갑이 산 학용품을 을도 샀다.
> • 갑과 병은 같은 학용품을 사지 않았다.
> • 갑, 을, 병은 각각 2종류의 학용품을 샀다.
> • 갑은 매직을 사지 않았다.
> • 갑, 을, 병, 정은 연필, 지우개, 샤프심, 매직 외의 학용품을 사지 않았다.

① 을은 연필을 사지 않았다.
② 을과 병이 공통으로 산 학용품이 있다.
③ 병은 사지 않았지만 정이 산 학용품이 있다.
④ 3명이 공통으로 산 학용품은 없다.

 Tip

	연필	지우개	샤프심	매직
갑	○	×	○	×
을	○	×	○	×
병	×	○	×	○
정	×	×	○	×

▌26~27 ▌ 다음 글은 어린이집 입소기준에 대한 규정이다. 다음 글을 읽고 물음에 답하시오.

어린이집 입소기준
• 어린이집의 장은 당해시설에 결원이 생겼을 때마다 '명부 작성방법' 및 '입소 우선순위'를 기준으로 작성된 명부의 선 순위자를 우선 입소조치 한다.

명부작성방법
• 동일 입소신청자가 1 · 2순위 항목에 중복 해당되는 경우, 해당 항목별 점수를 합하여 점수가 높은 순으로 명부를 작성함
• 1순위 항목당 100점, 2순위 항목당 50점 산정
  - 다만, 2순위 항목만 있는 경우 점수합계가 1순위 항목이 있는 자보다 같거나 높더라도 1순위 항목이 있는 자보다 우선순위가 될 수 없으며, 1순위 항목점수가 동일한 경우에 한하여 2순위 항목에 해당될 경우 추가합산 가능함
• 영유가 2자녀 이상 가구가 동일 순위일 경우 다자녀가구 자녀가 우선입소
• 대기자 명부 조정은 매분기 시작 월 1일을 기준으로 함

입소 우선순위
• 1순위
  - 국민기초생활보장법에 따른 수급자
  - 국민기초생활보장법 제24조의 규정에 의한 차상위계층의 자녀
  - 장애인 중 보건복지부령이 정하는 장애 등급 이상에 해당하는 자의 자녀
  - 아동복지시설에서 생활 중인 영유아
  - 다문화가족의 영유아
  - 자녀가 3명 이상인 가구 또는 영유아가 2자녀 가구의 영유아
  - 산업단지 입주기업체 및 지원기관 근로자의 자녀로서 산업 단지에 설치된 어린이집을 이용하는 영유아
• 2순위
  - 한부모 가족의 영유아
  - 조손 가족의 영유아
  - 입양된 영유아

26 어린이집에 근무하는 A씨가 접수합계를 내보니, 두 영유아가 1순위 항목에서 동일한 점수를 얻었다. 이 경우에는 어떻게 해야 하는가?

① 두 영유아 모두 입소조치 한다.

② 다자녀가구 자녀를 우선 입소조치 한다.

③ 한부모 가족의 영유아를 우선 입소조치 한다.

④ 2순위 항목에 해당될 경우 1순위 항목에 추가합산 한다.

 명부작성방법에서 1순위 항목점수가 동일한 경우에 한하여 2순위 항목에 해당될 경우 추가합산 가능하다고 나와 있다.

27 다음에 주어진 영유아들의 입소순위로 높은 것부터 나열한 것은?

> ㉠ 혈족으로는 할머니가 유일하나, 현재는 아동복지시설에서 생활 중인 영유아
> ㉡ 아버지를 여의고 어머니가 근무하는 산업단지에 설치된 어린이집을 동생과 함께 이용하는 영유아
> ㉢ 동남아에서 건너온 어머니와 가장 높은 장애 등급을 가진 한국인 아버지가 국민기초생활보장법에 의한 차상위 계층에 해당되는 영유아

① ㉠ – ㉡ – ㉢   ② ㉡ – ㉠ – ㉢

③ ㉡ – ㉢ – ㉠   ④ ㉢ – ㉡ – ㉠

 ㉢ 300점
㉡ 250점
㉠ 150점

Answer → 26.④ 27.④

28 다음 조건에 따라 진성, 세준, 성훈, 시언, 수길, 지훈 6명의 자리를 배정하려고 할 때 2번에 앉는 사람은 누구인가?

> • 친한 사람끼리는 바로 옆자리에 배정해야 하고, 친하지 않은 사람끼리는 바로 옆자리에 배정해서는 안 된다.
> • 진성과 성훈은 서로 친하지 않다.
> • 세준과 성훈은 친하다.
> • 세준과 시언이는 친하다.
> • 진성과 지훈이는 친하지 않다.
> • 수길은 진성과 친하며 6번 자리에 앉아야 한다.

① 지훈   ② 세준
③ 성훈   ④ 진성

1	2	3	4	5	6
지훈	성훈	세준	시언	진성	수길

29 민희, 수영, 진희, 선영은 창가, 책장 맞은편, 화장실 옆, 구석자리가 있는 카페에 도착하여 각각 네 곳 중 한 곳을 선택하여 앉았다. 다음 중 앉은 사람과 자리가 바르게 연결된 것은?

> • 처음 도착한 민희는 창가 테이블에 앉았다.
> • 가장 늦게 도착한 선영은 화장실 옆 테이블 또는 책장 맞은편 테이블에 앉았다.
> • 구석 테이블에 앉은 사람보다 먼저 도착한 수영은 화장실 옆 테이블에 앉았다.

① 진희 – 구석자리
② 진희 – 책장 맞은편
③ 선영 – 화장실 옆
④ 수영 – 창가

	창가	책장 맞은편	화장실 옆	구석자리
민희	o	x	x	x
수영	x	x	o	x
진희	x	x	x	o
선영	x	o	x	x

30 다음 조건을 참고할 때, 4명이 입고 있는 옷의 색깔을 올바르게 설명하고 있는 것은?

> • A, B, C, D 4명은 각기 노란색, 초록색, 검정색, 흰색 옷을 입고 있다.
> • A는 검정색 옷을 입지 않았다.
> • C는 노란색 옷을 입지 않았다.
> • B는 노란색 옷을 입었다.
> • D는 초록색 옷을 입지 않았다.

① A가 흰색 옷을 입었다면 C는 노란색 옷을 입고 있다.
② C가 흰색 옷을 입었다면 A는 검정색 옷을 입고 있다.
③ A가 흰색 옷을 입었다면 C는 초록색 옷을 입고 있다.
④ B가 노란색 옷을 입었다면 D는 초록색 옷을 입고 있다.

경우	A	B	C	D
㉠	흰색	노란색	초록색	검정색
㉡	초록색	노란색	흰색	검정색
㉢	초록색	노란색	검정색	흰색

03 수리능력

1 직장생활과 수리능력

(1) 기초직업능력으로서의 수리능력

① 개념 … 직장생활에서 요구되는 사칙연산과 기초적인 통계를 이해하고 도표의 의미를 파악하거나 도표를 이용해서 결과를 효과적으로 제시하는 능력을 말한다.

② 수리능력은 크게 기초연산능력, 기초통계능력, 도표분석능력, 도표작성능력으로 구성된다.
    ㉠ **기초연산능력** : 직장생활에서 필요한 기초적인 사칙연산과 계산방법을 이해하고 활용할 수 있는 능력
    ㉡ **기초통계능력** : 평균, 합계, 빈도 등 직장생활에서 자주 사용되는 기초적인 통계기법을 활용하여 자료의 특성과 경향성을 파악하는 능력
    ㉢ **도표분석능력** : 그래프, 그림 등 도표의 의미를 파악하고 필요한 정보를 해석하는 능력
    ㉣ **도표작성능력** : 도표를 이용하여 결과를 효과적으로 제시하는 능력

(2) 업무수행에서 수리능력이 활용되는 경우

① 업무상 계산을 수행하고 결과를 정리하는 경우

② 업무비용을 측정하는 경우

③ 고객과 소비자의 정보를 조사하고 결과를 종합하는 경우

④ 조직의 예산안을 작성하는 경우

⑤ 업무수행 경비를 제시해야 하는 경우

⑥ 다른 상품과 가격비교를 하는 경우

⑦ 연간 상품 판매실적을 제시하는 경우

⑧ 업무비용을 다른 조직과 비교해야 하는 경우

⑨ 상품판매를 위한 지역조사를 실시해야 하는 경우

⑩ 업무수행과정에서 도표로 주어진 자료를 해석하는 경우

⑪ 도표로 제시된 업무비용을 측정하는 경우

다음 자료를 보고 주어진 상황에 대한 물음에 답하시오.

〈근로소득에 대한 간이 세액표〉

월 급여액(천 원) [비과세 및 학자금 제외]		공제대상 가족 수				
이상	미만	1	2	3	4	5
2,500	2,520	38,960	29,280	16,940	13,570	10,190
2,520	2,540	40,670	29,960	17,360	13,990	10,610
2,540	2,560	42,380	30,640	17,790	14,410	11,040
2,560	2,580	44,090	31,330	18,210	14,840	11,460
2,580	2,600	45,800	32,680	18,640	15,260	11,890
2,600	2,620	47,520	34,390	19,240	15,680	12,310
2,620	2,640	49,230	36,100	19,900	16,110	12,730
2,640	2,660	50,940	37,810	20,560	16,530	13,160
2,660	2,680	52,650	39,530	21,220	16,960	13,580
2,680	2,700	54,360	41,240	21,880	17,380	14,010
2,700	2,720	56,070	42,950	22,540	17,800	14,430
2,720	2,740	57,780	44,660	23,200	18,230	14,850
2,740	2,760	59,500	46,370	23,860	18,650	15,280

※ 갑근세는 제시되어 있는 간이 세액표에 따름
※ 주민세=갑근세의 10%
※ 국민연금=급여액의 4.50%
※ 고용보험=국민연금의 10%
※ 건강보험=급여액의 2.90%
※ 교육지원금=분기별 100,000원(매 분기별 첫 달에 지급)

박○○ 사원의 5월 급여내역이 다음과 같고 전월과 동일하게 근무하였으나, 특별수당은 없고 차량지원금으로 100,000원을 받게 된다면, 6월에 받게 되는 급여는 얼마인가? (단, 원 단위 절삭)

(주) 서원플랜테크 5월 급여내역			
성명	박○○	지급일	5월 12일
기본급여	2,240,000	갑근세	39,530
직무수당	400,000	주민세	3,950
명절 상여금		고용보험	11,970
특별수당	20,000	국민연금	119,700
차량지원금		건강보험	77,140
교육지원		기타	
급여계	2,660,000	공제합계	252,290
		지급총액	2,407,710

① 2,443,910
② 2,453,910
③ 2,463,910
④ 2,473,910

업무상 계산을 수행하거나 결과를 정리하고 업무비용을 측정하는 능력을 평가하기 위한 문제로서, 주어진 자료에서 문제를 해결하는 데에 필요한 부분을 빠르고 정확하게 찾아내는 것이 중요하다.

기본 급여	2,240,000	갑근세	46,370
직무 수당	400,000	주민세	4,630
명절 상여금		고용 보험	12,330
특별 수당		국민 연금	123,300
차량 지원금	100,000	건강 보험	79,460
교육 지원		기타	
급여계	2,740,000	공제 합계	266,090
		지급 총액	2,473,910

답 ④

(3) 수리능력의 중요성

① 수학적 사고를 통한 문제해결

② 직업세계의 변화에의 적응

③ 실용적 가치의 구현

(4) 단위환산표

구분	단위환산
길이	$1cm = 10mm$, $1m = 100cm$, $1km = 1,000m$
넓이	$1cm^2 = 100mm^2$, $1m^2 = 10,000cm^2$, $1km^2 = 1,000,000m^2$
부피	$1cm^3 = 1,000mm^3$, $1m^3 = 1,000,000cm^3$, $1km^3 = 1,000,000,000m^3$
들이	$1m\ell = 1cm^3$, $1d\ell = 100cm^3$, $1L = 1,000cm^3 = 10d\ell$
무게	$1kg = 1,000g$, $1t = 1,000kg = 1,000,000g$
시간	1분 = 60초, 1시간 = 60분 = 3,600초
할푼리	1푼 = 0.1할, 1리 = 0.01할, 1모 = 0.001할

예제 2

둘레의 길이가 4.4km인 정사각형 모양의 공원이 있다. 이 공원의 넓이는 몇 a 인가?

① 12,100a　　　　　② 1,210a

③ 121a　　　　　　④ 12.1a

출제의도

길이, 넓이, 부피, 들이, 무게, 시간, 속도 등 단위에 대한 기본적인 환산 능력을 평가하는 문제로서, 소수점 계산이 필요하며, 자릿수를 읽고 구분할 줄 알아야 한다.

해　설

공원의 한 변의 길이는
$4.4 \div 4 = 1.1(km)$이고
$1km^2 = 10000a$이므로
공원의 넓이는
$1.1km \times 1.1km = 1.21km^2 = 12100a$

답 ①

2 수리능력을 구성하는 하위능력

(1) 기초연산능력

① 사칙연산 … 수에 관한 덧셈, 뺄셈, 곱셈, 나눗셈의 네 종류의 계산법으로 업무를 원활하게 수행하기 위해서는 기본적인 사칙연산뿐만 아니라 다단계의 복잡한 사칙연산까지도 수행할 수 있어야 한다.

② 검산 … 연산의 결과를 확인하는 과정으로 대표적인 검산방법으로 역연산과 구거법이 있다.

　㉠ 역연산 : 덧셈은 뺄셈으로, 뺄셈은 덧셈으로, 곱셈은 나눗셈으로, 나눗셈은 곱셈으로 확인하는 방법이다.

　㉡ 구거법 : 원래의 수와 각 자리 수의 합이 9로 나눈 나머지가 같다는 원리를 이용한 것으로 9를 버리고 남은 수로 계산하는 것이다.

예제 3

다음 식을 바르게 계산한 것은?

$$1 + \frac{2}{3} + \frac{1}{2} - \frac{3}{4}$$

① $\dfrac{13}{12}$　　　　② $\dfrac{15}{12}$

③ $\dfrac{17}{12}$　　　　④ $\dfrac{19}{12}$

출제의도

직장생활에서 필요한 기초적인 사칙연산과 계산방법을 이해하고 활용할 수 있는 능력을 평가하는 문제로서, 분수의 계산과 통분에 대한 기본적인 이해가 필요하다.

해 설

$$\frac{12}{12} + \frac{8}{12} + \frac{6}{12} - \frac{9}{12} = \frac{17}{12}$$

답 ③

---

(2) 기초통계능력

① 업무수행과 통계

　㉠ 통계의 의미 : 통계란 집단현상에 대한 구체적인 양적 기술을 반영하는 숫자이다.

　㉡ 업무수행에 통계를 활용함으로써 얻을 수 있는 이점

　　• 많은 수량적 자료를 처리가능하고 쉽게 이해할 수 있는 형태로 축소

　　• 표본을 통해 연구대상 집단의 특성을 유추

　　• 의사결정의 보조수단

　　• 관찰 가능한 자료를 통해 논리적으로 결론을 추출 · 검증

　㉢ 기본적인 통계치

- 빈도와 빈도분포 : 빈도란 어떤 사건이 일어나거나 증상이 나타나는 정도를 의미하며, 빈도분포란 빈도를 표나 그래프로 종합적으로 표시하는 것이다.
- 평균 : 모든 사례의 수치를 합한 후 총 사례 수로 나눈 값이다.
- 백분율 : 전체의 수량을 100으로 하여 생각하는 수량이 그중 몇이 되는가를 퍼센트로 나타낸 것이다.

② 통계기법
　㉠ 범위와 평균
- 범위 : 분포의 흩어진 정도를 가장 간단히 알아보는 방법으로 최곳값에서 최젓값을 뺀 값을 의미한다.
- 평균 : 집단의 특성을 요약하기 위해 가장 자주 활용하는 값으로 모든 사례의 수치를 합한 후 총 사례 수로 나눈 값이다.
- 관찰값이 1, 3, 5, 7, 9일 경우 범위는 $9 - 1 = 8$이 되고, 평균은 $\frac{1+3+5+7+9}{5} = 5$가 된다.

　㉡ 분산과 표준편차
- 분산 : 관찰값의 흩어진 정도로, 각 관찰값과 평균값의 차의 제곱의 평균이다.
- 표준편차 : 평균으로부터 얼마나 떨어져 있는가를 나타내는 개념으로 분산값의 제곱근 값이다.
- 관찰값이 1, 2, 3이고 평균이 2인 집단의 분산은 $\frac{(1-2)^2 + (2-2)^2 + (3-2)^2}{3} = \frac{2}{3}$이고 표준편차는 분산값의 제곱근 값인 $\sqrt{\frac{2}{3}}$이다.

③ 통계자료의 해석
　㉠ 다섯숫자요약
- 최솟값 : 원자료 중 값의 크기가 가장 작은 값
- 최댓값 : 원자료 중 값의 크기가 가장 큰 값
- 중앙값 : 최솟값부터 최댓값까지 크기에 의하여 배열했을 때 중앙에 위치하는 사례의 값
- 하위 25%값 · 상위 25%값 : 원자료를 크기 순으로 배열하여 4등분한 값
　㉡ 평균값과 중앙값 : 평균값과 중앙값은 그 개념이 다르기 때문에 명확하게 제시해야 한다.

예제 4

인터넷 쇼핑몰에서 회원가입을 하고 디지털캠코더를 구매하려고 한다. 다음은 구입하고자 하는 모델에 대하여 인터넷 쇼핑몰 세 곳의 가격과 조건을 제시한 표이다. 표에 있는 모든 혜택을 적용하였을 때 디지털캠코더의 배송비를 포함한 실제 구매가격을 바르게 비교한 것은?

구분	A 쇼핑몰	B 쇼핑몰	C 쇼핑몰
정상가격	129,000원	131,000원	130,000원
회원혜택	7,000원 할인	3,500원 할인	7% 할인
할인쿠폰	5% 쿠폰	3% 쿠폰	5,000원
중복할인여부	불가	가능	불가
배송비	2,000원	무료	2,500원

① A<B<C
② B<C<A
③ C<A<B
④ C<B<A

출제의도

직장생활에서 자주 사용되는 기초적인 통계기법을 활용하여 자료의 특성과 경향성을 파악하는 능력이 요구되는 문제이다.

해 설

㉠ A 쇼핑몰
- 회원혜택을 선택한 경우 : 129,000 $-7,000+2,000=124,000$(원)
- 5% 할인쿠폰을 선택한 경우 : $129,000 \times 0.95 + 2,000 = 124,550$

㉡ B 쇼핑몰 : $131,000 \times 0.97 - 3,500 = 123,570$

㉢ C 쇼핑몰
- 회원혜택을 선택한 경우 : $130,000 \times 0.93 + 2,500 = 123,400$
- 5,000원 할인쿠폰을 선택한 경우 : $130,000 - 5,000 + 2,500$ $= 127,500$

∴ C<B<A

답 ④

---

(3) 도표분석능력

① 도표의 종류

   ㉠ 목적별 : 관리(계획 및 통제), 해설(분석), 보고

   ㉡ 용도별 : 경과 그래프, 내역 그래프, 비교 그래프, 분포 그래프, 상관 그래프, 계산 그래프

   ㉢ 형상별 : 선 그래프, 막대 그래프, 원 그래프, 점 그래프, 층별 그래프, 레이더 차트

② 도표의 활용

　㉠ 선 그래프

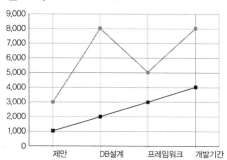

- 주로 시간의 경과에 따라 수량에 의한 변화 상황 (시계열 변화)을 절선의 기울기로 나타내는 그래프이다.
- 경과, 비교, 분포를 비롯하여 상관관계 등을 나타낼 때 쓰인다.

　㉡ 막대 그래프

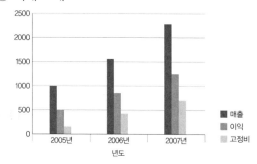

- 비교하고자 하는 수량을 막대 길이로 표시하고 그 길이를 통해 수량 간의 대소관계를 나타내는 그래프이다.
- 내역, 비교, 경과, 도수 등을 표시하는 용도로 쓰인다.

　㉢ 원 그래프

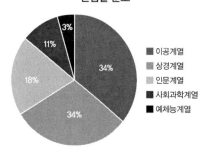

- 내역이나 내용의 구성비를 원을 분할하여 나타낸 그래프이다.
- 전체에 대해 부분이 차지하는 비율을 표시하는 용도로 쓰인다.

ⓔ 점 그래프

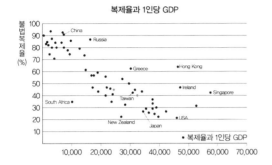

- 종축과 횡축에 2요소를 두고 보고자 하는 것이 어떤 위치에 있는가를 나타내는 그래프이다.
- 지역분포를 비롯하여 도시, 지방, 기업, 상품 등의 평가나 위치·성격을 표시하는데 쓰인다.

ⓜ 층별 그래프

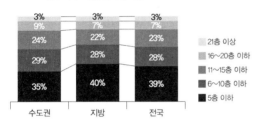

- 선 그래프의 변형으로 연속내역 봉 그래프라고 할 수 있다. 선과 선 사이의 크기로 데이터 변화를 나타낸다.
- 합계와 부분의 크기를 백분율로 나타내고 시간적 변화를 보고자 할 때나 합계와 각 부분의 크기를 실수로 나타내고 시간적 변화를 보고자 할 때 쓰인다.

ⓗ 레이더 차트(거미줄 그래프)

- 원 그래프의 일종으로 비교하는 수량을 직경, 또는 반경으로 나누어 원의 중심에서의 거리에 따라 각 수량의 관계를 나타내는 그래프이다.
- 비교하거나 경과를 나타내는 용도로 쓰인다.

③ 도표 해석상의 유의사항

    ㉠ 요구되는 지식의 수준을 넓힌다.

    ㉡ 도표에 제시된 자료의 의미를 정확히 숙지한다.

    ㉢ 도표로부터 알 수 있는 것과 없는 것을 구별한다.

    ㉣ 총량의 증가와 비율의 증가를 구분한다.

    ㉤ 백분위수와 사분위수를 정확히 이해하고 있어야 한다.

예제 5

다음 표는 2009～2010년 지역별 직장인들의 자기개발에 관해 조사한 내용을 정리한 것이다. 이에 대한 분석으로 옳은 것은?

(단위 : %)

연도 구분 지역	2009				2010			
	자기 개발 하고 있음	자기개발 비용 부담 주체			자기 개발 하고 있음	자기개발 비용 부담 주체		
		직장 100%	본인 100%	직장50% + 본인50%		직장 100%	본인 100%	직장50% + 본인50%
충청도	36.8	8.5	88.5	3.1	45.9	9.0	65.5	24.5
제주도	57.4	8.3	89.1	2.9	68.5	7.9	68.3	23.8
경기도	58.2	12	86.3	2.6	71.0	7.5	74.0	18.5
서울시	60.6	13.4	84.2	2.4	72.7	11.0	73.7	15.3
경상도	40.5	10.7	86.1	3.2	51.0	13.6	74.9	11.6

① 2009년과 2010년 모두 자기개발 비용을 본인이 100% 부담하는 사람의 수는 응답자의 절반 이상이다.

② 자기개발을 하고 있다고 응답한 사람의 수는 2009년과 2010년 모두 서울시가 가장 많다.

③ 자기개발 비용을 직장과 본인이 각각 절반씩 부담하는 사람의 비율은 2009년과 2010년 모두 서울시가 가장 높다.

④ 2009년과 2010년 모두 자기개발을 하고 있다고 응답한 비율이 가장 높은 지역에서 자기개발비용을 직장이 100% 부담한다고 응답한 사람의 비율이 가장 높다.

출제의도

그래프, 그림, 도표 등 주어진 자료를 이해하고 의미를 파악하여 필요한 정보를 해석하는 능력을 평가하는 문제이다.

해 설

② 지역별 인원수가 제시되어 있지 않으므로, 각 지역별 응답자 수는 알 수 없다.

③ 2009년에는 경상도에서, 2010년에는 충청도에서 가장 높은 비율을 보인다.

④ 2009년과 2010년 모두 '자기 개발을 하고 있다'고 응답한 비율이 가장 높은 지역은 서울시이며, 2010년의 경우 자기개발 비용을 직장이 100% 부담한다고 응답한 사람의 비율이 가장 높은 지역은 경상도이다.

답 ①

(4) 도표작성능력

① 도표작성 절차

    ㉠ 어떠한 도표로 작성할 것인지를 결정

    ㉡ 가로축과 세로축에 나타낼 것을 결정

    ㉢ 한 눈금의 크기를 결정

    ㉣ 자료의 내용을 가로축과 세로축이 만나는 곳에 표현

    ㉤ 표현한 점들을 선분으로 연결

    ㉥ 도표의 제목을 표기

② 도표작성 시 유의사항

    ㉠ 선 그래프 작성 시 유의점

- 세로축에 수량, 가로축에 명칭구분을 제시한다.
- 선의 높이에 따라 수치를 파악하는 경우가 많으므로 세로축의 눈금을 가로축보다 크게 하는 것이 효과적이다.
- 선이 두 종류 이상일 경우 반드시 그 명칭을 기입한다.

    ㉡ 막대 그래프 작성 시 유의점

- 막대 수가 많을 경우에는 눈금선을 기입하는 것이 알아보기 쉽다.
- 막대의 폭은 모두 같게 하여야 한다.

    ㉢ 원 그래프 작성 시 유의점

- 정각 12시의 선을 기점으로 오른쪽으로 그리는 것이 보통이다.
- 분할선은 구성비율이 큰 순서로 그린다.

    ㉣ 층별 그래프 작성 시 유의점

- 눈금은 선 그래프나 막대 그래프보다 적게 하고 눈금선은 넣지 않는다.
- 층별로 색이나 모양이 완전히 다른 것이어야 한다.
- 같은 항목은 옆에 있는 층과 선으로 연결하여 보기 쉽도록 한다.

03 출제예상문제

1 다음은 국민연금 보험료를 산정하기 위한 소득월액 산정 방법에 대한 설명이다. 다음 설명을 참고할 때, 김갑동 씨의 신고 소득월액은?

> 소득월액은 입사(복직) 시점에 따른 근로자간 신고 소득월액 차등이 발생하지 않도록 입사(복직) 당시 약정되어 있는 급여 항목에 대한 1년치 소득총액에 대하여 30일로 환산하여 결정하며, 다음과 같은 계산 방식을 적용한다.
>
> 소득월액 = 입사(복직) 당시 지급이 약정된 각 급여 항목에 대한 1년간 소득총액 ÷ 365 × 30

> 〈김갑동 씨의 급여 내역〉
>
> • 기본급 : 1,000,000원
> • 교통비 : 월 100,000원
> • 고정 시간외 수당 : 월 200,000원
> • 분기별 상여금 : 기본급의 100%(1, 4, 7, 10월 지급)
> • 하계휴가비(매년 7월 지급) : 500,000원

① 1,645,660원

② 1,652,055원

③ 1,668,900원

④ 1,727,050원

 주어진 조건에 의해 다음과 같이 계산할 수 있다.
$\{(1,000,000+100,000+200,000) \times 12 + (1,000,000 \times 4) + 500,000\} \div 365 \times 30 = 1,652,055$ 원
따라서 소득월액은 1,652,055원이 된다.

2 다음 자료를 통하여 확인할 수 있는 사항은?

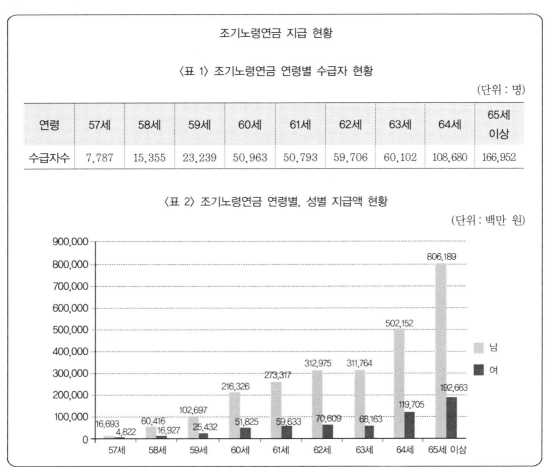

조기노령연금 지급 현황

〈표 1〉 조기노령연금 연령별 수급자 현황

(단위 : 명)

연령	57세	58세	59세	60세	61세	62세	63세	64세	65세 이상
수급자수	7,787	15,355	23,239	50,963	50,793	59,706	60,102	108,680	166,952

〈표 2〉 조기노령연금 연령별, 성별 지급액 현황

(단위 : 백만 원)

① 연령별 성별 수급자 비중
② 연령별 남성 수급자 1인당 평균 수급액
③ 연령별 수급자 1인당 평균 수급액의 성별 차이
④ 연령별 수급자 1인당 평균 수급액

 주어진 두 개의 자료는 각 연령대별 수급자 현황과 성별 수급액의 현황이므로 연령대별 성별 수급액에 관한 자료를 알 수는 없다. 따라서 제시된 보기의 내용 중에서는, 전체 수급액을 전체 수급자 수로 나누어 성별 구분 없는 '연령별 수급자 1인당 평균 수급액'만을 알 수 있다.

Answer ↪ 1.② 2.④

|3~4| 다음 자료를 보고 이어지는 물음에 답하시오.

〈65세 이상 노인인구 대비 기초 (노령)연금 수급자 현황〉

(단위 : 명, %)

연도	65세 이상 노인인구	기초(노령) 연금수급자	국민연금 동시 수급자
2009	5,267,708	3,630,147	719,030
2010	5,506,352	3,727,940	823,218
2011	5,700,972	3,818,186	915,543
2012	5,980,060	3,933,095	1,023,457
2013	6,250,986	4,065,672	1,138,726
2014	6,520,607	4,353,482	1,323,226
2015	6,771,214	4,495,183	1,444,286
2016	6,987,489	4,581,406	1,541,216

〈가구유형별 기초연금 수급자 현황(2016년)〉

(단위 : 명, %)

65세 이상 노인 수	수급자 수					수급률
	계	단독가구	부부가구			
			소계	1인수급	2인수급	
6,987,489	4,581,406	2,351,026	2,230,380	380,302	1,850,078	65.6

3 위 자료를 참고할 때, 2009년 대비 2016년의 기초연금 수급률 증감률은? (단, 백분율은 반올림하여 소수 첫째 자리까지만 표시한다)

① −2.7%
② −3.2%
③ −3.6%
④ −4.8%

 2016년의 기초연금 수급률이 65.6%이므로 기초연금 수급률은 65세 이상 노인 수 대비 수급자의 비율이라고 볼 수 있다.
따라서 이에 의해 2009년의 기초연급 수급률을 구해 보면,
$3,630,147 \div 5,267,708 \times 100 = 68.9\%$가 된다. 따라서 68.9%와 65.6%와의 증감률을 구하면 된다.
이것은 다시 $(65.6 - 68.9) \div 68.9 \times 100 = -4.8\%$가 된다.

4 다음 중 위의 자료를 올바르게 분석한 것이 아닌 것은?

① 기초연금 수급자 대비 국민연금 동시 수급자의 비율은 2009년 대비 2016년에 증가하였다.
② 기초연금 수급률은 65세 이상 노인 수 대비 수급자의 비율이다.
③ 2016년 단독가구 수급자는 전체 수급자의 50%가 넘는다.
④ 2016년 1인 수급자는 전체 기초연금 수급자의 약 17%에 해당한다.

 1인 수급자는 전체 부부가구 수급자의 약 17%에 해당하며, 전체 기초연금 수급자인 4,581,406명에 대해서는 약 8.3%에 해당한다.
① 기초연금 수급자 대비 국민연금 동시 수급자의 비율은 2009년이
$719,030 \div 3,630,147 \times 100 = 19.8\%$이며, 2016년이 $1,541,216 \div 4,581,406 \times 100 = 33.6\%$이다.
② $4,581,406 \div 6,987,489 \times 100 = 65.6\%$이므로 올바른 설명이다.
③ 전체 수급자는 4,581,406명이며, 이 중 2,351,026명이 단독가구 수급자이므로 전체의 약 51.3%에 해당한다.

Answer 3.④ 4.④

┃5~6┃ 다음은 국민연금공단에서 조사한 2017년 기준 우리나라 가구의 월평균 소비지출 규모를 나타낸 자료이다. 이를 보고 이어지는 물음에 답하시오.

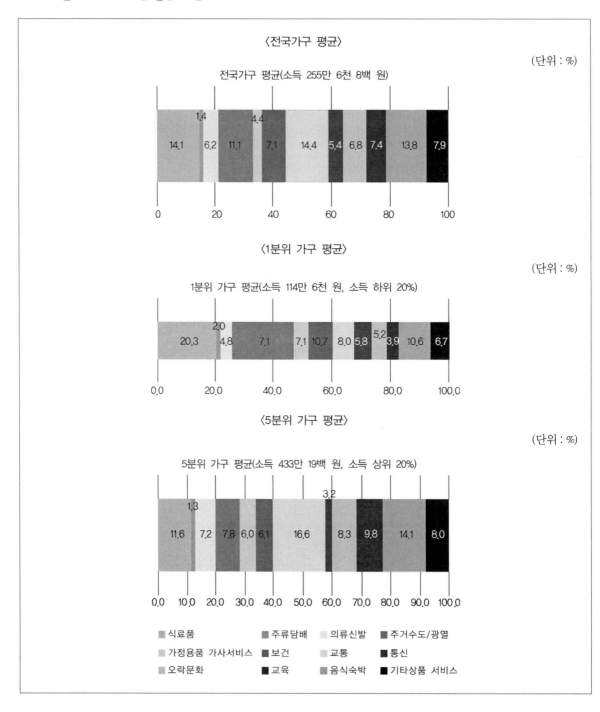

5 다음 중 위의 자료에 대한 올바른 설명이 아닌 것은?

① 5분위 가구>전국 평균>1분위 가구의 순으로 지출 비중이 구성된 분야는 모두 5가지 분야이다.

② 1분위 가구는 식료품, 5분위 가구는 교통비 지출 비중이 가장 크다.

③ 1분위 가구는 생활에 필수적인 분야의 소비가 전국 평균보다 많다.

④ 소득 상위 계층은 소득 하위 계층보다 가정용품비, 교통비, 교육비 등에 2배 이상의 지출 비중을 보이고 있다.

 의류신발, 가정용품, 교통비, 오락문화, 교육비, 음식숙박, 기타의 7가지 분야가 해당된다.
② 1분위 가구는 식료품이 20.3%, 5분위 가구는 교통비 지출이 16.6%로 가장 큰 비중을 차지하는 항목이다.
③ 1분위 가구는 소득 하위 계층으로 식료품, 주거 수도, 보건 등의 분야에서 전국 평균보다 더 많은 지출을 하고 있음을 알 수 있다.
④ 언급된 세 가지 분야의 지출은 소득 상위와 하위 계층에서 2배 이상의 지출 비중 차이를 보이고 있다.

6 해당 분위별 월 평균 소득을 기준으로 할 때, 1분위와 5분위 가구의 식료품 지출 차액과 교통비 지출 차액에 대한 옳은 설명은?

① 1분위 가구의 식료품과 교통비 지출액의 합은 5분위 가구의 식료품 지출액보다 적다.

② 1분위와 5분위 가구 모두 식료품 분야에 30만 원 이상의 비용을 지출한다.

③ 1분위 가구는 식료품 지출액이 교통비 지출액보다 20만 원 이상 많다.

④ 1분위와 2분위의 교통비 지출액 차이는 50~60만 원 사이이다.

 제시된 1분위와 5분위의 평균 소득액을 근거로 식료품과 교통비 지출 금액을 비중에 맞게 계산해 보면 다음과 같다.

	식료품	교통비
1분위(소득 114.6만 원)	20.3%=약 23.3만 원	8.0%=9.2만 원
5분위(소득 433.19만 원)	11.6%=약 50.3만 원	16.6%=71.9만 원

따라서 ①의 내용만이 옳은 것을 확인할 수 있다.

Answer 5.① 6.①

|7~8| 다음은 퇴직연금제도 도입 사업장에 관한 현황을 나타낸 자료이다. 다음 자료를 보고 이어지는 물음에 답하시오.

〈종사자규모별 사업장 도입 현황〉

(단위 : 개소, %)

구분	2016년			2017년		
	전체 도입 사업장	도입 대상 사업장	도입사업장	전체 도입 사업장	도입 대상 사업장	도입사업장
합계 (구성비)	334,820 (100.0)	1,203,784 (100.0)	323,864 (100.0)	354,018 (100.0)	1,259,585 (100.0)	343,134 (100.0)
5인 미만	77,678 (23.2)	619,517 (51.5)	68,865 (21.3)	82,936 (23.4)	659,198 (52.3)	74,360 (21.7)
5~9인	93,500 (27.9)	307,047 (25.5)	92,108 (28.4)	102,312 (28.9)	320,042 (25.4)	100,742 (29.4)
10~29인	101,912 (30.4)	195,414 (16.2)	101,327 (31.3)	106,718 (30.1)	198,753 (15.8)	106,132 (30.9)
30~49인	24,178 (7.2)	35,207 (2.9)	24,092 (7.4)	24,456 (6.9)	35,101 (2.8)	24,371 (7.1)
50~99인	20,660 (6.2)	26,822 (2.2)	20,591 (6.4)	20,727 (5.9)	26,712 (2.1)	20,676 (6.0)
100~299인	12,339 (3.7)	14,768 (1.2)	12,330 (3.8)	12,283 (3.5)	14,732 (1.2)	12,270 (3.6)
300인 이상	4,553 (1.4)	5,009 (0.5)	4,551 (1.4)	4,586 (1.3)	5,047 (0.4)	4,583 (1.3)

<산업별 사업장 도입 현황>

(단위 : 개소)

구분	2016년			2017년		
	전체 도입 사업장	도입 대상 사업장	도입사업장	전체 도입 사업장	도입 대상 사업장	도입사업장
전체	334,820	1,203,784	323,864	354,018	1,259,585	343,134
농림어업	1,080	7,846	1,040	1,135	8,481	1,103
광업	303	734	299	297	746	297
제조업	98,422	258,385	96,678	101,100	265,543	99,479
전기가스업	380	1,270	363	395	1,413	379
수도하수업	2,470	6,164	2,436	2,612	6,363	2,577
건설업	19,524	94,004	18,807	20,485	98,971	19,780
도소매업	57,453	280,106	55,287	60,822	294,876	58,737
운수업	9,372	31,152	8,954	9,489	31,717	9,167
숙박음식업	7,327	102,031	6,567	7,705	108,674	7,030
정보통신업	8,699	30,001	8,511	9,093	32,272	8,911
금융보험업	11,148	17,904	11,102	11,161	18,520	11,124
부동산업	7,455	61,062	7,087	7,849	65,356	7,482
전문과학기술업	21,096	67,700	20,455	22,670	72,963	22,014
사업서비스업	9,370	33,323	8,840	9,495	34,795	9,005
공공행정	880	3,238	874	878	3,469	874
교육서비스업	13,558	38,869	13,333	14,606	40,348	14,409
보건사회복지업	55,121	118,203	52,513	62,253	120,445	59,254
예술스포츠여가업	2,182	11,147	2,064	2,289	11,944	2,195
협회 및 단체 등	8,980	40,645	8,654	9,684	42,689	9,317

* 도입률=도입 사업장÷도입 대상 사업장×100

7 다음 중 위의 자료에 대한 설명으로 적절하지 않은 것은?

① 전체 사업장의 퇴직연금제도 도입률은 2016년보다 2017년에 더 높아졌다.

② 종사자규모별 모든 사업장이 2016년보다 2017년에 퇴직연금제도 도입률이 더 높아진 것은 아니다.

③ 산업별 사업장의 경우, 도입 대상 사업장의 개수와 도입률과는 아무런 상관관계가 없다.

④ 2016년과 2017년에 도입률이 가장 낮은 업종은 각각 부동산업과 숙박음식업이다.

  두 해 모두 숙박음식업은 각각 6.4%와 6.5%의 도입률을 보여 도입률이 가장 낮은 업종이며, 부동산업은 각각 11.6%와 11.4%로 두 번째로 도입률이 낮은 업종임을 알 수 있다.
① 26.9 → 27.2%로 전년보다 더 높아졌다.
② 100~299인 사업장은 83.5 → 83.3%로 낮아졌으며, 300인 이상 사업장은 90.9 → 90.8%로 낮아졌다.
③ 도입 대상 사업장의 개수가 많고 적음에 따라 도입률이 높거나 낮아지는 상관관계를 찾아볼 수 없다.

8 다음 중 2017년의 퇴직연금제도 도입률이 가장 높은 사업장 규모와 가장 낮은 사업장 규모가 순서대로 올바르게 나열된 것은?

① 300인 이상 사업장, 5인 미만 사업장

② 300인 이상 사업장, 5~9인 사업장

③ 100~299인 사업장, 5인 미만 사업장

④ 100~299인 사업장, 5~9인 사업장

  주어진 산식에 의해 연도별 사업장 규모별 도입률을 구해 보면 다음과 같다.
5인 미만 : 11.3%, 5 ~ 9인 : 31.5%, 10 ~ 29인 : 53.4%, 30 ~ 49인 : 69.4%, 50 ~ 99인 : 77.4%, 100 ~ 299인 : 83.3%, 300인 이상 : 90.8%
따라서 사업장 규모에 따라 도입률이 비례 관계를 보이고 있으므로 300인 이상 사업장이 가장 도입률이 높고, 5인 미만 사업장이 가장 낮은 도입률을 보이고 있음을 알 수 있다.

9   120개 단위 지역의 연금수급자 현황을 모두 정리하는 데 양 대리는 2시간, 박 사원은 3시간이 걸린다. 양 대리가 80개 지역의 현황을 정리하고 난 후, 나머지 40개 지역은 양 대리와 박 사원이 함께 정리하려고 한다. 이 때 120개 지역의 현황을 모두 정리하는 데 걸리는 시간은? (단, 시간은 반올림하여 소수 첫째 자리로 표시한다)

① 1.8시간   ② 1.7시간

③ 1.6시간   ④ 1.5시간

  양 대리가 1시간 동안 할 수 있는 일률은 $120 \div 2 = 60$이며, 박 사원이 1시간 동안 할 수 있는 일률은 $120 \div 3 = 40$이 된다.
양 대리가 80개 지역의 현황을 정리하는 데 필요한 시간은 $80 \div 60 = 1.3$시간이다. 두 사람이 함께 일을 할 경우의 일률은 $60 + 40 = 100$이므로 나머지 40개를 두 사람이 함께 작업하여 완료하기 위해서는 0.4시간이 필요하게 된다.
따라서 1.3시간 + 0.4시간 = 1.7시간이 된다.

Answer→   7.④   8.①   9.②

┃10~11 ┃ 국민연금의 반환일시금과 관련된 다음 자료를 보고 이어지는 물음에 답하시오.

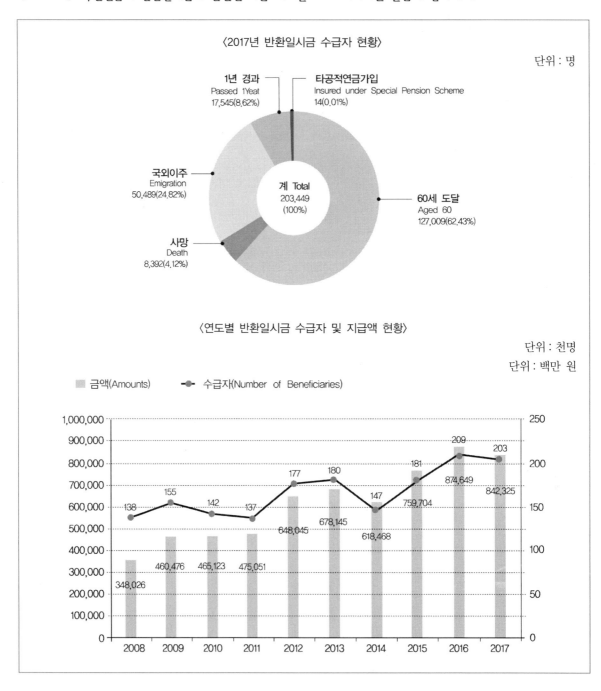

〈2017년 반환일시금 수급자 현황〉

단위 : 명

1년 경과
Passed 1Yeat
17,545(8.62%)

타공적연금가입
Insured under Special Pension Scheme
14(0.01%)

국외이주
Emigration
50,489(24.82%)

계 Total
203,449
(100%)

60세 도달
Aged 60
127,009(62.43%)

사망
Death
8,392(4.12%)

〈연도별 반환일시금 수급자 및 지급액 현황〉

단위 : 천명

단위 : 백만 원

■ 금액(Amounts) ━●━ 수급자(Number of Beneficiaries)

10 다음 중 수급자 1인 당 반환일시금이 가장 많은 해는 언제인가?

① 2013년

② 2014년

③ 2015년

④ 2016년

 2014년의 수급자 1인 당 반환일시금은 618,468 ÷ 147,000 = 4.21백만 원으로 가장 높은 것을 알 수 있다.

11 다음 중 위의 자료를 올바르게 해석하지 못한 것은?

① 2008년 ~ 2017년 기간 동안 수급자 1인 당 반환일시금은 매년 꾸준히 증가하였다.

② 2017년의 반환일시금 수급자 수는 국외이주 사유가 사망 사유보다 많다.

③ 2011년 이후 반환일시금 수급자의 수와 반환일시금액은 연도별 증감추이가 매년 같다.

④ 수급자 1인 당 반환일시금이 가장 적은 해는 2008년이다.

 2013년까지는 매년 증가하였으나 2014년을 정점으로 이후에는 매년 감소하고 있다.

② 60세 도달>국외이주>1년 경과>사망의 순임을 알 수 있다.

③ 2011년 이후 매년 반환일시금 수급자가 증가(감소)함에 따라 반환일시금액도 증가(감소)하였음을 알 수 있다.

④ 2008년의 수급자 1인 당 반환일시금은 348,026÷138,000=2.52백만 원으로 가장 적다.

Answer → 10.② 11.①

┃12~14┃ 일정한 규칙을 찾아 빈칸에 들어갈 알맞은 숫자를 고르시오.

12

| 1 4 8 13 19 26 34 ( ) |

① 40   ② 41

③ 42   ④ 43

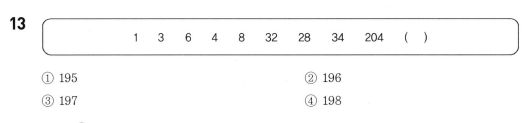
Tip 처음 숫자를 시작으로 3, 4, 5, 6,….9까지 오름차순으로 더해나간다.

13

| 1 3 6 4 8 32 28 34 204 ( ) |

① 195   ② 196

③ 197   ④ 198

Tip 처음에 앞의 숫자에 +2, ×2, −2의 수식이 행해지고 그 다음에는 +4, ×4, −4 그 다음은 +6, ×6, −6의 수식이 행해진다.

14

| 12 6 2   25 5 5   72 ( ) 4   15 5 3 |

① 17   ② 18

③ 19   ④ 20

Tip $12 \div 2 = 6$
$25 \div 5 = 5$
$72 \div 4 = 18$
$15 \div 3 = 5$

15 B기업에서는 매년 3월에 정기 승진 시험이 있다. 시험을 응시한 사람이 남자사원, 여자사원을 합하여 총 100명이고 시험의 평균이 남자사원은 70점, 여자사원은 75점이며 남녀 전체평균은 72점일 때 시험을 응시한 여자사원의 수는?

① 35명

② 40명

③ 45명

④ 50명

 시험을 응시한 여자사원의 수를 x라 하고, 여자사원의 총점+남자사원의 총점=전체 사원의 총점이므로

$75x+70(100-x)=72\times100$

식을 간단히 하면 $5x=200$, $x=40$

∴ 여자사원은 40명이다.

16 5%의 소금물과 15%의 소금물로 12%의 소금물 200g을 만들고 싶다. 각각 몇 g씩 섞으면 되는가?

5% 소금물	15% 소금물
① 40g	160g
② 50g	150g
③ 60g	140g
④ 70g	130g

 200g에 들어 있는 소금의 양은 섞기 전 5%의 소금의 양과 12% 소금이 양을 합친 양과 같아야 한다.

5% 소금물의 필요한 양을 x라 하면 녹아 있는 소금의 양은 $0.05x$

15% 소금물의 소금의 양은 $0.15(200-x)$

$0.05x+0.15(200-x)=0.12\times200$

$5x+3000-15x=2400$

$10x=600$

$x=60(g)$

∴ 5%의 소금물 60g, 15%의 소금물 140g

Answer→ 12.④ 13.④ 14.② 15.② 16.③

17 아버지가 8만 원을 나눠서 세 딸에게 용돈을 주려고 한다. 첫째 딸과 둘째 딸은 3:1, 둘째 딸과 막내딸은 7:4 의 비율로 주려고 한다면 막내딸이 받는 용돈은 얼마인가?

① 10,000원   ② 15,000원

③ 20,000원   ④ 25,000원

 딸들이 받는 돈의 비율은 21:7:4이다. 막내딸은 80,000원의 $\frac{4}{32}$ 을 받으므로 10,000원을 받는다.

18 어떤 일을 하는데 정빈이는 18일, 수인이는 14일이 걸린다. 처음에는 정빈이 혼자서 3일 동안 일하고, 그 다음은 정빈이와 수인이가 같이 일을 하다가 마지막 하루는 수인이만 일하여 일을 끝냈다. 정빈이와 수인이가 같이 일한 기간은 며칠인가?

① 3일   ② 4일

③ 5일   ④ 6일

 정빈이가 하루 일하는 양 $\frac{1}{18}$

수인이가 하루 일하는 양 $\frac{1}{14}$

전체 일의 양을 1로 놓고 같이 일을 한 일을 x라 하면

$\frac{3}{18}+\left(\frac{1}{18}+\frac{1}{14}\right)x+\frac{1}{14}=1$

$\frac{16x+30}{126}=1$

$\therefore \ x=6$일

19 어떤 강을 따라 36km 떨어진 지점을 배로 왕복하려고 한다. 올라 갈 때에는 6시간이 걸리고 내려올 때는 4 시간이 걸린다고 할 때 강물이 흘러가는 속력은 몇인가? (단, 배의 속력은 일정하다)

① 1.3km/h   ② 1.5km/h

③ 1.7km/h   ④ 1.9km/h

 배의 속력을 x라 하고 강물의 속력을 y라 하면 거리는 36km로 일정하므로

$6(x-y)=36 \cdots$ ㉠

$4(x+y)=36 \cdots$ ㉡

㉡식을 변형하여 $x=9-y$를 ㉠에 대입하면

$\therefore \ y=1.5$km/h

20 갑동이는 올해 10살이다. 엄마의 나이는 갑동이와 누나의 나이를 합한 값의 두 배이고, 3년 후의 엄마의 나이는 누나의 나이의 세 배일 때, 올해 누나의 나이는 얼마인가?

① 12세

② 13세

③ 14세

④ 15세

 누나의 나이를 x, 엄마의 나이를 y라 하면,
$2(10+x)=y$
$3(x+3)=y+3$
두 식을 연립하여 풀면,
$x=14$(세)

21 다음은 신용대출의 중도상환에 관한 내용이다. 甲씨는 1년 후에 일시 상환하는 조건으로 500만원을 신용대출 받았다. 그러나 잔여기간이 100일 남은 상태에서 중도 상환하려고 한다. 甲씨가 부담해야 하는 해약금은 약 얼마인가? (단, 원단위는 절사한다)

- 중도상환해약금 : 중도상환금액×중도상환적용요율×(잔여기간/대출기간)

구분	가계대출		기업대출	
	부동산 담보대출	신용/기타 담보대출	부동산 담보대출	신용/기타 담보대출
적용요율	1.4%	0.8%	1.4%	1.0%

- 대출기간은 대출개시일로부터 대출기간만료일까지의 일수로 계산하되, 대출기간이 3년을 초과하는 경우에는 3년이 되는 날을 대출기간만료일로 한다.
- 잔여기간은 대출기간에서 대출개시일로부터 중도상환일까지의 경과일수를 차감하여 계산한다.

① 10,950원

② 11,950원

③ 12,950원

④ 13,950원

 신용대출이므로 적용요율이 0.8% 적용된다.
500만원×0.8%×(100/365)=10,958원
원단위 절사하면 10,950원이다.

22 다음 〈표〉는 2008년부터 2013년까지의 연도별 평균 가계직접부담의료비에 대한 자료이다. 이에 대한 설명으로 옳지 않은 것은?

(단위 : 만원)

구분		2008년	2009년	2010년	2011년	2012년	2013년
전체		135.9	132.6	147.9	168.4	177.4	176.4
가구 원수	1인	66.6	70.8	78.3	103.7	105.2	99.4
	2인	138.7	146.5	169.2	188.8	194.1	197.3
	3인	154.8	145.3	156.4	187.7	203.2	201.4
	4인	153.4	145.8	165.1	178.4	191.7	198.9
	5인	194.9	180.4	197.6	210.8	233.7	226.6
	6인 이상	221.3	203.2	250.4	251.8	280.7	259.3
소득 분위	1분위	93.7	93.6	104.0	122.3	130.8	134.2
	2분위	126.4	119.9	139.5	169.5	157.3	161.1
	3분위	131.9	122.6	141.0	166.8	183.2	178.4
	4분위	145.7	143.5	170.3	170.5	190.0	188.5
	5분위	180.5	179.7	185.4	214.7	226.1	219.3
지역	서울	139.5	143.6	152.2	180.5	189.0	192.4
	광역시	139.2	128.7	147.7	159.3	164.1	168.2
	도	132.9	130.2	146.3	168.2	179.4	174.4

① 매년 저소득층에서 고소득층으로 갈수록 가계직접부담의료비가 증가하고 있다.

② 지역만 놓고 볼 때, 서울은 도보다 매년 가계직접부담의료비가 많다.

③ 2013년 전체 가계직접부담의료비는 2008년보다 약 30% 증가했다.

④ 2008년 6인 이상 가구 가계직접부담의료비는 1인 가구의 3배를 넘는다.

 ① 2011년에는 2분위가 3분위보다 가계직접부담의료비가 많다.

23 다음은 어느 보험회사의 보험계약 현황에 관한 표이다. 이에 대한 설명으로 옳지 않은 것은?

(단위 : 건, 억원)

구분		2015년		2014년	
		건수	금액	건수	금액
개인보험		5,852,844	1,288,847	5,868,027	1,225,968
	생존보험	1,485,908	392,222	1,428,422	368,731
	사망보험	3,204,140	604,558	3,241,308	561,046
	생사혼합	1,162,792	292,068	1,198,297	296,191
단체보험		0	0	0	0
	단체보장	0	0	0	0
	단체저축	0	0	0	0
소계		5,852,844	1,288,847	5,868,027	1,225,968

※ 건수는 보유계약의 건수임
※ 금액은 주계약 및 특약의 보험가입금액임

① 2014년과 2015년에 단체보험 보유계약의 건수는 0건이다.

② 2015년은 2014년에 비해 개인보험 보유계약 건수가 감소하였다.

③ 2015년은 2014년에 비해 개인보험 보험가입금액은 증가하였다.

④ 2015년 개인보험 보험가입금액에서 생존보험 금액이 차지하는 구성비는 30% 미만이다.

 ④ $\dfrac{392,222}{1,288,847} \times 100 = 30.43\%$

따라서 30%를 초과한다.

Answer → 22.① 23.④

┃ 24~25 ┃ 다음 표는 2006년부터 2009년까지 4년간 손해보험과 생명보험의 전체 수지실적에 관한 자료이다. 이를 보고 물음에 답하시오.

<표 1> 4년간 손해보험의 수지실적

(단위 : 십억원)

연도	경과보험료	발생손해액	순사업비
2006년	23,712	18,671	5,351
2007년	27,413	21,705	6,377
2008년	32,253	24,867	7,402
2009년	36,682	28,300	8,967

<표 2> 4년간 생명보험의 수지실적

(단위 : 십억원)

연도	경과보험료	발생손해액	순사업비
2006년	61,472	35,584	10,989
2007년	66,455	35,146	12,084
2008년	75,096	44,877	13,881
2009년	73,561	47,544	13,715

※ 손해율(%)=(총지출액/경과보험료)×100

※ 손해율은 보험사의 수지실적을 나타내는 대표적인 지표이다.

※ 총지출액=발생손해액+순사업비

24 위의 자료에 대한 설명으로 옳은 것은?

① 4년간 손해보험과 생명보험 모두 경과보험료는 매년 증가하고 있다.

② 2006년 손해보험의 손해율은 105%가 넘는다.

③ 2009년 생명보험의 경과보험료는 손해보험 경과보험료의 2배 이상이다.

④ 2007년 경과보험료 대비 순사업비의 비중은 손해보험이 생명보험보다 낮다.

① 2009년 생명보험의 경과보험료는 전년대비 감소하였다.

② 2006년 손해보험의 손해율은 101.3%이다.

④ 손해보험이 생명보험보다 높다.

25 다음 중 생명보험의 손해율이 가장 컸던 해는? (단, 소수점 둘째짜리에서 반올림한다)

① 2006년   ② 2007년

③ 2008년   ④ 2009년

① 2006년 : $\dfrac{35,584+10,989}{61,472} \times 100 = 75.8\%$

② 2007년 : $\dfrac{35,146+12,084}{66,455} \times 100 = 71.1\%$

③ 2008년 : $\dfrac{44,877+13,881}{75,096} \times 100 = 78.2\%$

④ 2009년 : $\dfrac{47,544+13,715}{73,561} \times 100 = 83.3\%$

Answer→ 24.③ 25.④

26 다음 표는 어느 회사의 공장별 제품 생산 및 판매 실적에 대한 자료이다. 이에 대한 설명으로 옳지 않은 것은?

(단위 : 대)

| 공장 | 2016년 12월 | 2016년 전체 | |
	생산 대수	생산 대수	판매 대수
A	25	586	475
B	21	780	738
C	32	1,046	996
D	19	1,105	1,081
E	38	1,022	956
F	39	1,350	1,238
G	15	969	947
H	18	1,014	962
I	26	794	702

※ 2017년 1월 1일 기준 재고 수=2016년 전체 생산 대수－2016년 전체 판매 대수

※ 판매율(%) = $\dfrac{\text{판매 대수}}{\text{생산 대수}} \times 100$

※ 2016년 1월 1일부터 제품을 생산·판매하였음

① 2017년 1월 1일 기준 재고 수가 가장 적은 공장은 G공장이다.

② 2017년 1월 1일 기준 재고 수가 가장 많은 공장의 2016년 전체 판매율은 90% 이상이다.

③ 2016년 12월 생산 대수가 가장 많은 공장과 2017년 1월 1일 기준 재고 수가 가장 많은 공장은 동일하다.

④ I공장의 2016년 전체 판매율은 90% 이상이다.

④ I공장의 2016년 전체 판매율 : $\dfrac{702}{794} \times 100 = 88.4\%$

▎27~28▎ 음료회사에 근무하고 있는 甲은 하절기 음료 수요 예측에 따라 향후 음료 수요 충당을 위해 자사 직전 3개년 음료판매 현황과 생산기계 보유현황에 대한 보서를 작성하고 있다. 물음에 답하시오.

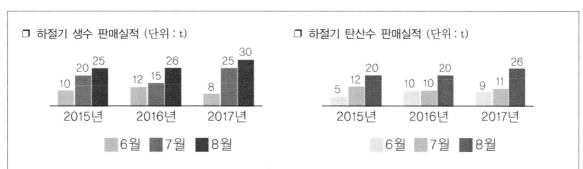

❏ 하절기 생수 판매실적 (단위 : t)

❏ 하절기 탄산수 판매실적 (단위 : t)

❏ 자사 생산 계획안

　2018년 우리 회사에서는 올 하절기(6~8월)에 보다 효율적인 음료 생산을 위하여 2015년부터 2017년까지의 음료 판매현황을 조사하였습니다. 그 결과 초여름(6월)에서 늦여름(8월)까지 우리 회사의 음료 판매 실적은 꾸준히 상승하였습니다. 세부적으로 살펴보면 생수의 경우 2015년에 55t에서 2017년에 63t으로 8t이 증가하였고, 탄산수의 경우에는 2015년에 37t에서 2017년에 46t으로 9t이 증가하였습니다. 이러한 직전 3개년 간 음료 판매현황 조사에 따라 2018년 음료 생산량을 계획하려 합니다. 기상청의 2018년 하절기 평균 기온이 작년에 비해 상승할 것으로 예상됨에 따라 2018년 6~8월까지 각 월별 음료 생산량은 음료 종류에 따라 직전 3개년 평균 음료 판매량의 1.5배를 생산하도록 하겠습니다. 현재 재고 음료는 없으며, 2018년 음료 생산은 5월부터 진행하고 판매되지 않고 남은 음료는 그 다음달로 이월하여 판매할 수 있도록 하겠습니다. 이에 따라 현재 우리 회사가 보유하고 있는 생산기계 현황을 파악하여, 생산 목표량 확보를 위하여 추가적으로 생산기계를 구입할 필요가 있습니다. 현재 우리 회사가 보유하고 있는 생산기계 현황은 아래와 같습니다.

생산기계	생산량 (kg/일)	길이(cm)			제조방식	생산가능 음료
		가로	세로	높이		
A	60	700	400	600	역삼투압식	생수
B	100	900	900	500	중공사막식	탄산수
C	300	1,200	800	400	역삼투압식	탄산수
D	440	1,000	1,000	200	중공사막식	생수

Answer⤷ 26.④

27 보고서를 검토한 상사 乙이 甲에게 2018년 하절기 음료별 생산 목표량을 정리해 오라고 지시하였다. 甲이 작성한 그래프로 적절한 것은?

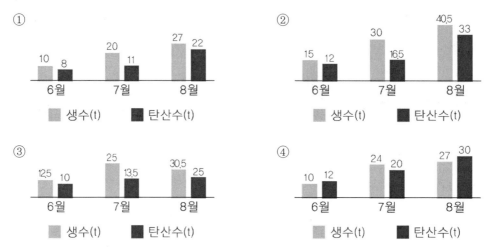

①
6월	7월	8월
10 8	20 11	27 22

■ 생수(t) ■ 탄산수(t)

②
6월	7월	8월
15 12	30 16.5	40.5 33

■ 생수(t) ■ 탄산수(t)

③
6월	7월	8월
12.5 10	25 13.5	30.5 25

■ 생수(t) ■ 탄산수(t)

④
6월	7월	8월
10 12	24 20	27 30

■ 생수(t) ■ 탄산수(t)

Tip 2018년 6~8월까지 각 월별 음료 생산량은 음료 종류에 따라 직전 3개년 평균 음료 판매량의 1.5배를 생산하므로, 각 월별 음료 생산량은 다음과 같다.

6월	생수	$\{(10 + 12 + 8) \div 3\} \times 1.5 = 15$
	탄산수	$\{(5 + 10 + 9) \div 3\} \times 1.5 = 12$
7월	생수	$\{(20 + 15 + 25) \div 3\} \times 1.5 = 30$
	탄산수	$\{(12 + 10 + 11) \div 3\} \times 1.5 = 16.5$
8월	생수	$\{(25 + 26 + 30) \div 3\} \times 1.5 = 40.5$
	탄산수	$\{(20 + 20 + 26) \div 3\} \times 1.5 = 33$

28 이 음료회사는 매달 20일 동안 생산기계를 가동하여 음료를 생산한다. 甲이 분석한 2018년 상황과 향후 생산 계획에 대한 설명으로 옳은 것을 고르면?

① 2018년 7월까지는 현재 보유한 생산기계로 각 음료 생산 목표량 달성이 가능하다.

② 현재 보유한 생산기계 중 부피가 가장 큰 것은 역삼투압식으로 탄산수를 생산하는 기계이다.

③ 현재 보유한 생산기계를 이용해 2018년 6월에 생산한 음료량은 생수가 탄산수보다 20% 많았다.

④ 2018년 8월 중 30일 동안 탄산수 생산기계를 가동하더라도 탄산수 신규 생산기계 구매 없이는 8월 탄산수 생산 목표량 달성이 불가능하다.

 ④ 2018년 8월 중 30일 동안 탄산수 생산기계를 가동하였을 때 생산할 수 있는 탄산수의 양은 (100 × 30) + (300 × 30) = 12t으로 2018년 8월 탄산수 생산 목표량인 33t을 달성할 수 없다.

 ① 이 회사의 한 달 음료 생산량은 생수가 (60 × 20) + (440 × 20) = 10t, 탄산수가 (100 × 20) + (300 × 20) = 8t으로 2018년 6월 생산 목표량도 달성이 불가능하다.

 ② 현재 보유한 생산기계 중 부피가 가장 큰 것은 중공사막식으로 탄산수를 생산하는 기계인 B이다.

 ③ 현재 보유한 생산기계를 이용해 2018년 6월에 생산한 생수량은 10t이고 탄산수량은 8t이다. 생수가 탄산수보다 25% 많았다.

Answer ⟶ 27.② 28.④

29 다음은 2013~2017년 甲 공단의 A, B 사업장의 연간 매출액을 토대로 2018년 A, B 사업장의 직원 증원에 대해 검토한 자료이다. 2018년 A, B 사업장의 증원 인원별 연간 매출액을 추정한 결과로 옳은 것은?

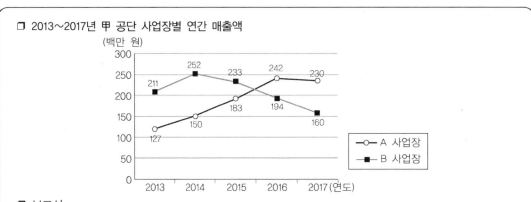

□ 2013~2017년 甲 공단 사업장별 연간 매출액

□ 보고서
• 2018년 'A', 'B' 사업장은 각각 0~3명의 직원을 증원할 계획이다.
• 추정 결과, 직원을 증원하지 않을 경우 'A', 'B' 사업장의 2017년 대비 2018년 매출액 증감률은 각각 10% 이하일 것으로 예상된다.
• 직원 증원이 없을 때와 직원 3명을 증원할 때의 2018년 매출액 차이는 'B' 사업장이 'A' 사업장보다 클 것으로 추정된다.
• 'B' 사업장이 2013~2017년 중 최대 매출액을 기록했던 2014년보다 큰 매출액을 기록하기 위해서는 2018년에 최소 2명의 직원을 증원해야 한다.

①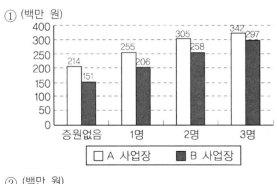

②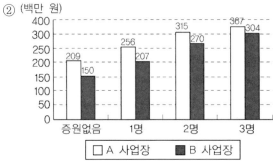

③ (백만 원)

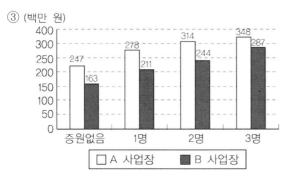

④ (백만 원)

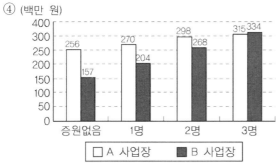

- 추정 결과, 직원을 증원하지 않을 경우 'A', 'B' 사업장의 2017년 대비 2018년 매출액 증감률은 각각 10% 이하일 것으로 예상되므로, 직원을 증원하지 않을 경우 2018년 매출액은 'A' 사업장은 207~253 사이이고, 'B' 사업장은 144~176 사이이다. → ④ 틀림
- 직원 증원이 없을 때와 직원 3명을 증원할 때의 2018년 매출액 차이는 'B' 사업장이 'A' 사업장보다 클 것으로 추정된다. → ② 틀림
- 'B' 사업장이 2013~2017년 중 최대 매출액을 기록했던 2014년보다 큰 매출액을 기록하기 위해서는 2018년에 최소 2명의 직원을 증원해야 한다. → ③ 틀림

Answer→ 29.①

30 A 공단에 근무하고 있는 甲은 2017년 우리나라의 노인학대 현황에 관한 보고서를 작성하고 있다. 효율적인 보고를 위하여 표 및 그래프를 활용한다고 할 때, 甲이 작성한 내용 중 옳은 것을 모두 고르면?

> 2017년 1월 1일부터 12월 31일까지 한 해 동안 전국 29개 지역의 노인보호전문기관에 신고된 전체 11,905건의 노인학대 의심사례 중에 학대 인정사례는 3,818건으로 나타났다. 이는 전년대비 학대 인정사례 건수가 8% 이상 증가한 것이다.
> 학대 인정사례 3,818건을 신고자 유형별로 살펴보면 신고의무자에 의해 신고된 학대 인정사례는 707건, 비신고의무자에 의해 신고된 학대 인정사례는 3,111건이었다. 신고의무자에 의해 신고된 학대 인정사례 중 사회복지전담 공무원의 신고에 의한 학대 인정사례가 40% 이상으로 나타났다. 비신고의무자에 의해 신고된 학대 인정사례 중에서는 관련기관 종사자의 신고에 의한 학대 인정사례가 48% 이상으로 가장 높았고, 학대행위자 본인의 신고에 의한 학대 인정사례의 비율이 가장 낮았다.
> 또한 3,818건의 학대 인정사례를 발생장소별로 살펴보면 기타를 제외하고 가정 내 학대가 85.8%로 가장 높게 나타났으며, 다음으로 생활시설 5.4%, 병원 2.3%, 공공장소 2.1%의 순으로 나타났다. 학대 인정사례 중 병원에서의 학대 인정사례 비율은 2014~2017년 동안 매년 감소한 것으로 나타났다.
> 한편, 학대 인정사례를 가구형태별로 살펴보면 2014~2017년 동안 매년 학대 인정사례 건수가 가장 많은 가구 형태는 노인단독가구였다.

㉠ 2017년 신고자 유형별 노인학대 인정사례 건수

	신고자 유형	건수(건)		신고자 유형	건수(건)
신고의무자	의료인	44	비신고의무자	학대피해노인 본인	722
	노인복지시설 종사자	178		학대행위자 본인	8
	장애노인시설 종사자	16		친족	567
	가정폭력 관련 종사자	101		타인	320
	사회복지전담 공무원	290		관련기관 종사자	1,494
	노숙인 보호시설 종사자	31		–	–
	구급대원	9		–	–
	재가장기요양기관 종사자	38		–	–
	계	707		계	3,111

㉡ 2016년과 2017년 노인보호전문기관에 신고된 노인학대 의심사례 신고 건수와 구성비

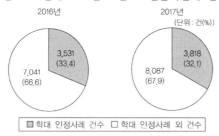

2016년

2017년
(단위 : 건(%))

3,531 (33.4)
7,041 (66.6)

3,818 (32.1)
8,087 (67.9)

■ 학대 인정사례 건수 □ 학대 인정사례 외 건수

※ 구성비는 소수점 아래 둘째 자리에서 반올림한 값임.

© 발생장소별 노인학대 인정사례 건수와 구성비

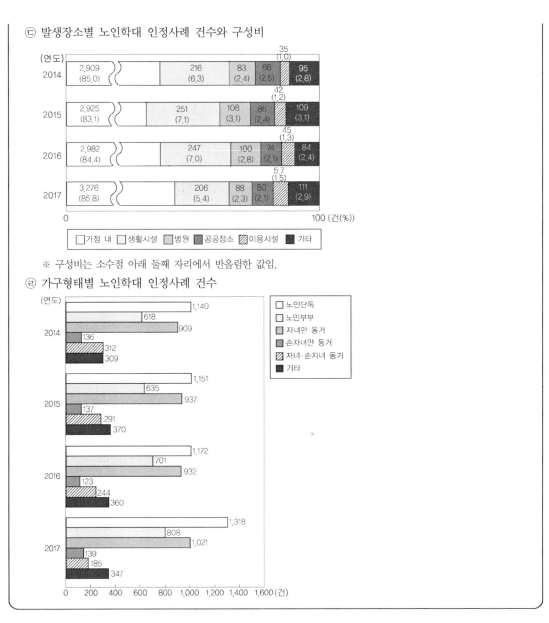

※ 구성비는 소수점 아래 둘째 자리에서 반올림한 값임.

② 가구형태별 노인학대 인정사례 건수

① ㉠, ㉣
② ㉡, ㉢
③ ㉠, ㉡, ㉢
④ ㉠, ㉡, ㉣

 ㉢ 학대 인정사례 중 병원에서의 학대 인정사례 비율은 2014~2017년 동안 매년 감소한 것으로 나타났는데, 그래프상에서는 2015년에 전년 대비 증가하였다.

Answer↪ 30.④

04 조직이해능력

(1) 조직

① 조직과 기업
  ㉠ 조직 : 두 사람 이상이 공동의 목표를 달성하기 위해 의식적으로 구성된 상호작용과 조정을 행하는 행동의 집합체
  ㉡ 기업 : 노동, 자본, 물자, 기술 등을 투입하여 제품이나 서비스를 산출하는 기관

② 조직의 유형

기준	구분	예
공식성	공식조직	조직의 규모, 기능, 규정이 조직화된 조직
	비공식조직	인간관계에 따라 형성된 자발적 조직
영리성	영리조직	사기업
	비영리조직	정부조직, 병원, 대학, 시민단체
조직규모	소규모 조직	가족 소유의 상점
	대규모 조직	대기업

(2) 경영

① 경영의 의미 … 경영은 조직의 목적을 달성하기 위한 전략, 관리, 운영활동이다.

② 경영의 구성요소
  ㉠ 경영목적 : 조직의 목적을 달성하기 위한 방법이나 과정
  ㉡ 인적자원 : 조직의 구성원·인적자원의 배치와 활용
  ㉢ 자금 : 경영활동에 요구되는 돈·경영의 방향과 범위 한정
  ㉣ 경영전략 : 변화하는 환경에 적응하기 위한 경영활동 체계화

③ 경영자의 역할

대인적 역할	정보적 역할	의사결정적 역할
• 조직의 대표자 • 조직의 리더 • 상징자, 지도자	• 외부환경 모니터 • 변화전달 • 정보전달자	• 문제 조정 • 대외적 협상 주도 • 분쟁조정자, 자원배분자, 협상가

(3) 조직체제 구성요소

① **조직목표** … 전체 조직의 성과, 자원, 시장, 인력개발, 혁신과 변화, 생산성에 대한 목표

② **조직구조** … 조직 내의 부문 사이에 형성된 관계

③ **조직문화** … 조직구성원들 간에 공유하는 생활양식이나 가치

④ **규칙 및 규정** … 조직의 목표나 전략에 따라 수립되어 조직구성원들이 활동범위를 제약하고 일관성을 부여하는 기능

예제 1

주어진 글의 빈칸에 들어갈 말로 가장 적절한 것은?

> 조직이 지속되게 되면 조직구성원들 간 생활양식이나 가치를 공유하게 되는데 이를 조직의 (㉠)라고 한다. 이는 조직구성원들의 사고와 행동에 영향을 미치며 일체감과 정체성을 부여하고 조직이 (㉡)으로 유지되게 한다. 최근 이에 대한 중요성이 부각되면서 긍정적인 방향으로 조성하기 위한 경영층의 노력이 이루어지고 있다.

① ㉠ : 목표, ㉡ : 혁신적   ② ㉠ : 구조, ㉡ : 단계적
③ ㉠ : 문화, ㉡ : 안정적   ④ ㉠ : 규칙, ㉡ : 체계적

---

(4) 조직변화의 과정

환경변화 인지 → 조직변화 방향 수립 → 조직변화 실행 → 변화결과 평가

(5) 조직과 개인

개인	지식, 기술, 경험 →	조직
	← 연봉, 성과급, 인정, 칭찬, 만족감	

---

2 **조직이해능력을 구성하는 하위능력**

(1) 경영이해능력

① 경영 ··· 경영은 조직의 목적을 달성하기 위한 전략, 관리, 운영활동이다.

    ㉠ 경영의 구성요소 : 경영목적, 인적자원, 자금, 전략

    ㉡ 경영의 과정

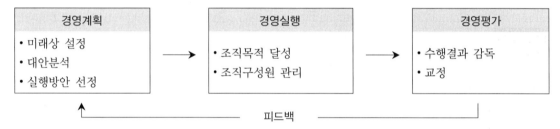

    ㉢ 경영활동 유형

      • 외부경영활동 : 조직외부에서 조직의 효과성을 높이기 위해 이루어지는 활동이다.

      • 내부경영활동 : 조직내부에서 인적, 물적 자원 및 생산기술을 관리하는 것이다.

② 의사결정과정

    ㉠ 의사결정의 과정

      • 확인 단계 : 의사결정이 필요한 문제를 인식한다.

      • 개발 단계 : 확인된 문제에 대하여 해결방안을 모색하는 단계이다.

      • 선택 단계 : 해결방안을 마련하며 실행가능한 해결안을 선택한다.

    ㉡ 집단의사결정의 특징

      • 지식과 정보가 더 많아 효과적인 결정을 할 수 있다.

      • 다양한 견해를 가지고 접근할 수 있다.

      • 결정된 사항에 대하여 의사결정에 참여한 사람들이 해결책을 수월하게 수용하고, 의사소통의 기회도 향상된다.

- 의견이 불일치하는 경우 의사결정을 내리는데 시간이 많이 소요된다.
- 특정 구성원에 의해 의사결정이 독점될 가능성이 있다.

③ 경영전략

㉠ 경영전략 추진과정

전략목표설정		환경분석		경영전략 도출		경영전략 실행		평가 및 피드백
• 비전 설정 • 미션 설정	→	• 내부환경 분석 • 외부환경 분석 (SWOT 등)	→	• 조직전략 • 사업전략 • 부문전략	→	• 경영목적 달성	→	• 경영전략 결과 평가 • 전략목표 및 경영전략 재조명

㉡ 마이클 포터의 본원적 경쟁전략

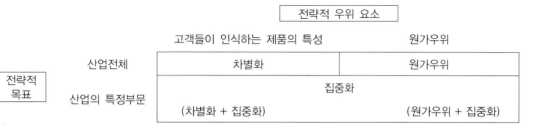

		전략적 우위 요소	
		고객들이 인식하는 제품의 특성	원가우위
전략적 목표	산업전체	차별화	원가우위
	산업의 특정부문	집중화 (차별화 + 집중화)	집중화 (원가우위 + 집중화)

④ 경영참가제도

  ㉠ 목적

　•경영의 민주성을 제고할 수 있다.

　•공동으로 문제를 해결하고 노사 간의 세력 균형을 이룰 수 있다.

　•경영의 효율성을 제고할 수 있다.

　•노사 간 상호 신뢰를 증진시킬 수 있다.

  ㉡ 유형

　•경영참가 : 경영자의 권한인 의사결정과정에 근로자 또는 노동조합이 참여하는 것

　•이윤참가 : 조직의 경영성과에 대하여 근로자에게 배분하는 것

　•자본참가 : 근로자가 조직 재산의 소유에 참여하는 것

예제 3

다음은 중국의 H사에서 시행하는 경영참가제도에 대한 기사이다. 밑줄 친 이 제도는 무엇인가?

> H사는 '사람' 중심의 수평적 기업문화가 발달했다. H사는 <u>이 제도</u>의 시행을 통해 직원들이 경영에 간접적으로 참여할 수 있게 하였는데 이에 따라 자연스레 기업에 대한 직원들의 책임 의식도 강화됐다. 참여주주는 8만2471명이다. 모두 H사의 임직원이며, 이 중 창립자인 CEO R은 개인 주주로 총 주식의 1.18%의 지분과 퇴직연금으로 주식총액의 0.21%만을 보유하고 있다.

① 노사협의회제도

② 이윤분배제도

③ 종업원지주제도

④ 노동주제도

출제의도

경영참가제도는 조직원이 자신이 속한 조직에서 주인의식을 갖고 조직의 의사결정과정에 참여할 수 있도록 하는 제도이다. 본 문항은 경영참가제도의 유형을 구분해낼 수 있는가를 묻는 질문이다.

해 설

종업원지주제도 … 기업이 자사 종업원에게 특별한 조건과 방법으로 자사 주식을 분양 · 소유하게 하는 제도이다. 이 제도의 목적은 종업원에 대한 근검저축의 장려, 공로에 대한 보수, 자사에의 귀속의식 고취, 자사에의 일체감 조성 등이 있다.

답 ③

---

(2) 체제이해능력

① 조직목표 : 조직이 달성하려는 장래의 상태

  ㉠ 조직목표의 기능

　•조직이 존재하는 정당성과 합법성 제공

　•조직이 나아갈 방향 제시

　•조직구성원 의사결정의 기준

- 조직구성원 행동수행의 동기유발
- 수행평가 기준
- 조직설계의 기준
ⓒ 조직목표의 특징
- 공식적 목표와 실제적 목표가 다를 수 있음
- 다수의 조직목표 추구 가능
- 조직목표 간 위계적 상호관계가 있음
- 가변적 속성
- 조직의 구성요소와 상호관계를 가짐

② 조직구조
ⓐ 조직구조의 결정요인 : 전략, 규모, 기술, 환경
ⓑ 조직구조의 유형과 특징

유형	특징
기계적 조직	• 구성원들의 업무가 분명하게 규정 • 엄격한 상하 간 위계질서 • 다수의 규칙과 규정 존재
유기적 조직	• 비공식적인 상호의사소통 • 급변하는 환경에 적합한 조직

③ 조직문화
ⓐ 조직문화 기능
- 조직구성원들에게 일체감, 정체성 부여
- 조직몰입 향상
- 조직구성원들의 행동지침 : 사회화 및 일탈행동 통제
- 조직의 안정성 유지
ⓑ 조직문화 구성요소(7S) : 공유가치(Shared Value), 리더십 스타일(Style), 구성원(Staff), 제도·절차(System), 구조(Structure), 전략(Strategy), 스킬(Skill)

④ 조직 내 집단
ⓐ 공식적 집단 : 조직에서 의식적으로 만든 집단으로 집단의 목표, 임무가 명확하게 규정되어 있다.
예 임시위원회, 작업팀 등
ⓑ 비공식적 집단 : 조직구성원들의 요구에 따라 자발적으로 형성된 집단이다.
예 스터디모임, 봉사활동 동아리, 각종 친목회 등

(3) 업무이해능력

① 업무 … 업무는 상품이나 서비스를 창출하기 위한 생산적인 활동이다.

　㉠ 업무의 종류

부서	업무(예)
총무부	주주총회 및 이사회개최 관련 업무, 의전 및 비서업무, 집기비품 및 소모품의 구입과 관리, 사무실 임차 및 관리, 차량 및 통신시설의 운영, 국내외 출장 업무 협조, 복리후생 업무, 법률자문과 소송관리, 사내외 홍보 광고업무
인사부	조직기구의 개편 및 조정, 업무분장 및 조정, 인력수급계획 및 관리, 직무 및 정원의 조정 종합, 노사관리, 평가관리, 상벌관리, 인사발령, 교육체계 수립 및 관리, 임금제도, 복리후생제도 및 지원업무, 복무관리, 퇴직관리
기획부	경영계획 및 전략 수립, 전사기획업무 종합 및 조정, 중장기 사업계획의 종합 및 조정, 경영정보 조사 및 기획보고, 경영진단업무, 종합예산수립 및 실적관리, 단기사업계획 종합 및 조정, 사업계획, 손익추정, 실적관리 및 분석
회계부	회계제도의 유지 및 관리, 재무상태 및 경영실적 보고, 결산 관련 업무, 재무제표분석 및 보고, 법인세, 부가가치세, 국세 지방세 업무자문 및 지원, 보험가입 및 보상업무, 고정자산 관련 업무
영업부	판매 계획, 판매예산의 편성, 시장조사, 광고 선전, 견적 및 계약, 제조지시서의 발행, 외상매출금의 청구 및 회수, 제품의 재고 조절, 거래처로부터의 불만처리, 제품의 애프터서비스, 판매원가 및 판매가격의 조사 검토

다음은 I기업의 조직도와 팀장님의 지시사항이다. H씨가 팀장님의 심부름을 수행하기 위해 연락해야 할 부서로 옳은 것은?

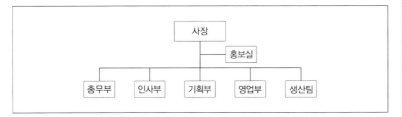

H씨! 내가 지금 너무 바빠서 그러는데 부탁 좀 들어줄래요? 다음 주 중에 사장님 모시고 클라이언트와 만나야 할 일이 있으니까 사장님 일정을 확인해주시구요. 이번 달에 신입사원 교육·훈련계획이 있었던 것 같은데 정확한 시간이랑 날짜를 확인해주세요.

① 총무부, 인사부
② 총무부, 홍보실
③ 기획부, 총무부
④ 영업부, 기획부

조직도와 부서의 명칭을 보고 개략적인 부서의 소관 업무를 분별할 수 있는지를 묻는 문항이다.

사장의 일정에 관한 사항은 비서실에서 관리하나 비서실이 없는 회사의 경우 총무부(또는 팀)에서 비서업무를 담당하기도 한다. 또한 신입사원 관리 및 교육은 인사부에서 관리한다.

답 ①

　　ⓒ 업무의 특성

　　　• 공통된 조직의 목적 지향

　　　• 요구되는 지식, 기술, 도구의 다양성

　　　• 다른 업무와의 관계, 독립성

　　　• 업무수행의 자율성, 재량권

② 업무수행 계획

　　㉠ 업무지침 확인 : 조직의 업무지침과 나의 업무지침을 확인한다.

　　ⓒ 활용 자원 확인 : 시간, 예산, 기술, 인간관계

　　ⓒ 업무수행 시트 작성

　　　• 간트 차트 : 단계별로 업무의 시작과 끝 시간을 바 형식으로 표현

　　　• 워크 플로 시트 : 일의 흐름을 동적으로 보여줌

　　　• 체크리스트 : 수행수준 달성을 자가점검

Point 》》간트 차트와 플로 차트

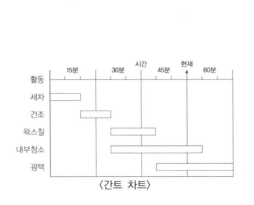
〈간트 차트〉

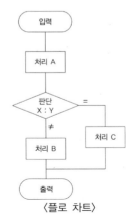
〈플로 차트〉

예제 5

다음 중 업무수행 시 단계별로 업무를 시작해서 끝나는 데까지 걸리는 시간을 바 형식으로 표시하여 전체 일정 및 단계별로 소요되는 시간과 각 업무활동 사이의 관계를 볼 수 있는 업무수행 시트는?

① 간트 차트
② 워크 플로 차트
③ 체크리스트
④ 퍼트 차트

출제의도

업무수행 계획을 수립할 때 간트 차트, 워크 플로 시트, 체크리스트 등의 수단을 이용하면 효과적으로 계획하고 마지막에 급하게 일을 처리하지 않고 주어진 시간 내에 끝마칠 수 있다. 본 문항은 그러한 수단이 되는 차트들의 이해도를 묻는 문항이다.

해 설

② 일의 절차 처리의 흐름을 표현하기 위해 기호를 써서 도식화한 것
③ 업무를 세부적으로 나누고 각 활동별로 수행수준을 달성했는지를 확인하는 데 효과적
④ 하나의 사업을 수행하는 데 필요한 다수의 세부사업을 단계와 활동으로 세분하여 관련된 계획 공정으로 묶고, 각 활동의 소요시간을 낙관시간, 최가능시간, 비관시간 등 세 가지로 추정하고 이를 평균하여 기대시간을 추정

답 ①

③ 업무 방해요소
  ㉠ 다른 사람의 방문, 인터넷, 전화, 메신저 등
  ㉡ 갈등관리
  ㉢ 스트레스

(4) 국제감각

① 세계화와 국제경영

  ㉠ 세계화 : 3Bs(국경 ; Border, 경계 ; Boundary, 장벽 ; Barrier)가 완화되면서 활동범위가 세계로 확대되는 현상이다.

  ㉡ 국제경영 : 다국적 내지 초국적 기업이 등장하여 범지구적 시스템과 네트워크 안에서 기업 활동이 이루어지는 것이다.

② 이문화 커뮤니케이션 … 서로 상이한 문화 간 커뮤니케이션으로 직업인이 자신의 일을 수행하는 가운데 문화배경을 달리하는 사람과 커뮤니케이션을 하는 것이 이에 해당한다. 이문화 커뮤니케이션은 언어적 커뮤니케이션과 비언어적 커뮤니케이션으로 구분된다.

③ 국제 동향 파악 방법

  ㉠ 관련 분야 해외사이트를 방문해 최신 이슈를 확인한다.

  ㉡ 매일 신문의 국제면을 읽는다.

  ㉢ 업무와 관련된 국제잡지를 정기구독 한다.

  ㉣ 고용노동부, 한국산업인력공단, 산업통상자원부, 중소기업청, 상공회의소, 산업별인적자원개발협의체 등의 사이트를 방문해 국제동향을 확인한다.

  ㉤ 국제학술대회에 참석한다.

  ㉥ 업무와 관련된 주요 용어의 외국어를 알아둔다.

  ㉦ 해외서점 사이트를 방문해 최신 서적 목록과 주요 내용을 파악한다.

  ㉧ 외국인 친구를 사귀고 대화를 자주 나눈다.

④ 대표적인 국제매너

  ㉠ 미국인과 인사할 때에는 눈이나 얼굴을 보는 것이 좋으며 오른손으로 상대방의 오른손을 힘주어 잡았다가 놓아야 한다.

  ㉡ 러시아와 라틴아메리카 사람들은 인사할 때에 포옹을 하는 경우가 있는데 이는 친밀함의 표현이므로 자연스럽게 받아주는 것이 좋다.

  ㉢ 명함은 받으면 꾸기거나 계속 만지지 않고 한 번 보고나서 탁자 위에 보이는 채로 대화하거나 명함집에 넣는다.

  ㉣ 미국인들은 시간 엄수를 중요하게 생각하므로 약속시간에 늦지 않도록 주의한다.

  ㉤ 스프를 먹을 때에는 몸쪽에서 바깥쪽으로 숟가락을 사용한다.

  ㉥ 생선요리는 뒤집어 먹지 않는다.

  ㉦ 빵은 스프를 먹고 난 후부터 디저트를 먹을 때까지 먹는다.

04 출제예상문제

1 다음 중 '조직의 구분'에 대한 설명으로 옳지 않은 것은?

① 대학이나 병원 등은 비영리조직이다.

② 가족 소유의 상점은 소규모 조직이다.

③ 코카콜라와 같은 기업은 대규모 영리조직이다.

④ 종교단체는 비공식 비영리조직이다.

 공식조직은 조직의 구조, 기능, 규정 등이 조직화되어 있는 조직을 의미하며, 비공식조직은 개인들의 협동과 상호작용에 따라 형성된 자발적인 집단 조직이다. 또한 영리성을 기준으로 영리조직과 비영리조직으로 구분되며, 규모에 의해 대규모 조직과 소규모 조직으로 구분할 수 있다.
④ 종교단체는 영리를 추구하지 않으므로 비영리조직을 볼 수 있으나, 구조, 기능, 규정을 갖춘 공식조직으로 분류된다.

2 다음에 제시된 두 개의 조직도에 해당하는 조직의 특성을 올바르게 설명하지 못한 것은?

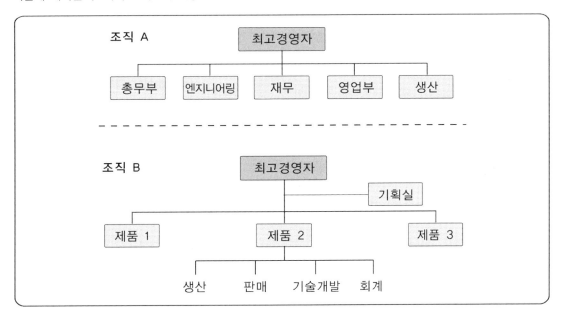

① 조직의 내부 효율성을 중요시하는 작은 규모 조직에서는 조직 A와 같은 조직도가 적합하다.

② 조직 A와 같은 조직도를 가진 조직은 결재 라인이 짧아 보다 신속한 의사결정이 가능하다.

③ 주요 프로젝트나 생산 제품 등에 의하여 구분되는 업무가 많은 조직에서는 조직 B와 같은 조직도가 적합하다.

④ 조직 B와 같은 조직도를 가진 조직은 내부 경쟁보다는 유사 조직 간의 협력과 단결된 업무 능력을 발휘하기에 더 적합하다.

 조직 B와 같은 조직도를 가진 조직은 사업이나 제품별로 단위 조직화되는 경우가 많아 사업조직별 내부 경쟁을 통해 긍정적인 발전을 도모할 수 있다.

환경이 안정적이거나 일상적인 기술, 조직의 내부 효율성을 중요시하며 기업의 규모가 작을 때에는 업무의 내용이 유사하고 관련성이 있는 것들을 결합해서 조직 A와 같은 조직도를 갖게 된다. 반대로, 급변하는 환경변화에 효과적으로 대응하고 제품, 지역, 고객별 차이에 신속하게 적응하기 위해서는 분권화된 의사결정이 가능한 사업별 조직구조 형태를 이룰 필요가 있다. 사업별 조직구조는 개별 제품, 서비스, 제품그룹, 주요 프로젝트나 프로그램 등에 따라 조직화된다. 즉, 조직 B와 같이 제품에 따라 조직이 구성되고 각 사업별 구조 아래 생산, 판매, 회계 등의 역할이 이루어진다.

Answer → 1.④ 2.④

3 A사는 조직 구조 개편을 위해 관련 분야 전문가인 S사 대표를 초청하여 전 직원을 상대로 다음과 같은 내용의 강의를 진행하였다. S사 대표의 다음 강의 내용을 토대로 한 A사 직원들의 반응으로 가장 합리적인 것은?

작년 한 해 동안 세계적으로 많은 조직 개편사례가 있었습니다. 특히, 저희가 담당한 조직 개편은 57건이었는데, 실적 개선을 가져온 사례는 아쉽게도 33%에 못 미쳤습니다. 그리고 V그룹의 조사에 따르면 1,000명 이상 대기업 임원 1,600명 중 조직 개편이 성공적이라고 답한 사람은 50%도 안 되었다고 발표했습니다.

이렇게 조직 개편의 성공률이 낮다는 것을 먼저 말씀드리는 것은 조직 개편이 실패하면 기회비용뿐만 아니라 경영수지 악화, 생산성 하락, 직원 만족 저하와 같은 부작용도 발생하기 때문에 조직 개편에 대한 아주 신중한 접근이 필요하기 때문입니다.

하지만 이런 장애 요소가 매우 뚜렷함에도 불구하고, 조직 개편이 많은 기업의 성과 향상에 필수적으로 요구되는 것은 사실입니다. 결국 중요한 것은 어떻게 조직 개편을 해서 성공을 이끌어 낼 것이냐 하는 것이겠죠. 가장 첫 번째로 고려되는 것은 사업의 우선순위입니다. 기업은 새로운 고객 확보, 신제품 출시 고려, 비용 절감 등 다양한 목표를 두고 있습니다. 그렇기 때문에 구체적으로 어떤 사업에 우선성을 둘 것인지가 먼저 검토가 되어야 적절한 전략이나 개편 방향을 설정할 수 있습니다.

그렇게 조직 구조를 어느 정도 설정하면, 조직별로 적절한 인력을 배치해야 합니다. 조직의 사업 전략에 대한 이해와 그에 맞는 역량을 가진 사람을 리더 및 구성원으로 선별해야 원하는 성과를 얻어 낼 수 있습니다. 물론 이를 위해서는 직원들의 역량에 대한 분석 및 파악을 바탕으로 한 인재 관리 능력이 요구됩니다.

그리고 협업을 촉진하기 위한 과정이 구축될 필요가 있습니다. 조직 구조 개편의 방향은 일반적으로 조직간 협업 활성화에 초점이 맞춰지는데, 이는 단순히 구조의 개편에 그치지 않고, 구성원들 간의 의식이 바뀌어야 하는 부분도 있습니다. 그렇기 때문에 협업의 촉진을 위해 조직 및 해당 구성원 간의 역할 및 책임에 대한 명확한 인식이 매우 중요하죠.

---

① "조직 개편의 성공률이 저렇게 낮다면, 이번 우리 회사 조직 개편은 무리하게 진행하지 않겠군."

② "기존의 조직 개편이 실패한 이유는 모두 인재 관리 능력이 부족하기 때문이군 그래."

③ "이번에 취임한 새 CEO는 조직 개편을 위해서 가장 먼저 각 부서 간 인력 재배치를 단행하겠군."

④ "이번 강의를 통해 우리 회사에서도 각 부서별 진행 사업 현황 보고와 각 사업 수행의 우선순위를 결정하려 하겠군."

 조직 개편을 목표로 두고 있는 기업이 가장 먼저 고려해야 하는 것은 사업의 우선순위 결정이라는 점이 강의의 내용에 포함되어 있다.
　① 강의의 핵심 내용은 조직 개편의 성공률이 낮다는 것이 아니라, 성공률을 높이기 위하여 필요한 것은 무엇인지를 설명하는 것이다. 따라서 적절한 판단이라고 보기 어렵다.
　② 조직 개편의 성공을 위한 요소를 지적하였으나, 실패의 원인을 인재 관리 능력 부족으로 판단하는 것은 근거가 없다.
　③ 조직 개편을 위해 가장 먼저 고려되어야 하는 것은 사업의 우선순위 선정이다. 이를 통해 조직 구조가 먼저 개편되어야 하며, 인력 재배치를 먼저 단행하는 것은 강의의 내용에 맞지 않는다.

4 업무를 수행할 때는 업무지침과 활용자원을 확인하여 구체적인 업무수행 계획을 수립하게 된다. 이러한 업무수행을 계획하는 다음과 같은 형식의 자료를 지칭하는 이름은 무엇인가?

업무	6월		7월		8월		9월	
설계								
자료수집								
기본설계								
타당성 조사 및 실시설계								
시공								
시공								
결과 보고								

① 워크 플로우 시트(work flow sheet)

② 간트 차트(Gantt chart)

③ 체크리스트(check list)

④ 대차대조표

 간트 차트는 미국의 간트(Henry Laurence Gantt)가 1919년에 창안한 작업진도 도표로, 단계별로 업무를 시작해서 끝나는데 걸리는 시간을 바(bar) 형식으로 표시할한 것이다. 이는 전체 일정을 한 눈에 볼수 있고, 단계별로 소요되는 시간과 각 업무활동 사이의 관계를 보여줄 수 있다.
워크 플로우 시트는 일의 흐름을 동적으로 보여주는데 효과적이다. 특히 워크 플로우 시트에 사용하는 도형을 다르게 표현함으로써 주된 작업과 부차적인 작업, 혼자 처리할 수 있는 일과 다른 사람의 협조를 필요로 하는 일, 주의해야 할 일, 컴퓨터와 같은 도구를 사용해서 할 일 등을 구분해서 표현할 수 있다.

Answer⤷ 3.④ 4.②

5 다음 중 밑줄 친 (가)와 (나)에 대한 설명으로 적절하지 않은 것은?

> 조직 내에서는 (가)개인이 단독으로 의사결정을 내리는 경우도 있지만 집단이 의사결정을 하기도 한다. 조직에서 여러 문제가 발생하면 직업인은 의사결정과정에 참여하게 된다. 이때 조직의 의사결정은 (나)집단적으로 이루어지는 경우가 많으며, 여러 가지 제약요건이 존재하기 때문에 조직의 의사결정에 적합한 과정을 거쳐야 한다. 조직의 의사결정은 개인의 의사결정에 비해 복잡하고 불확실하다. 따라서 대부분 기존의 결정을 조금씩 수정해 나가는 방향으로 이루어진다.

① (가)는 의사결정을 신속히 내릴 수 있다.
② (가)는 결정된 사항에 대하여 조직 구성원이 수월하게 수용하지 않을 수도 있다.
③ (나)는 (가)보다 효과적인 결정을 내릴 확률이 높다.
④ (나)는 의사소통 기회가 저해될 수 있다.

 집단의사결정은 한 사람이 가진 지식보다 집단이 가지고 있는 지식과 정보가 더 많아 효과적인 결정을 할 수 있다. 또한 다양한 집단구성원이 갖고 있는 능력은 각기 다르므로 각자 다른 시각으로 문제를 바라봄에 따라 다양한 견해를 가지고 접근할 수 있다. 집단의사결정을 할 경우 결정된 사항에 대하여 의사결정에 참여한 사람들이 해결책을 수월하게 수용하고, 의사소통의 기회도 향상되는 장점이 있다. 반면에 의견이 불일치하는 경우 의사결정을 내리는 데 시간이 많이 소요되며, 특정 구성원들에 의해 의사결정이 독점될 가능성이 있다.

6 다음은 조직 업무와 연결되어 실행되고 있는 업무 기능과 세부 활동 영역을 나타낸 표이다. 다음 표를 참고로 할 때, 〈보기〉의 A, B 업무를 수행하는 조직을 순서대로 바르게 나열한 것은?

관리 업무	세부 활동 내역
조달부	원자재의 납기 내 조달 및 검수
구매관리부	원자재의 구매, 품질 검사
생산관리부	제품의 최적 생산 관리
공정관리부	효율적인 제품 생산 지원을 위한 공정관리
창고관리부	생산된 제품의 일시적인 보관을 위한 창고 관리
재고관리부	최적 재고와 안전 재고 확보
마케팅관리부	생산된 제품의 판매와 마케팅 관리
영업관리부	영업사원을 통한 세일즈
고객관리부	고객 DB 및 만족도, 고객관계관리 업무
회계관리부	자금 조달, 현금 흐름, 원가관리, 세무관리
인사관리부	근태관리, 채용 및 급여관리, 업적평가, 복리후생관리
정보관리부	IT기반 정보기술, ERP, WEB기반 정보기술
기타관리부	기업 외부의 이해관계자 집단과의 관리 업무

〈보기〉
A. 교육, 업무 평가, 모집, 선발, 고용, 직무배치, 교육훈련
B. 조직의 매출을 분석하여 손익계산서, 대차대조표 등의 재무제표를 작성

① 생산관리부, 공정관리부

② 조달부, 영업관리부

③ 인사관리부, 정보관리부

④ 인사관리부, 회계관리부

 각 조직마다 명칭상의 차이는 조금씩 있으나, 인력 충원, 교육, 업무 평가, 모집, 선발, 고용, 직무배치, 종업원 후생복리, 교육훈련 등은 인사관리부(인사부, 인사팀, 인재개발팀 등)의 고유 업무이며, 조직의 매출을 분석하여 손익계산서, 대차대조표 등의 재무제표를 작성하는 업무는 회계관리부(회계부, 회계팀 등)의 업무이다.

Answer 5.④ 6.④

7 다음은 K공단의 남녀평등 실현 및 모성보호에 관한 내부 규정의 일부이다. 다음 규정을 참고할 때, 여성에게 부여된 권리의 내용으로 적절하지 않은 것은?

제24조(남녀평등실현) 회사는 모집과 채용, 임금, 임금이외의 금품 및 복리후생, 교육훈련 · 배치 및 승진, 정년 · 퇴직 및 해고 등과 관련하여 성별에 의한 차별을 하지 않는다. 또한 현존하는 차별을 해소하여 실질적인 남녀평등을 실현하기 위한 다양한 적극적 조치를 추진한다.

제25조(생리휴가) 여성에 대하여 월 1일의 유급 생리휴가를 제공한다. 사용하지 않은 생리휴가에 대하여는 해당 월의 임금지급 시 수당으로 지급한다.

제26조(임신 중의 여성보호 및 휴가)

1. 임신 중의 여성에 대하여 월 1일의 유급태아검진휴가를 제공한다.

2. 태아나 모체의 건강상 요양이 필요한 경우 의사의 소견에 따라 유급휴가를 제공한다.

3. 임신 중인 여성의 모성보호를 위하여 본인의 요청이 있을 시 출퇴근시간을 조정할 수 있다.

제27조(산전후휴가)

1. 임신 중의 여성에 대하여는 산전, 후를 통하여 100일의 유급보호휴가를 제공하고, 산후에 70일 이상이 확보되도록 한다.

2. 배우자가 출산하였을 경우 7일의 유급출산 간호휴가를 제공한다.

제28조(유 · 사산휴가)

1. 임신 4개월 미만의 유산의 경우, 의사소견에 따라 30일 이내의 유급휴가를 제공한다.

2. 4개월 이상 8개월 미만의 유산, 조산, 사산의 경우 50일 이내의 유급휴가를 제공한다.

3. 8개월 이상의 조산, 사산의 경우 출산과 동일한 유급휴가를 제공한다.

제29조(수유시간) 생후 1년 미만의 영아를 가진 여성에 대하여는 1일 1시간씩의 수유시간을 제공하여야 하며, 조건이 마련되지 않은 경우에는 출퇴근시간을 조정한다.

제30조(육아휴직)

1. 만 8세 이하 또는 초등학교 2학년 이하의 자녀(입양한 자녀를 포함한다)양육을 위해 육아휴직을 신청하는 경우 1년 이내의 육아휴직을 제공한다.

2. 육아휴직기간 중(출산휴가 제외) 사회보험 또는 국가재정에 의해 지급되는 부분을 포함하여 최초의 3개월은 본인 평균임금의 70%, 그 이후는 50%가 되도록 지급한다.

① 생리휴가를 사용하지 않은 여성에 대하여는 해당 일수만큼의 수당이 지급된다.

② 임신 중인 여성은 필요 시 매월 휴가 및 출퇴근시간 조정을 할 수 있다.

③ 임신 중인 여성은 필요 시 산전 최대 50일까지의 유급휴가를 사용할 수 있다.

④ 유산을 하게 된 경우 최대 30~50일 간의 유급휴가가 제공된다.

 산전과 후 100일의 유급휴가를 사용할 수 있으나, 산후에 70일 이상이 확보되어야 하므로 산전에는 최대 30일의 유급휴가를 사용할 수 있다고 규정되어 있다.

② 월 1일의 유급태아검진휴가 및 본인 요청에 의한 출퇴근시간 조정이 가능하다고 규정하고 있다.

③ 유산을 하게 된 시점에 따라 30일 이내 또는 50일 이내의 유급휴가가 제공된다.

8 다음 '갑' 기업과 '을' 기업에 대한 설명 중 적절하지 않은 것은?

> '갑' 기업은 다양한 사외 기관, 단체들과의 상호 교류 등 업무가 잦아 관련 업무를 전담하는 조직이 갖춰져 있다. 전담 조직의 인원이 바뀌는 일은 가끔 있지만, 상설 조직이 있어 매번 발생하는 유사 업무를 효율적으로 수행한다.
>
> '을' 기업은 사내 당구 동호회가 구성되어 있어 동호회에 가입한 직원들은 정기적으로 당구장을 찾아 쌓인 스트레스를 풀곤 한다. 가입과 탈퇴가 자유로우며 당구를 좋아하는 직원은 누구든 참여가 가능하다. 당구 동호회에 가입한 직원은 직급이 아닌 당구 실력으로만 평가 받으며, 언제 어디서 당구를 즐기든 상사의 지시를 받지 않아도 된다.

① '갑' 기업의 상설 조직은 의도적으로 만들어진 집단이다.
② '갑' 기업 상설 조직의 임무는 보통 명확하지 않고 즉흥적인 성격을 띤다.
③ '을' 기업 당구 동호회는 공식적인 임무 이외에 다양한 요구들에 의해 구성되는 경우가 많다.
④ '갑' 기업 상설 조직의 구성원은 인위적으로 참여한다.

 '갑' 기업의 상설 조직은 공식적, '을' 기업의 당구 동호회는 비공식적 집단이다. 공식적인 집단은 조직의 공식적인 목표를 추구하기 위해 조직에서 의도적으로 만든 집단이다. 따라서 공식적인 집단의 목표나 임무는 비교적 명확하게 규정되어 있으며, 여기에 참여하는 구성원들도 인위적으로 결정되는 경우가 많다.

9 다음은 국민연금공단의 내부 조직 구조를 나타내는 그림이다. 다음 조직도를 참고할 때, 〈보기〉에 제시된 ㈎, ㈏의 기사문의 내용과 관련된 업무를 담당하는 조직을 산하 부서로 둔 곳의 명칭이 순서대로 올바르게 짝지어진 것은?

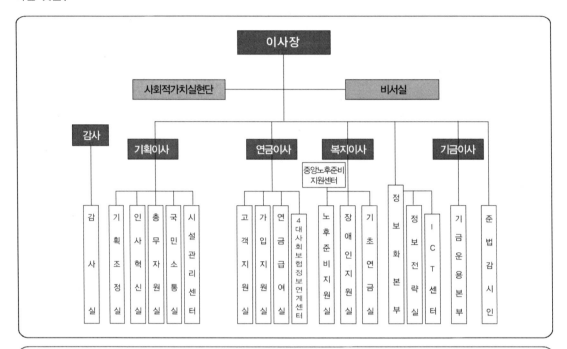

〈보기〉

㈎ 국민연금공단은 2월 15일(금)부터 노후준비서비스의 일환으로 노인 일자리 추천서비스를 개시한다고 밝혔다. 이는 국민연금공단과 한국노인인력개발원이 협업하여 노인일자리 및 사회활동 지원 사업 정보를 안내하는 서비스로 대상은 만 65세 이상 기초연금수급자이며 일부 일자리 유형은 60세 이상자도 참여할 수 있다. 일자리를 희망하는 사람은 전국 109개 국민연금공단 지사에서 서비스를 제공 받을 수 있다.

㈏ 국민연금공단은 26일(수) 서울남부지역본부(서울 강남구)에서, (사)한국자폐인사랑협회, (사)한국장애인부모회, 한국장애인개발원과 '발달장애인 공공신탁' 시범사업의 성공적 추진을 위해 업무협약을 체결했다. 이번 협약은 발달장애인 재산을 안전하게 보호하여 이들의 삶의 질을 향상시키는 데 각 기관이 보유한 자원을 교류하는 등 상호 협력하기 위해 추진됐다. 향후 4개 기관은 이번 협약에 따라 △공공신탁 상담 및 연계 협력 △공공신탁 제도연구 및 교육 지원 △시범사업 홍보 및 사업 활성화 등에 협력하기로 하였다.

① 국민소통실, 연금급여실

② 기초연금실, 장애인지원실

③ 노후준비지원실, 장애인지원실

④ 기획조정실, 총무지원실

 (개) 기사문은 노인일자리 추천서비스를 실시한다는 내용이므로 이는 노후준비서비스를 담당하고 있는 노후준비지원실 산하 조직의 업무로 보는 것이 타당하다.(실제로 노후준비지원실 산하 노후준비기획부의 업무 내용이다.)

(내) 기사문은 장애인 단체들과의 업무협약과 이에 따른 교류 사업에 대한 내용을 언급하고 있으므로 장애인지원실의 업무로 볼 수 있다.(실제로 장애인지원실 산하 장애인서비스지원팀의 업무 내용이다.)

10 다음 〈보기〉와 같은 조직문화의 형태와 그 특징에 대한 설명 중 적절한 것만을 모두 고른 것은?

〈보기〉
(개) 위계를 지향하는 조직문화는 조직원 개개인의 능력과 개성을 존중한다.
(내) 과업을 지향하는 조직문화는 업무 수행의 효율성을 강조한다.
(대) 혁신을 지향하는 조직문화는 조직의 유연성과 외부 환경에의 적응에 초점을 둔다.
(래) 관계를 지향하는 조직문화는 구성원들의 상호 신뢰와 인화 단결을 중요시한다.

① (내), (대), (래)

② (개), (대), (래)

③ (개), (내), (래)

④ (개), (내), (대)

 (개) 위계를 강조하는 조직문화 하에서는 조직 내부의 안정적이고 지속적인 통합, 조정을 바탕으로 일사불란한 조직 운영의 효율성을 추구하게 되는 특징이 있다. 조직원 개개인의 능력과 개성을 존중하는 모습은 혁신과 관계를 지향하는 조직문화에서 찾아볼 수 있는 특징이다.

11 다음은 국민연금공단의 조직도와 인원현황이다. 잘못 이해한 사람은?

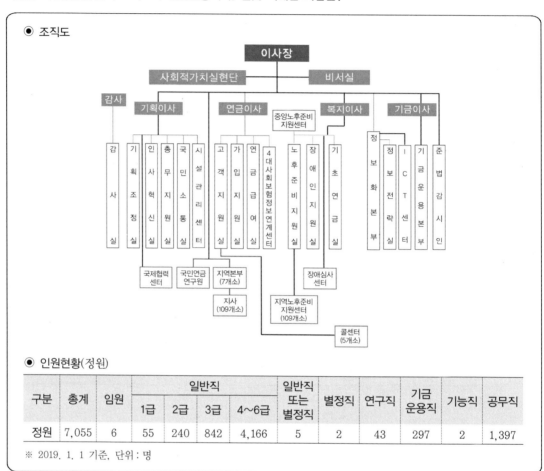

● 조직도

인원현황(정원)

구분	총계	임원	일반직				일반직 또는 별정직	별정직	연구직	기금 운용직	기능직	공무직
			1급	2급	3급	4~6급						
정원	7,055	6	55	240	842	4,166	5	2	43	297	2	1,397

※ 2019. 1. 1 기준, 단위 : 명

① 이사장 아래 총 4명의 이사가 존재한다.
② 감사실은 독립된 부서이다.
③ 국제협력센터는 기획이사 관리하에 있다.
④ 공무직이 차지하는 비중은 총 정원의 5% 이하이다.

Tip ④ 공무직 정원은 1,397명으로 총 정원인 7,055명의 약 20%를 차지한다.

12 다음은 국민연금공단의 비전·전략체계도이다. 이에 대한 설명으로 가장 옳지 않은 것은?

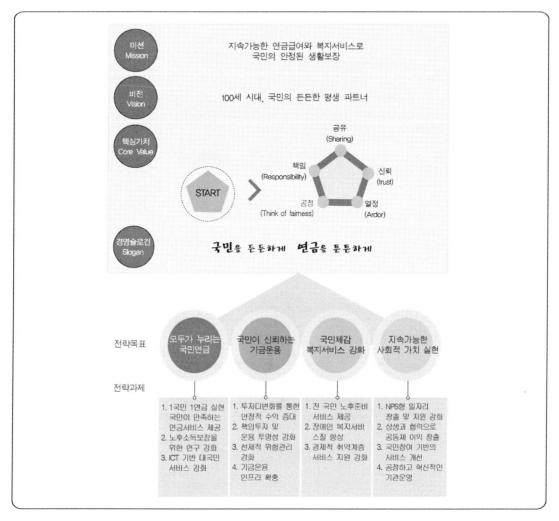

① '100세 시대, 국민의 든든한 평생 파트너'라는 비전 달성을 위해서는 지속가능한 연금급여가 보장되어야 한다.

② 국민연금공단의 핵심가치는 신뢰, 책임, 공유, 공정, 열정으로 그 경중에 차이가 있다.

③ '국민을 든든하게 연금을 튼튼하게' 하기 위해서는 전략과제 시행을 통한 전략목표 달성이 요구된다.

④ 책임투자 및 운용 투명성 강화를 통해 기금운용의 안정적 수익을 증대할 수 있다.

> **Tip** ② 비전·전략체계도상에서 NPC 5 Values 간의 경중(중요하고 중요하지 않음)에는 차이가 없다.

Answer 11.④ 12.②

▌13~14 ▌ 다음은 어느 회사의 사내 복지 제도와 지원내역에 관한 자료이다. 물음에 답하시오.

<2016년 사내 복지 제도>

주택 지원
주택구입자금 대출
전보자 및 독신자를 위한 합숙소 운영

자녀학자금 지원
중고생 전액지원, 대학생 무이자융자

경조사 지원
사내근로복지기금을 운영하여 각종 경조금 지원

기타
사내 동호회 활동비 지원
상병 휴가, 휴직, 4대보험 지원
생일 축하금(상품권 지급)

<2016년 1/4분기 지원 내역>

이름	부서	직위	내역	금액(만 원)
엄영식	총무팀	차장	주택구입자금 대출	–
이수연	전산팀	사원	본인 결혼	10
임효진	인사팀	대리	독신자 합숙소 지원	–
김영태	영업팀	과장	휴직(병가)	–
김원식	편집팀	부장	대학생 학자금 무이자융자	–
심민지	홍보팀	대리	부친상	10
이영호	행정팀	대리	사내 동호회 활동비 지원	10
류민호	자원팀	사원	생일(상품권 지급)	5
백성미	디자인팀	과장	중학생 학자금 전액지원	100
채준민	재무팀	인턴	사내 동호회 활동비 지원	10

13 인사팀에 근무하고 있는 사원 B씨는 2016년 1분기에 지원을 받은 사원들을 정리했다. 다음 중 분류가 잘못된 사원은?

구분	이름
주택 지원	엄영식, 임효진
자녀학자금 지원	김원식, 백성미
경조사 지원	이수연, 심민지, 김영태
기타	이영호, 류민호, 채준민

① 엄영식　　　　　　　　　② 김원식
③ 심민지　　　　　　　　　④ 김영태

 김영태는 병가로 인한 휴직이므로 '기타'에 속해야 한다.

14 사원 B씨는 위의 복지제도와 지원 내역을 바탕으로 2분기에도 사원들을 지원하려고 한다. 지원한 내용으로 옳지 않은 것은?

① 엄영식 차장이 장모상을 당하셔서 경조금 10만원을 지원하였다.
② 심민지 대리가 동호회에 참여하게 되어서 활동비 10만원을 지원하였다.
③ 이수연 사원의 생일이라서 현금 5만원을 지원하였다.
④ 류민호 사원이 결혼을 해서 10만원을 지원하였다.

 ③ 생일인 경우에는 상품권 5만원을 지원한다.

Answer ➟ 13.④ 14.③

15 다음은 기업용 소프트웨어를 개발·판매하는 A기업의 조직도와 사내 업무협조전이다. 주어진 업무협조전의 발신부서와 수신부서로 가장 적절한 것은?

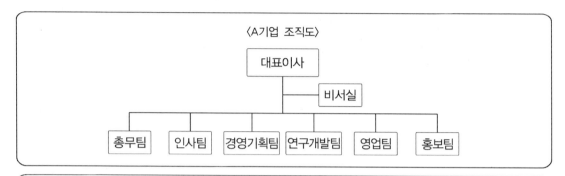

〈A기업 조직도〉

대표이사

비서실

총무팀　인사팀　경영기획팀　연구개발팀　영업팀　홍보팀

업무협조전

제목 : 콘텐츠 개발에 따른 적극적 영업 마케팅 협조

내용 :

2014년 경영기획팀의 요청으로 저희 팀에서 제작하기 시작한 업무매니저 "한방에" 소프트웨어가 모두 제작 완료되었습니다. 하여 해당 소프트웨어 5종에 관한 적극적인 마케팅을 부탁드립니다.

"한방에"는 거래처관리 소프트웨어, 직원/급여관리 소프트웨어, 매입/매출관리 소프트웨어, 증명서 발급관리 소프트웨어, 거래/견적·세금관리 소프트웨어로 각 분야별 영업을 진행하시면 될 것 같습니다. 특히나 직원/급여관리 소프트웨어는 회사 직원과 급여를 통합적으로 관리할 수 있는 프로그램으로 중소기업에서도 보편적으로 이용할 수 있도록 설계되어 있기 때문에 적극적인 영업 마케팅이 더해졌을 때 큰 이익을 낼 수 있을 거라 예상됩니다.

해당 5개의 프로그램의 이용 매뉴얼과 설명서를 첨부해드리오니 담당자분들께서는 이를 숙지하시고 판매에 효율성을 가지시기 바랍니다.

첨부 : 업무매니저 "한방에" 매뉴얼 및 설명서

	발신	수신		발신	수신
①	경영기획팀	홍보팀	②	연구개발팀	영업팀
③	총무팀	인사팀	④	영업팀	연구개발팀

(Tip) 발신부서는 소프트웨어를 제작하는 팀이므로 연구개발팀이고, 발신부서는 수신부서에게 신제품 개발에 대한 대략적인 내용과 함께 영업 마케팅에 대한 당부를 하고 있으므로 수신부서는 영업팀이 가장 적절하다.

16 다음 기사를 읽고 밑줄 친 부분과 관련한 내용으로 가장 거리가 먼 것은?

> 최근 포항·경주 등 경북지역 기업들에 정부의 일학습병행제가 본격 추진되면서 큰 관심을 보이고 있는 가운데, 포스코 외주파트너사인 (주)세영기업이 지난 17일 직무개발훈련장의 개소식을 열고 첫 발걸음을 내디었다. 청년층의 실업난 해소와 고용 창출의 해법으로 정부가 시행하는 일학습병행제는 기업이 청년 취업희망자를 채용해 이론 및 실무교육을 실시한 뒤 정부로부터 보조금을 지원받을 수 있는 제도로, (주)세영기업은 최근 한국산업인력공단 포항지사와 함께 취업희망자를 선발했고 오는 8월 1일부터 본격적인 실무교육에 나설 전망이다.
>
> (주)세영기업 대표이사는 "사업 전 신입사원 <u>OJT</u>는 단기간 수료해 현장 배치 및 직무수행을 하면서 직무능력수준 및 조직적응력 저하, 안전사고 발생위험 등 여러 가지 문제가 있었다"며 "이번 사업을 통해 2~3년 소요되던 직무능력을 1년 만에 갖출 수 있어 생산성 향상과 조직만족도가 향상될 것"이라고 밝혔다.

① 전사적인 교육훈련이 아닌 통상적으로 각 부서의 장이 주관하여 업무에 관련된 계획 및 집행의 책임을 지는 일종의 부서 내 교육훈련이다.

② 교육훈련에 대한 내용 및 수준에 있어서의 통일성을 기하기 어렵다.

③ 상사 또는 동료 간 이해 및 협조정신 등을 높일 수 있다.

④ 다수의 종업원을 훈련하는 데에 있어 가장 적절한 훈련기법이다.

 OJT(On the Job Training ; 사내교육훈련)는 다수의 종업원을 훈련하는 데에 있어 부적절하다.

Answer⌐→ 15.② 16.④

17 다음 기사를 보고 ( ) 안에 들어갈 말로 가장 적절한 것은?

> 본격적인 임금·단체협약시기를 앞두고 경제계가 통상임금, 정년연장, 근로시간 단축 등 노사 간 쟁점에 대한 교섭방안을 내놨다. 대한상공회의소는 노동시장 제도변화에 따른 기업의 대응방안을 담은 '2014년 임단협 대응방향 가이드'를 19일 발표했다. 대한상공회의소에서 기업의 임단협 안내서 성격인 가이드를 발표한 것은 이번이 처음이다. 대한상공회의소의 관계자는 "올해 노동시장은 대법원 통상임금 확대판결, 2016년 시행되는 정년 60세 의무화, 국회에서 추진 중인 근로시간 단축 등 굵직한 변화를 겪고 있다"며 "어느 때보다 혼란스럽고 중요한 임단협이 될 것이란 판단에 가이드를 발표했다"고 밝혔다. 가이드에는 통상임금, 정년연장, 근로시간 등 3대 노동현안에 대한 기업의 대응방안이 중점적으로 제시되었다. 통상임금의 경우, 각종 수당과 상여금을 통상임금에서 무조건 제외하기보다 노조·근로자와 성실한 대화로 연착륙 방안을 찾아야 한다고 강조했다. 임금구성항목 단순화, 임금체계 개편, 근무체계 개선, 소급분 해소 등이 필요하다고 권고했다. 2016년 시행되는 정년 60세 의무화와 관련, 준비 없는 정년연장의 부작용을 예방하기 위해 (   )의 도입을 적극 고려할 것을 주문했다.

① Profit Sharing Plan
② Profit Sliding Scale Plan
③ Salary Peak System
④ Selling Price Sliding Scale Plan

 임금피크제도(Salary Peak System) … 조직의 종업원이 일정한 나이가 지나면 생산성에 따라 임금을 지급하는 제도로 현실적으로는 나이가 들어 생산성이 내려가면서 임금을 낮추는 제도인데, 조직의 구성원이 일정한 연령에 이르면 그 때의 연봉을 기준으로 임금을 줄여나가는 대신 계속 근무를 할 수 있도록 하는 새로운 정년보장 제도를 의미한다.

18 다음 글의 '직무순환제'와 연관성의 높은 설명에 해당하는 것은?

> 경북 포항시에 본사를 둔 대기환경관리 전문업체 (주)에어릭스는 직원들의 업무능력을 배양하고 유기적인 조직운영을 위해 '직무순환제'를 실시하고 있다. 에어릭스의 직무순환제는 대기환경설비의 생산, 정비, 설계, 영업 파트에 속한 직원들이 일정 기간 해당 업무를 익힌 후 다른 부서로 이동해 또 다른 업무를 직접 경험해볼 수 있도록 하는 제도이다. 직무순환제를 통해 젊은 직원들은 다양한 업무를 거치면서 개개인의 역량을 쌓을 수 있을 뿐 아니라 풍부한 현장 경험을 축적한다. 특히 대기환경설비 등 플랜트 사업은 설계, 구매·조달, 시공 등 모든 파트의 유기적인 운영이 중요하다. 에어릭스의 경우에도 현장에서 실시하는 환경진단과 설비 운영 및 정비 등의 경험을 쌓은 직원이 효율적으로 집진기를 설계하며 생생한 현장 노하우가 영업에서의 성과로 이어진다. 또한 직무순환제를 통해 다른 부서의 업무를 실질적으로 이해함으로써 각 부서 간 활발한 소통과 협업을 이루고 있다.

① 직무순환을 실시함으로써 구성원들의 노동에 대한 싫증 및 소외감을 더 많이 느끼게 될 것이다.
② 직무순환을 실시할 경우 구성원 자신이 조직의 구성원으로써 가치 있는 존재로 인식을 하게끔 하는 역할을 수행한다.
③ 구성원들을 승진시키기 전 단계에서 실시하는 하나의 단계적인 교육훈련방법으로 파악하기 어렵다.
④ 직무순환은 조직변동에 따른 부서 간의 과부족 인원의 조정 또는 사원 개개인의 사정에 의한 구제를 하지 않기 위함이다.

 직무순환은 종업원들의 여러 업무에 대한 능력개발 및 단일직무로 인한 나태함을 줄이기 위한 것에 그 의미가 있으며, 여러 가지 다양한 업무를 경험함으로써 종업원에게도 어떠한 성장할 수 있는 기회를 제공한다. 따라서 인사와 교육의 측면에서 장기적 관점으로 검토해야 한다.

Answer 17.③ 18.②

19 다음 기사를 읽고 밑줄 친 부분에 관련한 설명으로 틀린 것은?

결국 밖에서 지켜보고 이야기를 듣는 것 자체만으로도 안타까움을 넘어서 짜증스럽기까지 했던 골 깊은 조직 갈등이 대형 사고를 쳤다. 청주시문화산업진흥재단의 안종철 사무총장과 이상현 비엔날레 부장, 정규호 문화예술부장, 변광섭 문화산업부장, 유향걸 경영지원부장 등 4명의 집단사표, 지난 8일 지역사회에 충격을 안겨준 이번 사태는 출범 초기부터 안고 있던 정치적 행태와 <u>조직문화의 병폐</u>가 더 이상 갈 곳을 잃고 폭발하고만 것이라는 지적이다. 청주시문화재단은 선거캠프 보은인사, 지역 인사의 인척 등 복잡한 인적 구성으로 인해 조직 안의 세력이 갈리고 불신이 깊게 자리 잡다 보니 한 부서에서 일어나는 작은 일까지 굴절된 시각으로 확대 해석하는 일들이 빈번하게 발생하면서 구성원들의 사기저하와 불만이 팽배한 상태였다. 문화재단의 한 직원은 "그동안 지역의 문화예술발전을 위해 정부 공모사업 유치와 다양한 문화행사를 펼쳤지만, 업무 외에 접하는 서로 간의 불신과 음해가 많은 상처와 회의감을 줬다"며 "실제로 이런 조직문화에 지치고 염증을 느껴 재단을 떠난 사람들도 많고, 지금도 업무보다 사람에 시달리는 게 더 힘들다"고 토로했다. 이와 함께 이승훈 청주시장이 취임하면서 강조하고 있는 경제활성화를 초점에 둔 '문화예술의 산업화'가 이번 사태의 한 원인이 됐다는 지적도 있다. 전임 한범덕 시장은 '향유하는 문화'를 지향한 반면, 이승훈 현 시장은 '수익 창출 문화산업'에 방점을 찍고 있다. 임기만료를 앞두고 시행한 안 총장의 목표관리 평가와 최근 단행한 전 부서장의 순환인사도 연임을 염두에 두고 현 시장의 문화예술정책 기조를 받들기 위한 것임은 다 알고 있던 터였다. 이러한 안 총장의 행보는 50대 초반의 전문가가 2년만 일하고 떠나기는 개인적으로나 업무적으로나 아쉬움이 클 거라는 동조 의견과 의욕은 좋으나 포용력과 리더십이 부족하다는 양면적인 평가를 받아왔다. 안 총장은 그동안 청주국제공예비엔날레, 한·중·일 예술명인전 등 국제행사의 성공적 개최는 물론 2014년 지역문화브랜드 최우수상 수상, 2015년 동아시아 문화도시 선정 등 의욕적인 활동을 벌였으나 밀어붙이기식 업무 추진이 내부 직원들의 불만을 샀다. 안 총장은 그동안 시청의 고위직이 맡았던 기존의 관례를 깨고 전 한범덕 시장 시절 처음으로 외부 공모를 통해 임명된 인사다. 그렇기 때문에 안 총장 본인도 휴가를 반납하면서 까지 열정적으로 일하며 '첫 외부인사로서 새로운 신화'를 쓰고자 했으나, 결국 재단이 출범 초기부터 안고 있던 고질적 병폐에 백기를 들었다는 해석도 가능하다. 아무튼 재단을 진두지휘하는 수장과 실무 부서장들의 전원 사표라는 초유 사태는 시민들에게 큰 실망감을 안겨주고 있으며, 청주문화재단의 이미지를 대내외적으로 크게 실추시키고 있다. 이번 사태를 기점으로 정치색과 행정을 벗어나 좀 더 창의적으로 일할 수 있는 조직혁신과 업무에만 매진할 수 있는 인적 쇄신 등 대대적 수술이 필요하다. 청주국제공예비엔날레, 국립현대미술관 분원 유치, 2015 동아시아 문화도시 선정 등 그동안 재단이 이루어놓은 굵직한 사업이 차질 없이 추진되고, '문화로 행복한 청주'를 만드는 일에 전념할 수 있는 청주시문화재단으로 새롭게 만들어야 한다는 여론이다. 한 지역문화예술인은 "집단사표 소식을 전해 듣고 깜짝 놀랐다"며 "사무총장은 그렇다 치고 10여 년 세월을 고생하고 애써서 가꾼 문화재단의 명예를 성숙하지 못한 처신으로 이렇게 허물 수 있냐"고 반문하며 안타까워했다. 이어 "이번 사태는 공중에 떠 있는 문화재단의 현주소를 시인한 것이며 이 일을 거울삼아 대대적인 조직정비를 단행해 건강한 '통합청주시의 문화예술의 전초기지'로 거듭났으면 좋겠다"고 말했다.

① 조직구성원들의 고유 가치에도 동기부여를 함으로써 종업원들의 조직에 대한 근로의욕 및 조직에 대한 몰입도를 낮출 수 있는 역할을 수행한다.

② 하나의 조직 구성원들이 공유하는 가치와 신념 및 이념, 관습, 전통, 규범 등을 통합한 개념이다.

③ 조직문화의 기능은 그 역할이 강할수록, 기업 조직의 활동에 있어서 통일된 지각을 형성하게 해 줌으로써 조직 내 통제에 긍정적인 역할을 할 수가 있다.

④ 조직 구성원들에게 정보의 탐색 및 그에 따른 해석과 축적, 전달 등을 쉽게 할 수 있으므로, 그들 구성원들에게 공통의 의사결정기준을 제공해주는 역할을 한다.

 조직구성원들의 고유 가치에도 동기부여를 함으로써 종업원들의 조직에 대한 근로의욕 및 조직에 대한 몰입도를 높일 수 있는 역할을 수행한다.

---

20 다음은 I기업의 조직도와 팀장님의 지시사항이다. H씨가 팀장님의 심부름을 수행하기 위해 연락해야 할 부서로 옳은 것은?

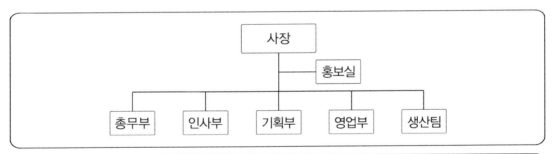

H씨! 내가 지금 너무 바빠서 그러는데 부탁 좀 들어줄래요? 다음 주 중에 사장님 모시고 클라이언트와 만나야 할 일이 있으니까 사장님 일정을 확인해주시구요. 이번 달에 신입사원 교육·훈련계획이 있었던 것 같은데 정확한 시간이랑 날짜를 확인해주세요.

① 총무부, 인사부 ② 총무부, 홍보실
③ 기획부, 총무부 ④ 기획부, 홍보실

 사장의 일정에 관한 사항은 비서실에서 관리하나 비서실이 없는 회사의 경우 총무부(또는 팀)에서 비서 업무를 담당하기도 한다. 또한 신입사원 관리 및 교육은 인사부에서 관리한다.

Answer 19.① 20.①

21 다음의 빈칸에 들어갈 말을 순서대로 나열한 것은?

> 조직의 (㉠)은/는 조직 내의 부문 사이에 형성된 관계로 조직목표를 달성하기 위한 조직구성원들의 상호작용을 보여준다. 이는 결정권의 집중정도, 명령계통, 최고경영자의 통제, 규칙과 규제의 정도에 따라 달라지며 구성원들의 업무나 권한이 분명하게 정의된 기계적 조직과 의사결정권이 하부구성원들에게 많이 위임되고 업무가 고정적이지 않은 유기적 조직으로 구분될 수 있다. (㉡)은/는 이를 쉽게 파악할 수 있고 구성원들의 임무, 수행하는 과업, 일하는 장소 등을 파악하는데 용이하다.
> 한편 조직이 지속되게 되면 조직구성원들 간 생활양식이나 가치를 공유하게 되는데 이를 조직의 (㉢)라고 한다. 이는 조직구성원들의 사고와 행동에 영향을 미치며 일체감과 정체성을 부여하고 조직이 (㉣)으로 유지되게 한다. 최근 이에 대한 중요성이 부각되면서 긍정적인 방향으로 조성하기 위한 경영층의 노력이 이루어지고 있다.

	㉠	㉡	㉢	㉣
①	구조	조직도	문화	안정적
②	목표	비전	규정	체계적
③	미션	핵심가치	구조	혁신적
④	직급	규정	비전	단계적

 조직체제 구성요소

㉠ 조직목표 : 조직이 달성하려는 장래의 상태로 조직이 존재하는 정당성과 합법성을 제공한다. 전체 조직의 성과, 자원, 시장, 인력개발, 혁신과 변화, 생산성에 대한 목표가 포함된다.

㉡ 조직구조 : 조직 내의 부문 사이에 형성된 관계로 조직목표를 달성하기 위한 조직구성원들의 상호작용을 보여준다. 조직구조는 결정권의 집중정도, 명령계통, 최고경영자의 통제, 규칙과 규제의 정도에 따라 달라지며 구성원들의 업무나 권한이 분명하게 정의된 기계적 조직과 의사결정권이 하부구성원들에게 많이 위임되고 업무가 고정적이지 않은 유기적 조직으로 구분될 수 있다. 조직의 구성은 조직도를 통해 쉽게 파악할 수 있는데, 이는 구성원들의 임무, 수행하는 과업, 일하는 장소 등을 파악하는데 용이하다.

㉢ 조직문화 : 조직이 지속되게 되면서 조직구성원들 간에 공유되는 생활양식이나 가치로 조직구성원들의 사고와 행동에 영향을 미치며 일체감과 정체성을 부여하고 조직이 안정적으로 유지되게 한다. 최근 조직문화에 대한 중요성이 부각되면서 긍정적인 방향으로 조성하기 위한 경영층의 노력이 이루어지고 있다.

㉣ 조직의 규칙과 규정 : 조직의 목표나 전략에 따라 수립되어 조직구성원들의 활동범위를 제약하고 일관성을 부여하는 기능을 하는 것으로 인사규정, 총무규정, 회계규정 등이 있다. 특히 조직이 구성원들의 행동을 관리하기 위하여 규칙이나 절차에 의존하고 있는 공식화 정도에 따라 조직의 구조가 결정되기도 한다.

22 다음은 어느 회사의 홈페이지 소개 페이지이다. 다음의 자료로 알 수 있는 것을 모두 고른 것은?

창조적 열정으로 세상의 가치를 건설하여 신뢰받는
BEST PARTNER & FIRST COMPANY

GLOBAL BEST & FIRST

핵심가치

GREAT INNOVATION	GREAT CHALLENGE	GREAT PARTNERSHIP
변화	최고	신뢰
창의적 발상으로 나부터 바꾸자	도전과 열정으로 최고가 되자	존중하고 소통하여 함께 성장하자

VISION 2020 GOAL
Sustainable Global Company로의 도약
수익성을 동반한 지속가능한 성장을 추구합니다.
글로벌사업 운영체계의 확립을 통해 세계속 GS건설로 도약합니다.

2020년 경영목표 수주 35조, 매출 27조, 영업이익 2조

㉠ 회사의 목표   ㉡ 회사의 구조
㉢ 회사의 문화   ㉣ 회사의 규칙과 규정

① ㉠㉡   ② ㉠㉢

③ ㉡㉢   ④ ㉡㉣

 주어진 자료의 VISION 2020(경영목표)을 통해 조직이 달성하려는 장래의 상태, 즉 회사의 목표를 알 수 있으며 핵심가치를 통해 창의, 도전과 열정, 존중과 소통 등을 강조하는 회사의 문화를 알 수 있다.

Answer ↪ 21.① 22.②

┃23~24┃ 다음 결재규정을 보고 주어진 상황에 알맞게 작성된 양식을 고르시오.

〈결재규정〉

- 결재를 받으려면 업무에 대해서는 최고결재권자(대표이사)를 포함한 이하 직책자의 결재를 받아야 한다.
- '전결'이라 함은 회사의 경영활동이나 관리활동을 수행함에 있어 의사결정이나 판단을 요하는 일에 대하여 최고 결재권자의 결재를 생략하고, 자신의 책임 하에 최종적으로 의사결정이나 판단을 하는 행위를 말한다.
- 전결사항에 대해서도 위임 받은 자를 포함한 이하 직책자의 결재를 받아야 한다.
- 표시내용 : 결재를 올리는 자는 최고결재권자로부터 전결사항을 위임 받은 자가 있는 경우 결재란에 전결이라고 표시하고 최종 결재권자에 위임 받은 자를 표시한다. 다만, 결재가 불필요한 직책자의 결재란은 상황대각선으로 표시한다.
- 최고결재권자의 결재사항 및 최고결재권자로부터 위임된 전결사항은 다음의 표에 따른다.

구분	내용	금액기준	결재서류	팀장	본부장	대표이사
접대비	거래처 식대, 경조사비 등	20만 원 이하	접대비지출품의서 지출결의서	● ■		
		30만 원 이하			● ■	
		30만 원 초과				● ■
교통비	국내 출장비	30만 원 이하	출장계획서 출장비신청서	● ■		
		50만 원 이하		●	■	
		50만 원 초과		●		■
	해외 출장비			●		■

● : 기안서, 출장계획서, 접대비지출품의서

■ : 지출결의서, 세금계산서, 발행요청서, 각종 신청서

23 영업부 사원 L씨는 편집부 K씨의 부친상에 부조금 50만 원을 회사 명의로 지급하기로 하였다. L씨가 작성한 결재 방식은?

①

접대비지출품의서			
결 재	담당	팀장	본부장	최종 결재
	L			팀장

②

접대비지출품의서			
결 재	담당	팀장	본부장	최종 결재
	L		전결	본부장

③

지출결의서			
결 재	담당	팀장	본부장	최종 결재
	L	전결		대표이사

④

지출결의서			
결 재	담당	팀장	본부장	최종 결재
	L			대표이사

 경조사비는 접대비에 해당하므로 접대비지출품의서나 지출결의서를 작성하고 30만 원을 초과하였으므로 결재권자는 대표이사에게 있다. 또한 누구에게도 전결되지 않았다.

Answer⌐→ 23.④

24 영업부 사원 I씨는 거래업체 직원들과 저녁 식사를 위해 270,000원을 지불하였다. I씨가 작성해야 하는 결재 방식으로 옳은 것은?

①

접대비지출품의서			
결 재	담당	팀장	본부장	최종 결재
	I			전결

②

접대비지출품의서			
결 재	담당	팀장	본부장	최종 결재
	I	전결		본부장

③

지출결의서			
결 재	담당	팀장	본부장	최종 결재
	I	전결		본부장

④

접대비지출품의서			
결 재	담당	팀장	본부장	최종 결재
	I		전결	본부장

(Tip) 거래처 식대이므로 접대비지출품의서나 지출결의서를 작성하고 30만 원 이하이므로 최종 결재는 본부장이 한다. 본부장이 최종 결재를 하고 본부장 란에는 전결을 표시한다.

| 25~26 | 다음은 인사부에서 각 부서에 발행한 업무지시문이다. 업무지시문을 보고 물음에 답하시오.

업무지시문(업무협조전 사용에 대한 지시)

수신 : 전 부서장님들께

참조 :

제목 : 업무협조전 사용에 대한 지시문

업무 수행에 노고가 많으십니다.

　부서 간의 원활한 업무진행을 위하여 다음과 같이 업무협조전을 사용하도록 결정하였습니다. 업무효율화를 도모하고자 업무협조전을 사용하도록 권장하는 것이니 본사의 지시에 따라주시기 바랍니다. 궁금하신 점은 ＿ⓙ＿담당자 (내선 : 012)에게 문의해주시기 바랍니다.

– 다음 –

1. 목적
   (1) 업무협조전 이용의 미비로 인한 부서 간 업무 차질 해소
   (2) 발신부서와 수신부서 간의 명확한 책임소재 규명
   (3) 부서 간의 원활한 의견교환을 통한 업무 효율화 추구
   (4) 부서 간의 업무 절차와 내용에 대한 근거확보
2. 부서 내의 적극적인 사용권장을 통해 업무협조전이 사내에 정착될 수 있도록 부탁드립니다.
3. 첨부된 업무협조전 양식을 사용하시기 바랍니다.
4. 기타 : 문서관리규정을 회사사규에 등재할 예정이오니 업무에 참고하시기 바랍니다.

2015년 12월 10일

S통상

＿ⓙ＿장 ○○○ 배상

25　다음 중 빈칸 ⓙ에 들어갈 부서로 가장 적절한 것은?

① 총무부　　　　　　　② 기획부

③ 인사부　　　　　　　④ 영업부

 조직기구의 업무분장 및 조절 등에 관한 사항은 인사부에서 관리한다.

Answer　24.④　25.③

26 업무협조전에 대한 설명으로 옳지 않은 것은?

① 부서 간의 책임소재가 분명해진다.

② 업무 협업 시 높아진 효율성을 기대할 수 있다.

③ 업무 절차와 내용에 대한 근거를 확보할 수 있다.

④ 부서별로 자유로운 양식의 업무협조전을 사용할 수 있다.

 업무지시문에 첨부된 업무협조전 양식을 사용하여야 한다.

27 다음 글의 빈칸에 들어갈 적절한 말은 어느 것인가?

> 하나의 조직이 조직의 목적을 달성하기 위해서는 이를 관리, 운영하는 활동이 요구된다. 이러한 활동은 조직이 수립한 목적을 달성하기 위하여 계획을 세우고 실행하고 그 결과를 평가하는 과정이다. 직업인은 조직의 한 구성원으로서 자신이 속한 조직이 어떻게 운영되고 있으며, 어떤 방향으로 흘러가고 있는지, 현재 운영체제의 문제는 무엇이고 생산성을 높이기 위해 어떻게 개선되어야 하는지 등을 이해하고 자신의 업무 영역에 맞게 적용하는 (   )이 요구된다.

① 체제이해능력

② 경영이해능력

③ 업무이해능력

④ 자기개발능력

 경영은 한마디로 조직의 목적을 달성하기 위한 전략, 관리, 운영활동이다. 즉, 경영은 경영의 대상인 조직과 조직의 목적, 경영의 내용인 전략, 관리, 운영으로 이루어진다. 과거에는 경영(administration)을 단순히 관리(management)라고 생각하였다. 관리는 투입되는 자원을 최소화하거나 주어진 자원을 이용하여 추구하는 목표를 최대한 달성하기 위한 활동이다.

28 다음은 영업부 사원 H씨가 T대리와 함께 거래처에 방문하여 생긴 일이다. H씨의 행동 중 T대리가 지적할 사항으로 가장 적절한 것은?

> 거래처 실무 담당인 A씨와 그 상사인 B과장이 함께 나왔다. 일전에 영업차 본 적이 있는 A씨에게 H씨는 먼저 눈을 맞추며 반갑게 인사한 후 먼저 상의 안쪽 주머니의 명함 케이스에서 명함을 양손으로 내밀며 소속과 이름을 밝혔다. B과장에게도 같은 방법으로 명함을 건넨 후 두 사람의 명함을 받아 테이블 위에 놓고 가볍게 이야기를 시작했다.

① 명함은 한 손으로 글씨가 잘 보이도록 여백을 잡고 건네야 합니다.
② 소속과 이름은 명함에 나와 있으므로 굳이 언급하지 않아도 됩니다.
③ 고객이 2인 이상인 경우 명함은 윗사람에게 먼저 건네야 합니다.
④ 명함은 받자마자 바로 명함케이스에 깨끗하게 넣어두세요.

① 명함을 건넬 때는 양손으로 명함의 여백을 잡고 고객이 바로 볼 수 있도록 건넨다.
② 소속과 이름을 정확하게 밝히며 명함을 건넨다.
④ 명함을 받자마자 바로 넣는 것은 예의에 어긋나는 행동이다. 명함을 보고 가벼운 대화를 시작하거나 테이블 위에 바르게 올려두는 것이 좋다.
※ 명함 수수법
 ㉠ 명함을 동시에 주고받을 때는 오른손으로 주고 왼손으로 받는다.
 ㉡ 혹시 모르는 한자가 있는 경우 "실례하지만, 어떻게 읽습니까?"라고 질문한다.
 ㉢ 면담예정자 한 사람에 대하여 최소 3장 정도 준비한다.
 ㉣ 받은 명함과 자신의 명함은 항시 구분하여 넣는다.

29 다음은 SWOT분석에 대한 설명과 프랑스 유제품 회사 국내영업부의 SWOT분석이다. 주어진 전략 중 가장 적절한 것은?

> SWOT이란, 강점(Strength), 약점(Weakness), 기회(Opportunity), 위협(Threat)의 머리글자를 모아 만든 단어로 경영 전략을 수립하기 위한 도구이다. SWOT분석을 통해 도출된 조직의 외부/내부 환경을 분석 결과를 통해 각각에 대응하는 전략을 도출하게 된다.
> SO 전략이란 기회를 활용하면서 강점을 더욱 강화하는 공격적인 전략이고, WO 전략이란 외부환경의 기회를 활용하면서 자신의 약점을 보완하는 전략으로 이를 통해 기업이 처한 국면의 전환을 가능하게 할 수 있다. ST 전략은 외부환경의 위험요소를 회피하면서 강점을 활용하는 전략이며, WT 전략이란 외부환경의 위협요인을 회피하고 자사의 약점을 보완하는 전략으로 방어적 성격을 갖는다.

외부＼내부	강점(Strength)	약점(Weakness)
기회(Opportunity)	SO 전략(강점-기회 전략)	WO 전략(약점-기회 전략)
위협(Threat)	ST 전략(강점-위협 전략)	WT 전략(약점-위협 전략)

강점(Strength)	• 세계 제일의 기술력 보유 • 압도적으로 큰 기업 규모 • 프랑스 기업의 세련된 이미지
약점(Weakness)	• 국내에서의 낮은 인지도 • 국내 기업에 비해 높은 가격
기회(Opportunity)	• 국내 대형 유제품 회사의 유해물질 사태로 인한 반사효과 • 신흥 경쟁사의 유입 가능성이 낮음
위협(Threat)	• 대체할 수 있는 국내 경쟁 기업이 많음 • 경기침체로 인한 시장의 감소

외부＼내부	강점(Strength)	약점(Weakness)
기회(Opportunity)	㈎	㈏
위협(Threat)	㈐	㈑

① ㈎ : 다양한 마케팅전략을 통한 국내 인지도 상승을 통해 국내 경쟁력을 확보
② ㈏ : 프랑스 기업의 세련된 이미지를 부각시킨 마케팅으로 반사효과 극대화
③ ㈐ : 세련된 이미지와 기술력 홍보로 유해한 성분이 없음을 강조
④ ㈑ : 유통 마진을 줄여 가격을 낮추고 국내 경쟁력을 확보

(Tip) 높은 가격이라는 약점을 유통 마진 감소를 통한 가격 인하로 보완하고 이를 통해 국내 경쟁기업들의 위협 속에서 경쟁력을 확보하려는 전략은 적절한 WT 전략이라 할 수 있다.

30 H항만회사는 내년부터 주요 사업들에 대하여 식스시그마를 적용하려고 한다. 다음 중 식스시그마를 주도적으로 담당하기에 가장 적절한 부서는?

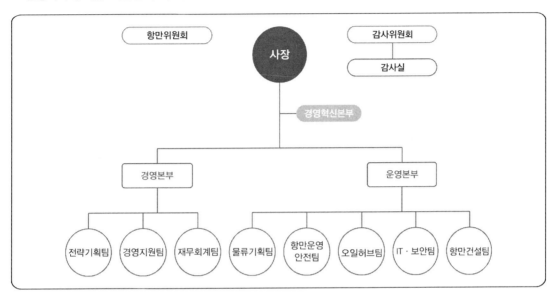

① 경영혁신본부   ② 감사실
③ 경영지원팀   ④ 항만위원회

 식스시그마란 모든 프로세스에 적용할 수 있는 전방위 경영혁신 운동으로, 1987년 미국의 마이클 해리가 창안한 품질경영 혁신기법이다. 이는 결점을 제로에 가깝게 줄이는 목표를 가리키며 식스시그마의 목적은 제공하는 제품이나 서비스가 고객 요구를 만족시키거나 혹은 그것을 초과 달성하도록 하는 데 있다. 따라서 사장 직속의 경영혁신본부에서 담당하는 것이 가장 적절하다.

05 정보능력

1 **정보화사회와 정보능력**

(1) 정보와 정보화사회

① 자료 · 정보 · 지식

구분	특징
자료 (Data)	객관적 실제의 반영이며, 그것을 전달할 수 있도록 기호화한 것
정보 (Information)	자료를 특정한 목적과 문제해결에 도움이 되도록 가공한 것
지식 (Knowledge)	정보를 집적하고 체계화하여 장래의 일반적인 사항에 대비해 보편성을 갖도록 한 것

② **정보화사회** … 필요로 하는 정보가 사회의 중심이 되는 사회

(2) 업무수행과 정보능력

① 컴퓨터의 활용 분야

　㉠ 기업 경영 분야에서의 활용 : 판매, 회계, 재무, 인사 및 조직관리, 금융 업무 등

　㉡ 행정 분야에서의 활용 : 민원처리, 각종 행정 통계 등

　㉢ 산업 분야에서의 활용 : 공장 자동화, 산업용 로봇, 판매시점관리시스템(POS) 등

　㉣ 기타 분야에서의 활용 : 교육, 연구소, 출판, 가정, 도서관, 예술 분야 등

② 정보처리과정

　㉠ 정보 활용 절차 : 기획→수집→관리→활용

　㉡ 5W2H : 정보 활용의 전략적 기획

　　• WHAT(무엇을?) : 정보의 입수대상을 명확히 한다.

　　• WHERE(어디에서?) : 정보의 소스(정보원)를 파악한다.

　　• WHEN(언제까지) : 정보의 요구(수집)시점을 고려한다.

　　• WHY(왜?) : 정보의 필요목적을 염두에 둔다.

- WHO(누가?) : 정보활동의 주체를 확정한다.
- HOW(어떻게) : 정보의 수집방법을 검토한다.
- HOW MUCH(얼마나?) : 정보수집의 비용성(효용성)을 중시한다.

예제 1

5W2H는 정보를 전략적으로 수집·활용할 때 주로 사용하는 방법이다. 5W2H에 대한 설명으로 옳지 않은 것은?

① WHAT : 정보의 수집방법을 검토한다.
② WHERE : 정보의 소스(정보원)를 파악한다.
③ WHEN : 정보의 요구(수집)시점을 고려한다.
④ HOW : 정보의 수집방법을 검토한다.

---

(3) 사이버공간에서 지켜야 할 예절

① 인터넷의 역기능
  ㉠ 불건전 정보의 유통
  ㉡ 개인 정보 유출
  ㉢ 사이버 성폭력
  ㉣ 사이버 언어폭력
  ㉤ 언어 훼손
  ㉥ 인터넷 중독
  ㉦ 불건전한 교제
  ㉧ 저작권 침해

② 네티켓(netiquette) ··· 네트워크(network) + 에티켓(etiquette)

(4) 정보의 유출에 따른 피해사례

① 개인정보의 종류

    ㉠ **일반 정보** : 이름, 주민등록번호, 운전면허정보, 주소, 전화번호, 생년월일, 출생지, 본적지, 성별, 국적 등

    ㉡ **가족 정보** : 가족의 이름, 직업, 생년월일, 주민등록번호, 출생지 등

    ㉢ **교육 및 훈련 정보** : 최종학력, 성적, 기술자격증/전문면허증, 이수훈련 프로그램, 서클 활동, 상벌사항, 성격/행태보고 등

    ㉣ **병역 정보** : 군번 및 계급, 제대유형, 주특기, 근무부대 등

    ㉤ **부동산 및 동산 정보** : 소유주택 및 토지, 자동차, 저축현황, 현금카드, 주식 및 채권, 수집품, 고가의 예술품 등

    ㉥ **소득 정보** : 연봉, 소득의 원천, 소득세 지불 현황 등

    ㉦ **기타 수익 정보** : 보험가입현황, 수익자, 회사의 판공비 등

    ㉧ **신용 정보** : 대부상황, 저당, 신용카드, 담보설정 여부 등

    ㉨ **고용 정보** : 고용주, 회사주소, 상관의 이름, 직무수행 평가 기록, 훈련기록, 상벌기록 등

    ㉩ **법적 정보** : 전과기록, 구속기록, 이혼기록 등

    ㉪ **의료 정보** : 가족병력기록, 과거 의료기록, 신체장애, 혈액형 등

    ㉫ **조직 정보** : 노조가입, 정당가입, 클럽회원, 종교단체 활동 등

    ㉬ **습관 및 취미 정보** : 흡연/음주량, 여가활동, 도박성향, 비디오 대여기록 등

② 개인정보 유출방지 방법

    ㉠ 회원 가입 시 이용 약관을 읽는다.

    ㉡ 이용 목적에 부합하는 정보를 요구하는지 확인한다.

    ㉢ 비밀번호는 정기적으로 교체한다.

    ㉣ 정체불명의 사이트는 멀리한다.

    ㉤ 가입 해지 시 정보 파기 여부를 확인한다.

    ㉥ 남들이 쉽게 유추할 수 있는 비밀번호는 자제한다.

2 정보능력을 구성하는 하위능력

(1) 컴퓨터활용능력

① 인터넷 서비스 활용
- ㉠ 전자우편(E-mail) 서비스 : 정보 통신망을 이용하여 다른 사용자들과 편지나 여러 정보를 주고받는 통신 방법
- ㉡ 인터넷 디스크/웹 하드 : 웹 서버에 대용량의 저장 기능을 갖추고 사용자가 개인용 컴퓨터의 하드디스크와 같은 기능을 인터넷을 통하여 이용할 수 있게 하는 서비스
- ㉢ 메신저 : 인터넷에서 실시간으로 메시지와 데이터를 주고받을 수 있는 소프트웨어
- ㉣ 전자상거래 : 인터넷을 통해 상품을 사고팔거나 재화나 용역을 거래하는 사이버 비즈니스

② 정보검색 … 여러 곳에 분산되어 있는 수많은 정보 중에서 특정 목적에 적합한 정보만을 신속하고 정확하게 찾아내어 수집, 분류, 축적하는 과정
- ㉠ 검색엔진의 유형
  - 키워드 검색 방식 : 찾고자 하는 정보와 관련된 핵심적인 언어인 키워드를 직접 입력하여 이를 검색 엔진에 보내어 검색 엔진이 키워드와 관련된 정보를 찾는 방식
  - 주제별 검색 방식 : 인터넷상에 존재하는 웹 문서들을 주제별, 계층별로 정리하여 데이터베이스를 구축한 후 이용하는 방식
  - 통합형 검색방식 : 사용자가 입력하는 검색어들이 연계된 다른 검색 엔진에게 보내고 이를 통하여 얻어진 검색 결과를 사용자에게 보여주는 방식
- ㉡ 정보 검색 연산자

기호	연산자	검색조건
*, &	AND	두 단어가 모두 포함된 문서를 검색
|	OR	두 단어가 모두 포함되거나 두 단어 중에서 하나만 포함된 문서를 검색
-, !	NOT	'-' 기호나 '!' 기호 다음에 오는 단어는 포함하지 않는 문서를 검색
~, near	인접검색	앞/뒤의 단어가 가깝게 있는 문서를 검색

③ 소프트웨어의 활용
- ㉠ 워드프로세서
  - 특징 : 문서의 내용을 화면으로 확인하면서 쉽게 수정 가능, 문서 작성 후 인쇄 및 저장 가능, 글이나 그림의 입력 및 편집 가능
  - 기능 : 입력기능, 표시기능, 저장기능, 편집기능, 인쇄기능 등

ⓛ 스프레드시트

- 특징 : 쉽게 계산 수행, 계산 결과를 차트로 표시, 문서를 작성하고 편집 가능
- 기능 : 계산, 수식, 차트, 저장, 편집, 인쇄기능 등

예제 2

귀하는 커피 전문점을 운영하고 있다. 아래와 같이 엑셀 워크시트로 4개 지점의 원두 구매 수량과 단가를 이용하여 금액을 산출하고 있다. 귀하가 다음 중 D3셀에서 사용하고 있는 함수식으로 옳은 것은? (단, 금액 = 수량 × 단가)

	A	B	C	D	E
1	지점	원두	수량(100g)	금액	
2	A	케냐	15	150000	
3	B	콜롬비아	25	175000	
4	C	케냐	30	300000	
5	D	브라질	35	210000	
6					
7		원두	100g당 단가		
8		케냐	10,000		
9		콜롬비아	7,000		
10		브라질	6,000		
11					

① =C3*VLOOKUP(B3, $B$8:$C$10, 1, 1)

② =B3*HLOOKUP(C3, $B$8:$C$10, 2, 0)

③ =C3*VLOOKUP(B3, $B$8:$C$10, 2, 0)

④ =C3*HLOOKUP($B$8:$C$10, 2, B3)

ⓒ 프레젠테이션

- 특징 : 각종 정보를 사용자 또는 대상자에게 쉽게 전달
- 기능 : 저장, 편집, 인쇄, 슬라이드 쇼 기능 등

ⓡ 유틸리티 프로그램 : 파일 압축 유틸리티, 바이러스 백신 프로그램

④ 데이터베이스의 필요성

ⓐ 데이터의 중복을 줄인다.

ⓛ 데이터의 무결성을 높인다.

ⓒ 검색을 쉽게 해준다.

ⓡ 데이터의 안정성을 높인다.

ⓜ 개발기간을 단축한다.

(2) 정보처리능력

① **정보원** … 1차 자료는 원래의 연구성과가 기록된 자료이며, 2차 자료는 1차 자료를 효과적으로 찾아보기 위한 자료 또는 1차 자료에 포함되어 있는 정보를 압축 · 정리한 형태로 제공하는 자료이다.

    ㉠ 1차 자료 : 단행본, 학술지와 논문, 학술회의자료, 연구보고서, 학위논문, 특허정보, 표준 및 규격 자료, 레터, 출판 전 배포자료, 신문, 잡지, 웹 정보자원 등

    ㉡ 2차 자료 : 사전, 백과사전, 편람, 연감, 서지데이터베이스 등

② **정보분석 및 가공**

    ㉠ 정보분석의 절차 : 분석과제의 발생 → 과제(요구)의 분석 → 조사항목의 선정 → 관련정보의 수집(기존자료 조사/신규자료 조사) → 수집정보의 분류 → 항목별 분석 → 종합 · 결론 → 활용 · 정리

    ㉡ 가공 : 서열화 및 구조화

③ **정보관리**

    ㉠ 목록을 이용한 정보관리

    ㉡ 색인을 이용한 정보관리

    ㉢ 분류를 이용한 정보관리

예제 3

인사팀에서 근무하는 J씨는 회사가 성장함에 따라 직원 수가 급증하기 시작하면서 직원들의 정보관리 방법을 모색하던 중 다음과 같은 A사의 직원 정보관리 방법을 보게 되었다. J씨는 A사가 하고 있는 이 방법을 회사에도 도입하고자 한다. 이 방법은 무엇인가?

> A사의 인사부서에 근무하는 H씨는 직원들의 개인정보를 관리하는 업무를 담당하고 있다. A사에서 근무하는 직원은 수천 명에 달하기 때문에 H씨는 주요 키워드나 주제어를 가지고 직원들의 정보를 구분하여 관리하여, 찾을 때도 쉽고 내용을 수정할 때도 이전보다 훨씬 간편할 수 있도록 했다.

① 목록을 활용한 정보관리
② 색인을 활용한 정보관리
③ 분류를 활용한 정보관리
④ 1:1 매칭을 활용한 정보관리

출제의도

본 문항은 정보관리 방법의 개념을 이해하고 있는가를 묻는 문제이다.

해 설

주어진 자료의 A사에서 사용하는 정보관리는 주요 키워드나 주제어를 가지고 정보를 관리하는 방식인 색인을 활용한 정보관리이다. 디지털 파일에 색인을 저장할 경우 추가, 삭제, 변경 등이 쉽다는 점에서 정보관리에 효율적이다.

답 ②

05 출제예상문제

1 다음 중 '클라우드 컴퓨팅'에 대한 적절한 설명이 아닌 것은?

① 사용자들이 복잡한 정보를 보관하기 위해 별도의 데이터 센터를 구축할 필요가 없다.

② 정보의 보관보다 정보의 처리 속도와 정확성이 관건인 네트워크 서비스이다.

③ 장소와 시간에 관계없이 다양한 단말기를 통해 정보에 접근할 수 있다.

④ 주소록, 동영상, 음원, 오피스 문서, 게임, 메일 등 다양한 콘텐츠를 대상으로 한다.

 클라우드 컴퓨팅이란 인터넷을 통해 제공되는 서버를 활용해 정보를 보관하고 있다가 필요할 때 꺼내 쓰는 기술을 말한다. 따라서 클라우드 컴퓨팅의 핵심은 데이터의 저장·처리·네트워킹 및 다양한 어플리케이션 사용 등 IT 관련 서비스를 인터넷과 같은 네트워크를 기반으로 제공하는데 있어, 정보의 보관 분야에 있어 획기적인 컴퓨팅 기술이라고 할 수 있다.

2 많은 전문가들은 미래의 사회는 정보기술(IT), 생명공학(BT), 나노기술(NT), 환경기술(ET), 문화산업(CT), 우주항공기술(ST) 등을 이용한 정보화 산업이 주도해 나갈 것이라고 예언한다. 다음 중, 이와 같은 미래 정보화 사회의 6T 주도 환경의 모습을 설명한 것으로 적절하지 않은 것은 어느 것인가?

① 부가가치 창출 요인이 토지, 자본, 노동에서 지식 및 정보 생산 요소로 전환된다.

② 모든 국가의 시장이 국경 없는 하나의 세계 시장으로 통합되는 세계화가 진전된다.

③ 무한한 정보를 중심으로 하는 열린사회로 정보제공자와 정보소비자의 구분이 명확해진다.

④ 과학적 지식이 폭발적으로 증가한다.

 미래사회는 지식정보의 창출 및 유통 능력이 국가경쟁력의 원천이 되는 정보사회로 발전할 것이다. 정보사회는 무한한 정보를 중심으로 하는 열린사회로 정보제공자와 정보소비자의 구분이 모호해지며 네트워크를 통한 범세계적인 시장 형성과 경제활동이 이루어진다. 정보통신은 이러한 미래 정보사회의 기반으로서, 지식정보의 창출과 원활한 유통이 가능해지기 위해서는 정보통신의 역할이 중요하다. 정보통신 기반을 활용함에 따라 정보사회의 활동 주체들은 모든 사회 경제활동을 시간·장소·대상에 구애 받지 않고 수행할 수 있게 될 것이다.

3 다음 내용에 해당하는 인터넷 검색 방식을 일컫는 말은 어느 것인가?

> 이 검색 방식은 검색엔진에서 문장 형태의 질의어를 형태소 분석을 거쳐 언제(when), 어디서 (where), 누가(who), 무엇을(what), 왜(why), 어떻게(how), 얼마나(how much)에 해당하는 5W 2H 를 읽어내고 분석하여 각 질문에 답이 들어있는 사이트를 연결해 주는 검색엔진이다.

① 자연어 검색 방식
② 주제별 검색 방식
③ 통합형 검색 방식
④ 키워드 검색 방식

 자연어 검색이란 컴퓨터를 전혀 모르는 사람이라도 대화하듯이, 일반적인 문장의 형태로 검색어를 입력 하는 방식을 말한다. 일반적인 키워드 검색과 달리 자연어 검색은 사용자가 질문하는 문장을 분석하여 질문의 의미 파악을 통해 정보를 찾기 때문에 훨씬 더 간편하고 정확도 높은 답을 찾을 수 있다. 단순 한 키워드 검색의 경우 중복 검색이 되거나 필요 없는 정보가 더 많아서 여러 차례 해당하는 정보를 찾 기 위해 불편을 감수해야 하지만, 자연어 검색은 질문의 의미에 적합한 답만을 찾아주기 때문에 더 효 율적이다.
② 주제별 검색 방식 : 인터넷상에 존재하는 웹 문서들을 주제별, 계층별로 정리하여 데이터베이스를 구 축한 후 이용하는 방식이다. 사용자는 단지 자신이 원하는 정보를 찾을 때까지 상위의 주제부터 하 위의 주제까지 분류되어 있는 내용을 선택하여 검색하면 원하는 정보를 발견하게 된다.
③ 통합형 검색 방식 : 통합형 검색 방식의 검색은 키워드 검색 방식과 매우 유사하다. 그러나 통합형 검 색 방식은 키워드 검색 방식과 같이 검색 엔진 자신만의 데이터베이스를 구축하여 관리하는 방식이 아니라, 사용자가 입력하는 검색어들이 연계된 다른 검색 엔진에게 보내고, 이를 통하여 얻어진 검 색 결과를 사용자에게 보여주는 방식을 사용한다.
④ 키워드 검색 방식 : 키워드 검색 방식은 찾고자 하는 정보와 관련된 핵심적인 언어인 키워드를 직접 입력하여 이를 검색 엔진에 보내어 검색 엔진이 키워드와 관련된 정보를 찾는 방식이다. 사용자 입 장에서는 키워드만을 입력하여 정보 검색을 간단히 할 수 있는 장점이 있는 반면에, 키워드가 불명 확하게 입력된 경우에는 검색 결과가 너무 많아 효율적인 검색이 어려울 수 있는 단점이 있다.

Answer 1.② 2.③ 3.①

4 다양한 정보 중 어떤 것들은 입수한 그 자리에서 판단해 처리하고 미련 없이 버리는 것이 바람직한 '동적정보' 형태인 것들이 있다. 다음 중 이러한 동적정보에 속하지 않는 것은?

① 각국의 해외여행 시 지참해야 할 물품을 기록해 둔 목록표
② 비행 전, 목적지의 기상 상태를 확인하기 위해 알아 본 인터넷 정보
③ 신문에서 확인한 해외 특정 국가의 질병 감염 가능성이 담긴 여행 자제 권고 소식
④ 입국장 검색 절차가 한층 복잡해졌음을 알리는 뉴스 기사

> **Tip** 각국의 해외여행 시 지참해야 할 물품이 기록된 자료는 향후에도 유용하게 쓸 수 있는 정보이므로 바로 버려도 되는 동적정보로 볼 수 없다. 나머지 선택지에 제시된 정보들은 모두 1회성이거나 단기에 그 효용이 끝나게 되므로 동적정보이다.
> ※ 신문이나 텔레비전의 뉴스는 상황변화에 따라 수시로 변하기 때문에 동적정보이다. 반면에 잡지나 책에 들어있는 정보는 정적정보이다. CD-ROM이나 비디오테이프 등에 수록되어 있는 영상정보도 일정한 형태로 보존되어 언제든지 동일한 상태로 재생할 수 있기 때문에 정적정보로 간주할 수 있다.

5 다음은 정보 분석 절차를 도식화한 것이다. 이를 참고할 때, 공공기관이 새롭게 제정한 정책을 시행하기 전 설문조사를 통하여 시민의 의견을 알아보는 행위가 포함되는 것은 ㈎~㈒ 중 어느 것인가?

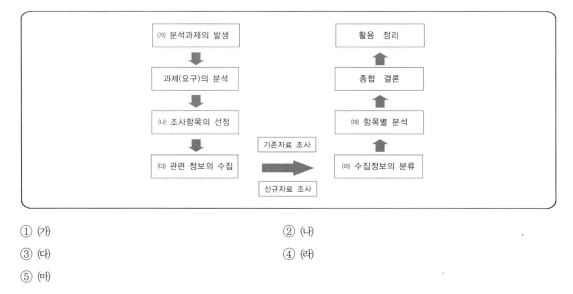

① ㈎
② ㈏
③ ㈐
④ ㈑
⑤ ㈒

> **Tip** 새로운 정책에 대하여 시민의 의견을 알아보고자 하는 것은 정책 시행 전 관련된 정보를 수집하는 단계로, 설문조사의 결과에 따라 다른 정보의 분석 내용과 함께 원하는 결론을 얻을 수 있다.

6 다음 (가)~(다)의 설명에 맞는 용어가 순서대로 올바르게 짝지어진 것은?

> (가) 유통분야에서 일반적으로 물품관리를 위해 사용된 바코드를 대체할 차세대 인식기술로 꼽히며, 판독 및 해독 기능을 하는 판독기(reader)와 정보를 제공하는 태그(tag)로 구성된다.
>
> (나) 컴퓨터 관련 기술이 생활 구석구석에 스며들어 있음을 뜻하는 '퍼베이시브 컴퓨팅(pervasive computing)'과 같은 개념이다.
>
> (다) 메신저 애플리케이션의 통화 기능 또는 별도의 데이터 통화 애플리케이션을 설치하면 통신사의 이동통신망이 아니더라도 와이파이(Wi-Fi)를 통해 단말기로 데이터 음성통화를 할 수 있으며, 이동통신망의 음성을 쓰지 않기 때문에 국외 통화 시 비용을 절감할 수 있다는 장점이 있다.

① RFID, 유비쿼터스, VoIP

② POS, 유비쿼터스, RFID

③ RFID, POS, 핫스팟

④ POS, VoIP, 핫스팟

(가) RFID : IC칩과 무선을 통해 식품·동물·사물 등 다양한 개체의 정보를 관리할 수 있는 인식 기술을 지칭한다. '전자태그' 혹은 '스마트 태그', '전자 라벨', '무선식별' 등으로 불린다. 이를 기업의 제품에 활용할 경우 생산에서 판매에 이르는 전 과정의 정보를 초소형 칩(IC칩)에 내장시켜 이를 무선주파수로 추적할 수 있다.

(나) 유비쿼터스 : 유비쿼터스는 '언제 어디에나 존재한다.'는 뜻의 라틴어로, 사용자가 컴퓨터나 네트워크를 의식하지 않고 장소에 상관없이 자유롭게 네트워크에 접속할 수 있는 환경을 말한다.

(다) VoIP : VoIP(Voice over Internet Protocol)는 IP 주소를 사용하는 네트워크를 통해 음성을 디지털 패킷(데이터 전송의 최소 단위)으로 변환하고 전송하는 기술이다. 다른 말로 인터넷전화라고 부르며, 'IP 텔레포니' 혹은 '인터넷 텔레포니'라고도 한다.

Answer 4.① 5.③ 6.①

7 국내에서 사용하는 인터넷 도메인(Domain)은 현재 2단계 도메인으로 구성되어 있다. 다음 중 도메인 종류와 해당 기관의 성격이 올바르게 연결되지 않은 것은?

① re.kr – 연구기관 ② pe.kr – 개인

③ kg.kr – 유치원 ④ ed.kr – 대학

 대학은 Academy의 약어를 활용한 'ac.kr'을 도메인으로 사용한다. 주어진 도메인 외에도 다음과 같은 것들을 참고할 수 있다.
㉠ co.kr – 기업/상업기관(Commercial)
㉡ ne.kr – 네트워크(Network)
㉢ or.kr – 비영리기관(Organization)
㉣ go.kr – 정부기관(Government)
㉤ hs.kr – 고등학교(High school)
㉥ ms.kr – 중학교(Middle school)
㉦ es.kr – 초등학교(Elementary school)

8 다음 그림에서 A6 셀에 수식 '=$A$1+$A2'를 입력한 후 다시 A6 셀을 복사하여 C6와 C8에 각각 붙여넣기를 하였을 경우, (A)와 (B)에 나타나게 되는 숫자의 합은 얼마인가?

	A	B	C
1	7	2	8
2	3	3	8
3	1	5	7
4	2	5	2
5			
6			(A)
7			
8			(B)

① 10 ② 12

③ 14 ④ 19

 '$'는 다음에 오는 셀 기호를 고정값으로 묶어 두는 기능을 하게 된다.
(A) : A6 셀을 복사하여 C6 셀에 붙이게 되면, 'A'셀이 고정값으로 묶여 있어 (A)에는 A6 셀과 같은 '$A$1+$A2'의 값 10이 입력된다.
(B) : (B)에는 '$'로 묶여 있지 않은 2행의 값 대신에 4행의 값이 대응될 것이다. 따라서 '$A$1+$A4'의 값인 9가 입력된다.
따라서 (A)와 (B)의 합은 10+9=19가 된다.

9 길동이는 이번 달 사용한 카드 사용금액을 시기별, 항목별로 다음과 같이 정리하였다. 항목별 단가를 확인한 후 D2 셀에 함수식을 넣어 D5까지 드래그를 하여 결과값을 알아보고자 한다. 길동이가 D2 셀에 입력해야 할 함수식으로 적절한 것은 어느 것인가?

	A	B	C	D
1	시기	항목	횟수	사용금액(원)
2	1주	식비	10	
3	2주	의류구입	3	
4	3주	교통비	12	
5	4주	식비	8	
6				
7	항목	단가		
8	식비	6500		
9	의류구입	43000		
10	교통비	3500		

① =C2*HLOOKUP(B2,$A$8:$B$10,2,0)

② =B2*HLOOKUP(C2,$A$8:$B$10,2,0)

③ =B2*VLOOKUP(B2,$A$8:$B$10,2,0)

④ =C2*VLOOKUP(B2,$A$8:$B$10,2,0)

 (Tip) VLOOKUP은 범위의 첫 열에서 찾을 값에 해당하는 데이터를 찾은 후 찾을 값이 있는 행에서 열 번호 위치에 해당하는 데이터를 구하는 함수이다. 단가를 찾아 연결하기 위해서는 열에 대하여 '항목'을 찾아 단가를 구하게 되므로 VLOOKUP 함수를 사용해야 한다.

찾을 방법은 TRUE(1) 또는 생략할 경우, 찾을 값의 아래로 근삿값, FALSE(0)이면 정확한 값을 표시한다. VLOOKUP(B2,$A$8:$B$10,2,0)은 'A8:B10' 영역의 첫 열에서 '식비'에 해당하는 데이터를 찾아 2열에 있는 단가 값인 6500을 선택하게 된다.

따라서 '=C2*VLOOKUP(B2,$A$8:$B$10,2,0)'은 10 × 6500이 되어 결과값은 65000이 되며, 이를 드래그하면, 각각 129000, 42000, 52000의 사용금액을 결과값으로 나타내게 된다.

10 다음과 같은 네 명의 카드 사용실적에 관한 자료를 토대로 한 함수식의 결과값이 동일한 것을 〈보기〉에서 모두 고른 것은 어느 것인가?

	A	B	C	D	E
1		갑	을	병	정
2	1일 카드사용 횟수	6	7	3	5
3	평균 사용금액	8,500	7,000	12,000	10,000

〈보기〉

(가) =COUNTIF(B2:E2,"◇"&E2)

(나) =COUNTIF(B2:E2,">3")

(다) =INDEX(A1:E3,2,4)

(라) =TRUNC(SQRT(C2),2)

① (가), (나), (다)

② (가), (나), (라)

③ (가), (다), (라)

④ (나), (다), (라)

 (가) COUNTIF는 범위에서 해당 조건을 만족하는 셀의 개수를 구하는 함수이다. 따라서 'B2:E2' 영역에서 E2의 값인 5와 같지 않은 셀의 개수를 구하면 3이 된다.

(나) 'B2:E2' 영역에서 3을 초과하는 셀의 개수를 구하면 3이 된다.

(다) INDEX는 표나 범위에서 지정된 행 번호와 열 번호에 해당하는 데이터를 구하는 함수이다. 따라서 'A1:E3' 영역에서 2행 4열에 있는 데이터를 구하면 3이 된다.

(라) TRUNC는 지정한 자릿수 미만을 버리는 함수이며, SQRT(인수)는 인수의 양의 제곱근을 구하는 함수이다. 따라서 'C2' 셀의 값 7의 제곱근을 구하면 2.645751이 되고, 2.645751에서 소수점 2자리만 남기고 나머지는 버리게 되어 결과값은 2.64가 된다.

따라서 (가), (나), (다)는 모두 3의 결과값을 갖는 것을 알 수 있다.

11 다음 중 '자료', '정보', '지식'의 관계에 대한 설명으로 옳지 않은 것은?

① 객관적 실제의 반영이며, 그것을 전달할 수 있도록 기호화한 것을 자료라고 한다.

② 특정 상황에서 그 가치가 평가된 데이터를 정보와 지식이라고 말한다.

③ 데이터를 집적하고 체계화하여 장래의 일반적인 사항에 대비해 보편성을 갖도록 한 것을 지식 이라고 한다.

④ 업무 활동을 통해 알게 된 세부 데이터를 컴퓨터로 일목요연하게 정리해 둔 것을 지식이라고 볼 수 있다.

 '지식'이란 '어떤 특정의 목적을 달성하기 위해 과학적 또는 이론적으로 추상화되거나 정립되어 있는 일 반화된 '정보'를 뜻하는 것으로, 어떤 대상에 대하여 원리적·통일적으로 조직되어 객관적 타당성을 요 구할 수 있는 판단의 체계를 제시한다.
④ 가치가 포함되어 있지 않은 단순한 데이터베이스라고 볼 수 있다.

12 다음 중 필요한 정보를 효과적으로 수집하기 위하여 가져야 하는 정보 인식 태도에 대한 설명으로 적절하지 않은 것은?

① 중요한 정보를 수집하기 위해서는 우선적으로 신뢰관계가 전제가 되어야 한다.

② 정보는 빨리 취득하는 것보다 항상 정보의 질과 내용을 우선시하여야 한다.

③ 단순한 인포메이션을 수집할 것이 아니라 직접적으로 도움을 줄 수 있는 인텔리전스를 수집할 필요가 있다.

④ 수집된 정보를 효과적으로 분류하여 관리할 수 있는 저장 툴을 만들어 두어야 한다.

 변화가 심한 시대에는 정보를 빨리 잡는다는 것도 상당히 중요한 포인트가 된다. 때로는 질이나 내용보 다는 정보를 남보다 빠르게 잡는 것만으로도 앞설 수 있다. 더군다나 격동의 시대에는 빠른 정보수집이 결정적인 효과를 가져 올 가능성이 클 것이다.

13 다음 글에서 알 수 있는 '정보'의 특징으로 적절하지 않은 것은?

> 천연가스 도매요금이 인상될 것이라는 전망과 그 예측에 관한 정보는 가스사업자에게나 유용한 것이지 일반 대중에게 직접적인 영향을 주는 정보는 아니다. 관련된 일을 하거나 특별한 이유가 있어서 찾아보는 경우를 제외하면 이러한 정보에 관심을 갖게 되는 사람들이 있을까?

① 우리가 필요로 하는 정보의 가치는 여러 가지 상황에 따라서 아주 달라질 수 있다.

② 정보의 가치는 우리의 요구, 사용 목적, 그것이 활용되는 시기와 장소에 따라서 다르게 평가된다.

③ 정보는 비공개 정보보다는 반공개 정보가, 반공개 정보보다는 공개 정보가 더 큰 가치를 가질 수 있다.

④ 원하는 때에 제공되지 못하는 정보는 정보로서의 가치가 없어지게 될 것이다.

 적시성과 독점성은 정보의 핵심적인 특성이다. 따라서 정보는 우리가 원하는 시간에 제공되어야 하며, 원하는 시간에 제공되지 못하는 정보는 정보로서의 가치가 없어지게 될 것이다. 또한 정보는 아무리 중요한 내용이라도 공개가 되고 나면 그 가치가 급격하게 떨어지는 것이 보통이다. 따라서 정보는 공개 정보보다는 반공개 정보가, 반공개 정보보다는 비공개 정보가 더 큰 가치를 가질 수 있다. 그러나 비공개 정보는 정보의 활용이라는 면에서 경제성이 떨어지고, 공개 정보는 경쟁성이 떨어지게 된다. 따라서 정보는 공개 정보와 비공개 정보를 적절히 구성함으로써 경제성과 경쟁성을 동시에 추구해야 한다.

14 사이버 공간은 다양한 연령층의 사람들이 익명성을 보장받은 상태에서 상호 교류를 가질 수 있는 곳이다. 다음 중 이러한 사이버 공간에서의 예절에 대한 설명으로 적절하지 않은 것은?

① 이모티콘을 윗사람에게 보내는 것은 예의에 어긋나는 행위이다.

② 대화방에 새로 들어가게 되면 그간의 대화 내용을 파악하려고 노력한 후 대화에 참여한다.

③ 게시판에 글을 게재할 경우에는 글을 쓰기 전에 이미 같은 내용의 글이 없는지 확인한다.

④ 공개 자료실에 여러 개의 파일을 올릴 때에는 가급적 압축을 한 후 올리도록 한다.

 ① 이모티콘은 경우에 따라서 완곡하고 애교 섞인 표현의 역할을 할 수도 있으므로 무조건 예의에 어긋나는 행위로 볼 수는 없다.
② 다수의 대화자들에 대한 기본 예의이다.
③ 같은 내용의 글을 재차 확인해야 하는 독자들의 입장을 고려해야 한다.
④ 용량이 큰 여러 개의 파일을 아무렇게나 올리는 것은 자료실 관리 및 사용자의 편의 측면에서도 바람직한 행위로 볼 수 없다.

15 다음 중 '유틸리티 프로그램'으로 볼 수 없는 것은?

① 고객 관리 프로그램　　　　　　　② 화면 캡쳐 프로그램

③ 이미지 뷰어 프로그램　　　　　　④ 동영상 재생 프로그램

 사용자가 컴퓨터를 좀 더 쉽게 사용할 수 있도록 도와주는 소프트웨어(프로그램)를 '유틸리티 프로그램' 이라고 하고 통상 줄여서 '유틸리티'라고 한다. 유틸리티 프로그램은 본격적인 응용 소프트웨어라고 하 기에는 크기가 작고 기능이 단순하다는 특징을 가지고 있으며, 사용자가 컴퓨터를 사용하면서 처리하게 되는 여러 가지 작업을 의미한다.
① 고객 관리 프로그램, 자원관리 프로그램 등은 대표적인 응용 소프트웨어에 속한다.

16 다음은 Window 보조프로그램인 그림판과 메모장에 대한 기능을 설명하는 표이다. 다음 표의 밑줄 친 부분의 설명 중 옳지 않은 것은?

그림판	메모장
• 그림판은 간단한 그림을 그리거나 편집하기 위해 사용하는 프로그램이다. • 그림판으로 작성된 파일의 형식은 ⊙PNG, JPG, BMP, GIF 등으로 저장할 수 있다. • 원 또는 직사각형을 표현할 수 있으며, ⓒ정원이나 정사각 형태의 도형 그리기는 지원되지 않는다. • 그림판에서 그림을 그린 다음 다른 문서에 붙여 넣거나 바탕 화면 배경으로 사용할 수 있다. • '색 채우기' 도구는 연필이나 브러시, 도형 등으로 그린 그림에 채우기가 가능하다. 단, 선택한 영역에 대해서는 불가능하다. • ②그림의 크기와 대칭, 회전 등의 작업이 가능하다.	• 간단한 문서 또는 웹 페이지를 만들 때 사용할 수 있는 기본 텍스트 편집기이다. • 메모장으로 작성된 파일을 ⓛANSI, 유니코드, UTF-8 등의 인코딩 형식으로 저장할 수 있다. • 자동 중 바꿈, 찾기, 시간/날짜 삽입 등의 기능을 제공한다. • 문서 전체에 대하여 글꼴 서식(글꼴 종류, 크기, 속 성 등)을 지정할 수 있다. 문서 일부분에 별도 지정 은 불가능하다. • 특정 문자나 단어를 찾아서 바꾸기를 할 수 있다. • 텍스트를 잘라내기, 복사하기, 붙여넣기 또는 삭제 를 할 수 있다. • 메모장에서는 그림이나 차트 등과 같은 OLE 개체 삽입이 불가능하다.

① ⊙　　　　　　　　　　　　② ⓛ

③ ⓒ　　　　　　　　　　　　④ ②

 ⓒ 그림판에서는 정원 또는 정사각형을 그리기를 지원한다. 정원이나 정사각형을 그리려면 타원이나 직 사각형을 선택한 후에 'shift' 키를 누른 상태로 그리기를 하면 된다.

Answer ☞　13.③　14.①　15.①　16.③

17 소프트웨어는 사용권(저작권)에 따라 분류될 수 있다. 다음 중 이에 따라 분류된 소프트웨어의 특징에 대한 설명으로 옳지 않은 것은?

① Shareware – 배너 광고를 보는 대가로 무료로 사용하는 소프트웨어
② Freeware – 무료 사용 및 배포, 기간 및 기능에 제한이 없는 누구나 사용할 수 있는 소프트웨어
③ 베타(Beta) 버전 – 정식 버전이 출시되기 전에 프로그램에 대한 일반인의 평가를 받기 위해 제작된 소프트웨어
④ 상용 소프트웨어 – 사용 기간의 제한 없이 무료 사용과 배포가 가능한 프로그램

> (Tip) ④ 상용 소프트웨어는 정해진 금액을 지불하고 정식으로 사용하는 프로그램이다. 한편, 사용 기간의 제한 없이 무료 사용과 배포가 가능한 프로그램은 공개 소프트웨어라고 한다.

18 다음 중 네트워크 관련 장비의 이름과 해당 설명이 올바르게 연결되지 않은 것은?

① 게이트웨이(Gateway)란 주로 LAN에서 다른 네트워크에 데이터를 보내거나 다른 네트워크로부터 데이터를 받아들이는 데 사용되는 장치를 말한다.
② 허브(Hub)는 네트워크를 구성할 때 각 회선을 통합적으로 관리하여 한꺼번에 여러 대의 컴퓨터를 연결하는 장치를 말한다.
③ 리피터(Repeater)는 네트워크 계층의 연동 장치로, 최적 경로 설정에 이용되는 장치이다.
④ 스위칭 허브(Switching Hub)는 근거리통신망 구축 시 단말기의 집선 장치로 이용하는 스위칭 기능을 가진 통신 장비로, 통신 효율을 향상시킨 허브로 볼 수 있다.

> (Tip) ③ 리피터(Repeater)는 장거리 전송을 위하여 전송 신호를 재생시키거나 출력 전압을 높여주는 장치를 말하며 디지털 데이터의 감쇠 현상을 방지하기 위해 사용된다. 네트워크 계층의 연동 장치로서 최적 경로 설정에 이용되는 장치는 라우터(Router)이다.

19 다음 중 컴퓨터에서 사용되는 자료의 물리적 단위가 큰 것부터 순서대로 올바르게 나열된 것은?

① Word — Byte — Nibble — Bit

② Byte — Word — Nibble — Bit

③ Word — Byte — Bit — Nibble

④ Word — Nibble — Byte — Bit

 데이터의 구성단위는 큰 단위부터 Database → File → Record → Field → Word → Byte(8Bit) → Nibble(4Bit) → Bit의 순이다. Bit는 자료를 나타내는 최소의 단위이며, Byte는 문자 표현의 최소 단위로 1Byte = 8Bit이다.

20 다음 ㈎~㈒ 중 '인쇄 미리 보기'와 출력에 대한 옳지 않은 설명을 모두 고른 것은?

> ㈎ '인쇄 미리 보기'를 실행한 상태에서 '페이지 설정'을 클릭하여 '여백' 탭에서 여백을 조절할 수 있다.
> ㈏ '인쇄 미리 보기' 창에서 셀 너비를 조절할 수 있으나 워크시트에는 변경된 너비가 적용되지 않는다.
> ㈐ 엑셀에서 그림을 시트 배경으로 사용하면 화면에 표시된 형태로 시트 배경이 인쇄된다.
> ㈑ 차트를 선택하고 '인쇄 미리 보기'를 하면 차트만 보여 준다.
> ㈒ 차트를 클릭한 후 'Office 단추' – '인쇄'를 선택하면 '인쇄' 대화 상자의 인쇄 대상이 '선택한 차트'로 지정된다.

① ㈎, ㈏, ㈑   ② ㈏, ㈑, ㈒

③ ㈏, ㈒   ④ ㈏, ㈐

 ㈏ '인쇄 미리 보기' 창에서 열 너비를 조정한 경우 미리 보기를 해제하면 워크시트에 조정된 너비가 적용되어 나타난다. (X)

㈐ 워크시트에서 그림을 인쇄 배경으로 사용하려면 '삽입' – '머리글/바닥글' – 디자인 탭이 생성되면 '머리글/바닥글 요소' 그룹의 '그림' 아이콘 – 시트배경 대화 상자에서 그림을 선택하고 '삽입'의 과정을 거쳐야 한다. (X)

Answer⤳ 17.④ 18.③ 19.① 20.④

|21~22| 다음 H상사의 물류 창고별 책임자와 각 창고 내 재고 물품의 코드 목록을 보고 이어지는 질문에 답하시오.

책임자	코드번호	책임자	코드번호
정 대리	11082D0200400135	강 대리	11056N0401100030
오 사원	12083F0200901009	윤 대리	11046O0300900045
권 사원	11093F0200600100	양 사원	11053G0401201182
민 대리	12107P0300700085	박 사원	12076N0200700030
최 대리	12114H0601501250	변 대리	12107Q0501300045
엄 사원	12091C0200500835	이 사원	11091B0100200770
홍 사원	11035L0601701005	장 사원	12081B0100101012

〈예시〉

2011년 8월에 독일 액손 사에서 생산된 검정색 원단의 500번째 입고 제품

→1108 − 4H − 02005 − 00500

생산 연월	생산지			물품 코드				입고품 수량
	원산지 코드		제조사 코드	분야 코드		세부 코드		
	1	미국	A 스카이	01	소품	001	폴리백	
			B 영스			002	포스터	
			C 세브럭	02	원단	003	빨강	
	2	일본	D 히토리			004	노랑	
			E 노바라			005	검정	
〈예시〉	3	중국	F 왕청			006	초록	
			G 메이	03	철제	007	외장재	00001부터
2011년 10월	4	독일	H 액손			008	내장재	다섯 자리
→1110			I 바이스			009	프레임	시리얼넘버
			J 네오	04	플라스틱	010	이음쇠	부여
2009년 1월	5	영국	K 페이스			011	공구	
→0901			L S-10			012	팻치	
			M 마인스	05	포장구	013	박스	
	6	태국	N 홍챠			014	스트링	
			O 덕홍			015	라벨지	
	7	베트남	P 비엣퐁	06	라벨류	016	인쇄물	
			Q 응산			017	내지	

21 재고물품 중 2011년 영국 '페이스' 사에서 생산된 철제 프레임의 코드로 알맞은 것은 어느 것인가?

① 11035K0300901201

② 12025K0300800200

③ 11055K0601500085

④ 12074H0501400100

 ① 제조 시기는 11xx이며, 원산지와 제조사 코드는 5K, 철제 프레임은 03009가 되어야 한다. 뒤에 다섯 자리 01201은 1,201번째로 입고된 물품을 의미하므로 모든 코드가 적절하게 구성되어 있음을 알 수 있다.

22 다음 중 생산지(국가)가 동일한 물품을 보관하는 물류 창고의 책임자들로 알맞게 짝지어진 것은 어느 것인가?

① 엄 사원, 변 대리

② 정 대리, 윤 대리

③ 오 사원, 양 사원

④ 민 대리, 박 사원

 생산지는 영문 알파벳 코드 바로 앞자리이므로 오 사원과 양 사원이 모두 3으로 중국에서 생산된 물품을 보관하고 있음을 확인할 수 있다.

Answer↱ 21.① 22.③

SE-11-KOR-3A-1512	CH-08-CHA-2C-1308	SE-07-KOR-2C-1503
CO-14-IND-2A-1511	JE-28-KOR-1C-1508	TE-11-IND-2A-1411
CH-19-IND-1C-1301	SE-01-KOR-3B-1411	CH-26-KOR-1C-1307
NA-17-PHI-2B-1405	AI-12-PHI-1A-1502	NA-16-IND-1B-1311
JE-24-PHI-2C-1401	TE-02-PHI-2C-1503	SE-08-KOR-2B-1507
CO-14-PHI-3C-1508	CO-31-PHI-1A-1501	AI-22-IND-2A-1503
TE-17-CHA-1B-1501	JE-17-KOR-1C-1506	JE-18-IND-1C-1504
NA-05-CHA-3A-1411	SE-18-KOR-1A-1503	CO-20-KOR-1C-1502
AI-07-KOR-2A-1501	TE-12-IND-1A-1511	AI-19-IND-1A-1503
SE-17-KOR-1B-1502	CO-09-CHA-3C-1504	CH-28-KOR-1C-1308
TE-18-IND-1C-1510	JE-19-PHI-2B-1407	SE-16-KOR-2C-1505
CO-19-CHA-3A-1509	NA-06-KOR-2A-1401	AI-10-KOR-1A-1509

〈코드 부여 방식〉
[제품 종류]-[모델 번호]-[생산 국가]-[공장과 라인]-[제조연월]

〈예시〉
TE-13-CHA-2C-1501
2015년 1월에 중국 2공장 C라인에서 생산된 텔레비전 13번 모델

제품 종류 코드	제품 종류	생산 국가 코드	생산 국가
SE	세탁기	CHA	중국
TE	텔레비전	KOR	한국
CO	컴퓨터	IND	인도네시아
NA	냉장고	PHI	필리핀
AI	에어컨		
JE	전자레인지		
GA	가습기		
CH	청소기		

23 위의 코드 부여 방식을 참고할 때 옳지 않은 내용은?

① 창고에 있는 기기 중 세탁기는 모두 한국에서 제조된 것들이다.

② 창고에 있는 기기 중 컴퓨터는 모두 2015년에 제조된 것들이다.

③ 창고에 있는 기기 중 청소기는 있지만 가습기는 없다.

④ 창고에 있는 기기 중 2013년에 제조된 것은 청소기 뿐이다.

 NA−16−IND−1B−1311가 있으므로 2013년에 제조된 냉장고도 창고에 있다.

24 J회사에 다니는 Y씨는 가전제품 코드 목록을 파일로 불러와 검색을 하고자 한다. 검색의 결과로 옳지 않은 것은?

① 창고에 있는 세탁기가 몇 개인지 알기 위해 'SE'를 검색한 결과 7개임을 알았다.

② 창고에 있는 기기 중 인도네시아에서 제조된 제품이 몇 개인지 알기 위해 'IND'를 검색한 결과 10개임을 알았다.

③ 모델 번호가 19번인 제품을 알기 위해 '19'를 검색한 결과 4개임을 알았다.

④ 1공장 A라인에서 제조된 제품을 알기 위해 '1A'를 검색한 결과 6개임을 알았다.

 ② 인도네시아에서 제조된 제품은 9개이다.

25 2017년 4월에 한국 1공장 A라인에서 생산된 에어컨 12번 모델의 코드로 옳은 것은?

① AI − 12 − KOR − 2A − 1704

② AI − 12 − KOR − 1A −1704

③ AI − 11 − PHI − 1A − 1704

④ CH − 12 − KOR − 1A − 1704

 [제품 종류] − [모델 번호] − [생산 국가] − [공장과 라인] − [제조연월]
AI(에어컨) − 12 − KOR − 1A −1704

Answer 23.④ 24.② 25.②

26 G사 홍보팀에서는 다음과 같이 직원들의 수당을 지급하고자 한다. C12셀부터 D15셀까지 기재된 사항을 참고로 D열에 수식을 넣어 직책별 수당을 작성하였다. D2셀에 수식을 넣어 D10까지 드래그하여 다음과 같은 자료를 작성하였다면, D2셀에 들어가야 할 적절한 수식은 어느 것인가?

	A	B	C	D
1	사번	직책	기본급	수당
2	9610114	대리	1,720,000	450,000
3	9610070	대리	1,800,000	450,000
4	9410065	과장	2,300,000	550,000
5	9810112	사원	1,500,000	400,000
6	9410105	과장	2,450,000	550,000
7	9010043	부장	3,850,000	650,000
8	9510036	대리	1,750,000	450,000
9	9410068	과장	2,380,000	550,000
10	9810020	사원	1,500,000	400,000
11				
12			부장	650,000
13			과장	550,000
14			대리	450,000
15			사원	400,000

① =VLOOKUP(C12,$C$12:$D$15,2,1)

② =VLOOKUP(C12,$C$12:$D$15,2,0)

③ =VLOOKUP(B2,$C$12:$D$15,2,0)

④ =VLOOKUP(B2,$C$12:$D$15,2,1)

 D2셀에 기재되어야 할 수식은 =VLOOKUP(B2,$C$12:$D$15,2,0)이다. B2는 직책이 대리이므로 대리가 있는 셀을 입력하여야 하며, 데이터 범위인 C12:D15가 변하지 않도록 절대 주소로 지정을 해 주게 된다. 또한 대리 직책에 대한 수당이 있는 열의 위치인 2를 입력하게 되며, 마지막에 직책이 정확히 일치하는 값을 찾아야 하므로 0을 기재하게 된다.

27 다음은 '데이터 통합'을 실행하기 위한 방법을 설명하고 있다. 〈보기〉에 설명된 실행 방법 중 올바른 설명을 모두 고른 것은?

〈보기〉

㈎ 원본 데이터가 변경되면 자동으로 통합 기능을 이용해 구한 계산 결과가 변경되게 할지 여부를 선택할 수 있다.

㈏ 여러 시트에 입력되어 있는 데이터들을 하나로 통합할 수 있으나 다른 통합 문서에 입력되어 있는 데이터를 통합할 수는 없다.

㈐ 통합 기능에서는 표준편차와 분산 함수도 사용할 수 있다.

㈑ 다른 원본 영역의 레이블과 일치하지 않는 레이블이 있는 경우에도 통합 기능을 수행할 수 있다.

① ㈏, ㈐, ㈑

② ㈎, ㈏, ㈐

③ ㈎, ㈏, ㈑

④ ㈎, ㈐, ㈑

 ㈎ 대화 상자에서 '원본 데이터 연결'을 선택하면 제시된 바와 같은 기능을 실행할 수 있다. (○)

㈏ 통합 문서 내의 다른 워크시트뿐 아니라 다른 통합 문서에 있는 워크시트도 통합할 수 있다. (×)

㈐ 통합 기능에서 사용할 수 있는 함수로는 합계, 개수, 평균, 최댓값/최솟값, 곱, 숫자 개수, 표준편차, 분산 등이 있다. (○)

㈑ 제시된 바와 같은 경우, 별도의 행이나 열이 만들어지게 되므로 통합 기능을 수행할 수 있다. (○)

Answer → 26.③ 27.④

28 다음은 그래픽(이미지) 데이터의 파일 형식에 대한 설명이다. 각 항목의 설명과 파일명을 올바르게 짝지은 것은?

> ㉠ Windows에서 기본적으로 지원하는 포맷으로, 고해상도 이미지를 제공하지만 압축을 사용하지 않으므로 파일의 크기가 크다.
>
> ㉡ 사진과 같은 정지 영상을 표현하기 위한 국제 표준 압축 방식으로 24비트 컬러를 사용하여 트루컬러로 이미지를 표현한다.
>
> ㉢ 인터넷 표준 그래픽 파일 형식으로, 256가지 색을 표현하지만 애니메이션으로도 표현할 수 있다.
>
> ㉣ Windows에서 사용하는 메타파일 방식으로, 비트맵과 벡터 정보를 함께 표현하고자 할 경우 적합하다.
>
> ㉤ 데이터의 호환성이 좋아 응용프로그램 간 데이터 교환용으로 사용하는 파일 형식이다.
>
> ㉥ GIF와 JPEG의 효과적인 기능들을 조합하여 만든 그래픽 파일 포맷이다.

① ㉠ – JPG(JPEG)

② ㉡ – WMF

③ ㉢ – GIF

④ ㉣ – PNG

(Tip) 주어진 설명에 해당하는 파일명은 다음과 같다.

㉠ BMP

㉡ JPG(JPEG) : 사용자가 압축률을 지정해서 이미지를 압축하는 압축 기법을 사용할 수 있다.

㉢ GIF : 여러 번 압축하여도 원본과 비교해 화질의 손상이 없는 특징이 있다.

㉣ WMF

㉤ TIF(TIFF)

㉥ PNG

29 다음은 한글 Windows XP의 휴지통에 관한 설명이다. 올바른 설명을 모두 고른 것은?

> (가) 각 드라이브마다 휴지통의 크기를 다르게 설정하는 것이 가능하다.
>
> (나) 원하는 경우 휴지통에 보관된 폴더나 파일을 직접 실행할 수도 있고 복원할 수도 있다.
>
> (다) 지정된 휴지통의 용량을 초과하면 가장 오래 전에 삭제되어 보관된 파일부터 지워진다.
>
> (라) 휴지통은 지워진 파일뿐만 아니라 시간, 날짜, 파일의 경로에 대한 정보까지 저장하고 있다.

① (가), (나), (다), (라) ② (가), (나), (라)

③ (나), (다), (라) ④ (가), (다), (라)

 (나) 휴지통 내에 보관된 파일은 직접 사용할 수 없으며, 원래의 저장 위치로 복원한 다음 원래의 위치에서 실행이 가능하다.

30 다음 시트의 [D10]셀에서 =DCOUNT(A2:F7,4,A9:B10)을 입력했을 때 결과 값으로 옳은 것은?

	A	B	C	D	E	F
1	4차 산업혁명 주요 테마별 사업체당 종사자 수					
2		2015	2016	2017	2018	2019
3	자율주행	24.2	21.2	21.9	20.6	20
4	인공지능	22.6	17	19.2	18.7	18.7
5	빅데이터	21.8	17.5	18.9	17.8	18
6	드론	43.8	37.2	40.5	39.6	39.7
7	3D프린팅	25	18.6	21.8	22.7	22.6
8						
9	2015	2019				
10	<25	>19				

① 0 ② 1

③ 2 ④ 3

 DCOUNT는 조건을 만족하는 개수를 구하는 함수로, [A2:F7]영역에서 '2015'(2015년도 종사자 수)가 25보다 작고 '2019'(2019년도 종사자 수)가 19보다 큰 레코드의 수는 1이 된다. 조건 영역은 [A9:B10]이되며, 조건이 같은 행에 입력되어 있으므로 AND 조건이 된다.

Answer⌐ 28.③ 29.④ 30.②

06 직업윤리

1 윤리와 직업

(1) 윤리의 의미

① **윤리적 인간** … 공동의 이익을 추구하고 도덕적 가치 신념을 기반으로 형성된다.

② **윤리규범의 형성** … 공동생활과 협력을 필요로 하는 인간생활에서 형성되는 공동행동의 룰을 기반으로 형성된다.

③ **윤리의 의미** … 인간과 인간 사이에서 지켜야 할 도리를 바르게 하는 것으로 인간 사회에 필요한 올바른 질서라고 할 수 있다.

예제 1

① 윤리는 인간과 인간 사이에서 지켜져야 할 도리를 바르게 하는 것으로 볼 수 있다.
② 동양적 사고에서 윤리는 인륜과 동일한 의미이며, 엄격한 규율이나 규범의 의미가 배어 있다.
③ 인간은 윤리를 존중하며 살아야 사회가 질서와 평화를 얻게 되고, 모든 사람이 안심하고 개인적 행복을 얻게 된다.
④ 윤리는 세상에 두 사람 이상이 있으면 존재하며, 반대로 혼자 있을 때도 지켜져야 한다.

출제의도

윤리의 의미와 윤리적 인간, 윤리규범의 형성 등에 대한 기본적인 이해를 평가는 문제이다.

해 설

윤리는 인간과 인간 사이에서 지켜져야 할 도리를 바르게 하는 것으로서 이 세상에 두 사람 이상이 있으면 존재하고 반대로 혼자 있을 때에는 의미가 없는 말이 되기도 한다.

답 ④

(2) 직업의 의미

① 직업은 본인의 자발적 의사에 의한 장기적으로 지속하는 일로, 경제적 보상이 따라야 한다.

② **입신출세론** … 입신양명(立身揚名)이 입신출세(立身出世)로 바뀌면서 현대에 와서는 직업 활동의 결과를 출세에 비중을 두는 경향이 짙어졌다.

③ **3D 기피현상** … 힘들고(Difficult), 더럽고(Dirty), 위험한(Dangerous) 일은 하지 않으려고 하는 현상

(3) 직업윤리

① 직업윤리란 직업인이라면 반드시 지켜야 할 공통적인 윤리규범으로 어느 직장에 다니느냐를 구분하지 않는다.

② 직업윤리와 개인윤리의 조화
  ㉠ 업무상 행해지는 개인의 판단과 행동이 사회적 파급력이 큰 기업시스템을 통하여 다수의 이해관계자와 관련된다.
  ㉡ 많은 사람의 고도화 된 협력을 요구하므로 맡은 역할에 대한 책임완수와 투명한 일 처리가 필요하다.
  ㉢ 규모가 큰 공동 재산·정보 등을 개인이 관리하므로 높은 윤리의식이 요구된다.
  ㉣ 직장이라는 특수 상황에서 갖는 집단적 인간관계는 가족관계, 친분관계와는 다른 배려가 요구된다.
  ㉤ 기업은 경쟁을 통하여 사회적 책임을 다하고, 보다 강한 경쟁력을 키우기 위하여 조직원인의 역할과 능력을 꾸준히 향상시켜야 한다.
  ㉥ 직무에 따른 특수한 상황에서는 개인 차원의 일반 상식과 기준으로는 규제할 수 없는 경우가 많다.

예제 2

① 개인윤리를 바탕으로 각자가 직업에 종사하는 과정에서 요구되는 특수한 윤리규범이다.
② 직업에 종사하는 현대인으로서 누구나 공통적으로 지켜야 할 윤리기준을 직업윤리라 한다.
③ 개인윤리의 기본 덕목인 사랑, 자비 등과 공동발전의 추구, 장기적 상호이익 등의 기본은 직업윤리도 동일하다.
④ 직업을 가진 사람이라면 반드시 지켜야 할 윤리규범이며, 중소기업 이상의 직장에 다니느냐에 따라 구분된다.

출제의도
직업윤리의 정의와 내용에 대한 올바른 이해를 요구하는 문제이다.

해 설
직업윤리란 직업을 가진 사람이라면 반드시 지켜야 할 공통적인 윤리규범을 말하는 것으로 어느 직장에 다니느냐를 구분하지 않는다.

답 ④

2 직업윤리를 구성하는 하위능력

(1) 근로윤리

① 근면한 태도
  ㉠ 근면이란 게으르지 않고 부지런한 것으로 근면하기 위해서는 일에 임할 때 적극적이고 능동적인 자세가 필요하다.
  ㉡ 근면의 종류
    • 외부로부터 강요당한 근면
    • 스스로 자진해서 하는 근면

② 정직한 행동
  ㉠ 정직은 신뢰를 형성하고 유지하는 데 기본적이고 필수적인 규범이다.
  ㉡ 정직과 신용을 구축하기 위한 지침
    • 정직과 신뢰의 자산을 매일 조금씩 쌓아가자.
    • 잘못된 것도 정직하게 밝히자.
    • 타협하거나 부정직을 눈감아 주지 말자.
    • 부정직한 관행은 인정하지 말자.

③ 성실한 자세 … 성실은 일관하는 마음과 정성의 덕으로 자신의 일에 최선을 다하고자 하는 마음자세를 가지고 업무에 임하는 것이다.

예제 3

① 정직과 신뢰의 자산을 매일 조금씩 쌓아가도록 한다.
② 잘못된 것도 정직하게 밝혀야 한다.
③ 작은 실수는 눈감아 주고 때론 타협을 하여야 한다.
④ 부정직한 관행은 인정하지 말아야 한다.

출제의도

근로윤리 중에서도 정직한 행동과 성실한 자세에 대해 올바르게 이해하고 있는지 평가하는 문제이다.

해 설

타협하거나 부정직한 일에 대해서는 눈감아주지 말아야 한다.

답 ③

(2) 공동체윤리

① 봉사(서비스)의 의미

    ㉠ 직업인에게 봉사란 자신보다 고객의 가치를 최우선으로 하는 서비스 개념이다.

    ㉡ SERVICE의 7가지 의미

- S(Smile & Speed) : 서비스는 미소와 함께 신속하게 하는 것
- E(Emotion) : 서비스는 감동을 주는 것
- R(Respect) : 서비스는 고객을 존중하는 것
- V(Value) : 서비스는 고객에게 가치를 제공하는 것
- I(Image) : 서비스는 고객에게 좋은 이미지를 심어 주는 것
- C(Courtesy) : 서비스는 예의를 갖추고 정중하게 하는 것
- E(Excellence) : 서비스는 고객에게 탁월하게 제공되어져야 하는 것

    ㉢ **고객접점서비스** : 고객과 서비스 요원 사이에서 15초 동안의 짧은 순간에 이루어지는 서비스로, 이 순간을 진실의 순간(MOT ; Moment of Truth) 또는 결정적 순간이라고 한다.

② **책임의 의미** … 책임은 모든 결과는 나의 선택으로 인한 결과임을 인식하는 태도로, 상황을 회피하지 않고 맞닥뜨려 해결하는 자세가 필요하다.

③ **준법의 의미** … 준법은 민주 시민으로서 기본적으로 지켜야 하는 의무이며 생활 자세이다.

④ **예절의 의미** … 예절은 일정한 생활문화권에서 오랜 생활습관을 통해 하나의 공통된 생활방법으로 정립되어 관습적으로 행해지는 사회계약적 생활규범으로, 언어문화권에 따라 다르고 같은 언어문화권이라도 지방에 따라 다를 수 있다.

⑤ 직장에서의 예절

    ㉠ 직장에서의 인사예절

- 악수
- −악수를 하는 동안에는 상대에게 집중하는 의미로 반드시 눈을 맞추고 미소를 짓는다.
- −악수를 할 때는 오른손을 사용하고, 너무 강하게 쥐어짜듯이 잡지 않는다.
- −악수는 힘 있게 해야 하지만 상대의 뼈를 부수듯이 손을 잡지 말아야 한다.
- −악수는 서로의 이름을 말하고 간단한 인사 몇 마디를 주고받는 정도의 시간 안에 끝내야 한다.
- 소개
- −나이 어린 사람을 연장자에게 소개한다.
- −내가 속해 있는 회사의 관계자를 타 회사의 관계자에게 소개한다.
- −신참자를 고참자에게 소개한다.
- −동료임원을 고객, 손님에게 소개한다.
- −비임원을 임원에게 소개한다.

-소개받는 사람의 별칭은 그 이름이 비즈니스에서 사용되는 것이 아니라면 사용하지 않는다.

-반드시 성과 이름을 함께 말한다.

-상대방이 항상 사용하는 경우라면, Dr. 또는 Ph.D. 등의 칭호를 함께 언급한다.

-정부 고관의 직급명은 퇴직한 경우라도 항상 사용한다.

-천천히 그리고 명확하게 말한다.

-각각의 관심사와 최근의 성과에 대하여 간단한 언급을 한다.

• 명함 교환

-명함은 반드시 명함 지갑에서 꺼내고 상대방에게 받은 명함도 명함 지갑에 넣는다.

-상대방에게서 명함을 받으면 받은 즉시 호주머니에 넣지 않는다.

-명함은 하위에 있는 사람이 먼저 꺼내는데 상위자에 대해서는 왼손으로 가볍게 받쳐 내는 것이 예의이며, 동위자, 하위자에게는 오른손으로만 쥐고 건넨다.

-명함을 받으면 그대로 집어넣지 말고 명함에 관해서 한두 마디 대화를 건네 본다.

-쌍방이 동시에 명함을 꺼낼 때는 왼손으로 서로 교환하고 오른손으로 옮겨진다.

ⓛ 직장에서의 전화예절

• 전화걸기

-전화를 걸기 전에 먼저 준비를 한다. 정보를 얻기 위해 전화를 하는 경우라면 얻고자 하는 내용을 미리 메모하도록 한다.

-전화를 건 이유를 숙지하고 이와 관련하여 대화를 나눌 수 있도록 준비한다.

-전화는 정상적인 업무가 이루어지고 있는 근무 시간에 걸도록 한다.

-당신이 통화를 원하는 상대와 통화할 수 없을 경우에 대비하여 비서나 다른 사람에게 메시지를 남길 수 있도록 준비한다.

-전화는 직접 걸도록 한다.

-전화를 해달라는 메시지를 받았다면 가능한 한 48시간 안에 답해주도록 한다.

• 전화받기

-전화벨이 3~4번 울리기 전에 받는다.

-당신이 누구인지를 즉시 말한다.

-천천히, 명확하게 예의를 갖추고 말한다.

-밝은 목소리로 말한다.

-말을 할 때 상대방의 이름을 함께 사용한다.

-메시지를 받아 적을 수 있도록 펜과 메모지를 곁에 둔다.

-주위의 소음을 최소화한다.

-긍정적인 말로서 전화 통화를 마치고 전화를 건 상대방에게 감사를 표시한다.

• 휴대전화

-당신이 어디에서 휴대전화로 전화를 하든지 간에 상대방에게 통화를 강요하지 않는다.

–상대방이 장거리 요금을 지불하게 되는 휴대전화의 사용은 피한다.

–운전하면서 휴대전화를 하지 않는다.

–친구의 휴대전화를 빌려 달라고 부탁하지 않는다.

–비상시에만 휴대전화를 사용하는 친구에게는 휴대전화로 전화하지 않는다.

ⓒ 직장에서의 E-mail 예절

• E-mail 보내기

–상단에 보내는 사람의 이름을 적는다.

–메시지에는 언제나 제목을 넣도록 한다.

–메시지는 간략하게 만든다.

–요점을 빗나가지 않는 제목을 잡도록 한다.

–올바른 철자와 문법을 사용한다.

• E-mail 답하기

–원래 이-메일의 내용과 관련된 일관성 있는 답을 하도록 한다.

–다른 비즈니스 서신에서와 마찬가지로 화가 난 감정의 표현을 보내는 것은 피한다.

–답장이 어디로, 누구에게로 보내는지 주의한다.

⑥ **성예절을 지키기 위한 자세** … 직장에서 여성의 특징을 살린 한정된 업무를 담당하던 과거와는 달리 여성과 남성이 대등한 동반자 관계로 동등한 역할과 능력발휘를 한다는 인식을 가질 필요가 있다.

ⓐ 직장 내에서 여성이 남성과 동등한 지위를 보장 받기 위해서 그만한 책임과 역할을 다해야 하며, 조직은 그에 상응하는 여건을 조성해야 한다.

ⓑ 성희롱 문제를 사전에 예방하고 효과적으로 처리하는 방안이 필요한 것이다.

ⓒ 남성 위주의 가부장적 문화와 성 역할에 대한 과거의 잘못된 인식을 타파하고 남녀공존의 직장문화를 정착하는 노력이 필요하다.

예제 4

① 예절은 일정한 생활문화권에서 오랜 생활습관을 통해 하나의 공통된 생활방식으로 정립되어 관습적으로 행해지는 사회계약적인 생활규범이라 할 수 있다.

② 예절은 언어문화권에 따라 다르나 동일한 언어문화권일 경우에는 모두 동일하다.

③ 무리를 지어 하나의 문화를 형성하여 사는 일정한 지역을 생활문화권이라 하며, 이 문화권에 사는 사람들이 가장 편리하고 바람직한 방법이라고 여겨 그렇게 행하는 생활방법이 예절이다.

④ 예절은 한 나라에서 통일되어야 국민들이 생활하기가 수월하며, 올바른 예절을 지키는 것이 바른 삶을 사는 것이라 할 수 있다.

출제의도

공동체윤리에 속하는 여러 항목 중 예절의 의미와 특성에 대한 이해능력을 평가하는 문제이다.

해 설

예절은 언어문화권에 따라 다르고, 동일한 언어문화권이라도 지방에 따라 다를 수 있다. 예를 들면 우리나라의 경우 서울과 지방에 따라 예절이 조금씩 다르다.

답 ②

1 다음 두 가지 근면의 사례를 구분하는 가장 중요한 요소로 적절한 것은?

> ㈎ 연일 계속되는 야근과 휴일 근무로 인해 육체의 수고와 정신적 스트레스는 물론 가정의 화목까지 위협받지만 온 힘을 다하여 새벽부터 출근길에 오르는 수많은 직장인들
> ㈏ 부유한 집안에서 태어나 젊은 나이에도 학업과 직장 생활을 뒤로 하고 방탕한 생활을 하다가, 40대 후반이 되어서야 만학의 꿈을 갖고 스스로 불철주야 도서관에서 학문에 정진하는 중년

① 근면의 방법 　　　　　　　　② 보수의 유무
③ 근면의 동기 　　　　　　　　④ 근면의 사회성

 ㈎은 외부로부터 강요당한 근면, ㈏는 스스로 자진해서 하는 근면의 모습이며 이는 '근면의 동기'로 구분될 수 있는 종류이다. ㈎과 같은 근면은 수동적, 소극적인 반면, ㈏와 같은 근면은 능동적, 적극적이다.

2 다음과 같은 직업윤리의 덕목을 참고할 때, 빈칸에 공통으로 들어갈 알맞은 말은 무엇인가?

> 　사회시스템은 구성원 서로가 신뢰하는 가운데 운영이 가능한 것이며, 그 신뢰를 형성하고 유지하는 데 필요한 가장 기본적이고 필수적인 규범이 바로 (　　　)인 것이다.
> 　그러나 우리 사회의 (　　　)은(는) 아직까지 완벽하지 못하다. 거센 역사의 소용돌이 속에서 여러 가지 부당한 핍박을 받은 경험이 있어서 그럴 수도 있지만, 원칙보다는 집단 내의 정과 의리를 소중히 하는 문화적 정서도 그 원인이라 할 수 있다

① 성실 　　　　　　　　　　② 정직
③ 인내 　　　　　　　　　　④ 도전

 이러한 정직과 신용을 구축하기 위한 4가지 지침으로 다음과 같은 것들이 있다.
　㉠ 정직과 신뢰의 자산을 매일 조금씩 쌓아가자.
　㉡ 잘못된 것도 정직하게 밝히자.
　㉢ 정직하지 못한 것을 눈감아 주지 말자.
　㉣ 부정직한 관행은 인정하지 말자.

3 다음 글의 빈칸에 공통으로 들어갈 윤리 덕목으로 적절한 것은?

> (   )이란 사전적인 의미로는 새로운 기업을 만들어 경제활동을 하는 사람들이 지니고 있는 것이라고 말할 수 있다. 즉, 경제적인 이윤을 얻기 위해 위험을 무릅쓰고 창업을 하는 사람들이 지니고 있는 가치 지향이나 태도인 것이다.
>
> 오스트리아 출신 미국 경제학자 조셉 슘페터는 새로운 가치를 창출하여 사회와 경제에 기여하려는 사람들로 정의하고, 이들이 지니고 있는 혁신적 사고와 태도를 (   )이라고 정의하였다. 그리고 그는 이것이 건강한 자본주의 경제의 핵심이라고 보았다. 경쟁적 시장경제에서는 진입 장벽이 낮아서 개인이 혁신적인 사고만 가지고도 새로운 기회를 만들어서 기업으로 발전시킨 사례가 많이 나타난다. 이러한 혁신적 사고와 도전 정신 속에서 경제는 활력이 넘치고, 시민들은 그 활력에 따른 성장의 혜택을 누리게 된다.

① 창의성
② 지속 가능성
③ 기업가 정신
④ 사명감

 기업가 정신의 대표적인 예로 마이크로 소프트의 빌 게이츠나 애플의 창시자 스티브 잡스와 같은 창업자들이 보여준 새로운 혁신과 도전의 정신이 있다. 기업가 정신은 경제적 이익 추구와 더불어 국민 전체의 이익을 증진시키지만, 반대로 기업가 정신이 부족한 기업이 많아지면 경제는 활력을 잃고 국민의 삶은 나아지지 않는다. 그러므로 기업가 정신은 건강한 경제와 경제성장의 핵심이라고 할 수 있다.

4 다음 글에서 엿볼 수 있는 우리나라 기업 문화의 비윤리적인 악습을 지칭하는 말로 적절한 것은?

> 근대 이전으로 거슬러 올라갈수록 사회적 강자의 약자에 대한 지배는 인신예속적 양상을 보인다. 봉건적 신분 제도가 가진 중요한 특징은 개인이 사회에서 차지하는 직분이 단순한 기능적 차원을 넘어 인신예속적 성격을 띤다는 점이다. 예를 들어 지주와 소작농의 관계는 토지 임대인-임차인의 관계를 넘어 주인-머슴의 관계와 동일시되었다. 따라서 지주는 토지 임대인으로서 가지는 법적 권리를 넘어 주인 또는 상전으로서 무한한 권리를 향유할 수 있었으며, 소작농은 토지 임차인으로서 가지는 법적 의무를 넘어 머슴이나 상놈으로서 무한한 의무를 걸머지지 않으면 안 되었다.

① 성희롱
② 갑질
③ 상하관계
④ 빈익빈부익부

 최근 사회적 문제로 대두되고 있는 갑질 문제의 근원을 설명하고 있는 글이다. 갑질은 계약 권리에 있어 쌍방을 의미하는 갑을(甲乙) 관계에서 상대적으로 우위에 있는 '갑'이 우월한 신분, 지위, 직급, 위치 등을 이용하여 상대방에 오만무례하게 행동하거나 이래라저래라 하며 제멋대로 구는 행동을 말한다. 갑질의 범위에는 육체적, 정신적 폭력, 언어폭력, 괴롭히는 환경 조장 등이 해당된다.

Answer ➔ 1.③ 2.② 3.③ 4.②

5 다음은 「청탁금지법」에 저촉되는지 여부에 대한 'Q&A'이다. 해당 질문에 대한 답변이 적절하지 않은 것은?

① Q : 골프접대의 경우도 선물로 인정되어, 가액기준 내라면 수수가 가능한가요?

  A : 접대 · 향응에 해당하는 골프접대는 선물로 볼 수 없어 가액기준(5만 원) 이하라도 다른 예외사유가 없는 한 허용되지 않습니다.

② Q : 언론사 임직원이 직무관련자로부터 15만 원 상당의 선물을 받고, 지체 없이 반환하고 신고한 경우 선물 제공자는 「청탁금지법」 위반인가요?

  A : 지체 없이 반환하여 실제 수수가 이루어지지 않았다면 「청탁금지법」에 저촉되지 않습니다.

③ Q : 식사접대와 선물을 동시에 받을 수 있는지요?

  A : 그런 경우 수수한 물품의 가액을 합산하여 합산된 가액이 정해진 기준을 넘지 않아야 합니다.

④ Q : 언론사 임직원이 축의금으로 15만 원을 받은 경우 가액한도를 초과한 부분(10만 원)만 반환하면 되나요?

  A : 가액기준을 초과하는 경조사비를 수수한 경우 가액기준을 초과하는 부분만 반환하면 제재대상에서 제외됩니다.

 직무와 관련된 언론사 임직원에게 가액기준을 초과하는 선물을 제공하거나 제공의 약속 또는 의사표시를 한 경우 실제 언론사 임직원이 수수하였는지 여부와 상관없이 청탁금지법 위반이다.

① '선물'은 금전, 유가증권, 음식물 및 경조사비를 제외한 일체의 물품, 그 밖에 이에 준하는 것에 한정되며, 접대 · 향응에 해당하는 골프접대는 선물로 볼 수 없어 가액기준(5만 원) 이하라도 다른 예외사유가 없는 한 허용되지 않는다.

③ 사교 · 의례 등 목적으로 음식물과 선물을 함께 수수한 경우에는 그 가액을 합산하고 이 경우 가액범위는 함께 받은 음식물, 선물의 가액 범위 중 가장 높은 금액으로 하되, 각각의 가액범위[음식물 3만 원 이하, 선물 5만 원 이하(농수산물, 농수산가공품은 10만 원 이하)]를 넘지 못한다.

④ 가액기준을 초과하는 경조사비를 수수한 경우 가액기준을 초과하는 부분만 반환하면 제재대상에서 제외되나, 제공자는 제공한 경조사비 전액을 기준으로 제재된다.

6 다음은 공무원이 준수해야 할 직업윤리의 중요성을 설명하는 글이다. 빈칸에 들어갈 가장 적절한 말은 어느 것인가?

> 공무원은 국민 전체에 대한 봉사자로서 공적업무를 수행함에 있어서 공무원 개인의 이해나 관심에 따라 직무수행에 영향을 받아서는 아니 된다. 이러한 공무원들에게는 일반 국민에게 기대되는 것보다 더욱 높은 수준의 도덕성이 요구되고 공무원에게 기대되는 바람직한 행동의 방향과 원칙에 대한 명확한 기준의 제시가 필요하며 이러한 기능을 수행하는 것이 바로 (   )(이)라 할 수 있다.
> 우리 사회에서 공무원이 수행하는 역할과 그 영향력은 어느 영역보다도 크고 중요한 것으로 국민들에게 인식되고 있다. 이로 인하여 일반 국민들은 공무원들이 가지고 있는 가치관이나 의사결정, 그리고 행동에 대하여 매우 민감하게 반응한다. 그리고 공무원의 그릇된 행동이 미치는 사회적 영향력 또한 매우 크다는 점에서 공무원의 바람직한 의식과 행동을 담보하기 위한 지침의 제정이 요구되는 것이다.

① 공무원 윤리지침   ② 공무원 행동강령
③ 공무원 청렴평가   ④ 직무의 공정성

 공무원들에게는 일반 국민들에게 기대되는 것 보다 높은 수준의 사고와 도덕성이 요구된다. 일반 국민들과 비교하여 '축소(절제)된 사생활의 원칙'이 적용되며, 이러한 원칙을 규범화한 것이 바로 「공무원 행동강령」이라고 할 수 있다.

7 다음 중 직업에 대한 설명으로 옳은 것끼리 짝지어진 것은?

> ㉠ 경제적인 보상이 있어야 한다.
> ㉡ 본인의 자발적 의사에 의한 것이어야 한다.
> ㉢ 장기적으로 계속해서 일하는 지속성이 있어야 한다.
> ㉣ 취미활동, 아르바이트, 강제노동 등도 포함된다.
> ㉤ 다른 사람들과 함께 인간관계를 쌓을 수 있는 기회가 된다.
> ㉥ 직업(職業)의 職은 사회적 역할의 분배인 직분(職分)을 의미한다.
> ㉦ 직업(職業)의 業은 일 또는 행위이다.

① ㉠, ㉡, ㉢, ㉣   ② ㉠, ㉢, ㉣, ㉤
③ ㉠, ㉡, ㉤, ㉥   ④ ㉠, ㉡, ㉢, ㉤, ㉥, ㉦

 ㉣ 취미활동, 아르바이트, 강제노동 등은 직업에 포함되지 않는다.

Answer 5.②   6.②   7.④

8 다음 중 개인윤리와 직업윤리의 조화로운 상황만을 바르게 묶은 것은?

> ⊙ 업무상 개인의 판단과 행동은 직장 내 다수의 이해관계자와 관련되게 된다.
> ⓒ 개인윤리를 기반으로 공동의 협력을 추구한다.
> ⓒ 규모가 큰 공동의 재산, 정보 등을 개인의 권한 하에 위임하는 것이다.
> ⓔ 팔은 안으로 굽는다는 속담이 있듯이, 직장 내에서도 활용된다.
> ⓜ 각 직무에서 모든 특수한 상황에서는 개인윤리와 충돌하는 경우도 있다.

① ⊙, ⓒ, ⓒ, ⓔ
② ⊙, ⓒ, ⓔ, ⓜ
③ ⊙, ⓒ, ⓒ, ⓔ, ⓜ
④ ⊙, ⓒ, ⓒ, ⓜ

 ⓔ "팔은 안으로 굽는다는 속담이 있듯이, 직장 내에서도 활용된다."는 공과 사를 구분하지 못한 것으로 올바른 직업윤리라고 볼 수 없다.

9 한국인이 강조하는 직업윤리가 아닌 것은?

① 성실함   ② 책임감
③ 창의성   ④ 복종성

 한국인들이 중요하게 생각하는 직업윤리 덕목
　⊙ 책임감
　ⓒ 성실함
　ⓒ 정직함
　ⓔ 신뢰성
　ⓜ 창의성
　ⓗ 협조성
　ⓢ 청렴성

10 다음에서 알 수 있는 슈펭글러의 사례가 우리 사회에 발생하지 않도록 하기 위한 적절한 제도적 장치로 가장 적절하지 않은 것은?

> 2000년대 초, 독일 카셀의 폭스바겐 공장에서 근무하던 슈펭글러는 믿을 수 없는 장면을 목격했다. 폭스바겐 내에서 공금 유용과 비용 부풀리기를 이용한 착복 등이 일어나고 있었던 것이다. 슈펭글러가 확인한 바에 따르면 이는 일부 몇몇 직원의 일탈이 아니라 노조까지 연루된 부패 사건이었다. 그는 이 사실을 직속 상사와 감사담당관, 경영진에게 알렸으나, 몇 해가 지나도록 그들은 묵묵부답이었다.
> 2003년, 회사에 알리는 것만으로는 이를 해결할 수 없다는 걸 깨달은 슈펭글러는 주주들과 감독이 사회에 편지를 보내기에 이른다. 하지만 며칠 뒤 그가 받은 답변은 슈펭글러 자신의 해고 통지였다. 부정행위로 회사의 공금이 새고 있음을 고발한 대가는 가혹했다. 슈펭글러는 긴 시간 동안 법정 투쟁 속에 힘든 싸움을 이어가야 했으며, 수년 후에야 검찰 수사를 통해 슈펭글러가 고발한 사내 부패문제가 밝혀졌다.

① 직원의 신원은 확실히 보호되고 모든 제보가 진지하게 다루어지며 제기된 문제는 적절하게 조사된다는 내용이 명확하게 명시된 정책을 운영해야 한다.

② 개인의 불평불만과도 관련될 수 있으므로 인사부 직원을 중심으로 한 '고충신고라인' 등의 제도와 연계시키는 정책을 추진하여야 한다.

③ 조직 내의 모든 관리자와 직원은 물론 외부 이해관계자까지 포함하는 포괄적인 정책이 마련되어야 한다.

④ 고발 행위는 자발적인 행동이 아니라 의무가 돼야 하고 이 의무는 정책에서 분명하게 설명되어야 한다.

 기업의 내부고발에 대한 문제이다. 내부고발자는 자신의 업무에서 알게 된 조직 내 불법 행위나 위험한 활동에 우려를 제기하는 사람이다. 따라서 내부고발과 개인적인 불평불만은 구분돼야 하며 이 둘은 별도의 보고체계를 갖는 것이 중요하다. 일반적인 고충신고라인은 복리후생을 담당하는 인사부와 연결되며, 내부고발의 문제는 이보다 훨씬 중요한 사안이므로 근본적이고 독립적인 내부고발 시스템으로 다루어져야 할 문제이다.

11 다음 중 직장 내에서 정직성에 어긋나는 사례로 적절한 것은?

① 출퇴근 시간을 엄격히 지킨다.

② 상품이 경쟁회사에 비해 품질이 떨어지는 부분이 있어도 판매 시 언급하지 않는다.

③ 점심시간이 부족하더라도 철저히 시간을 엄수한다.

④ 어쩔 수 없이 출근 시간을 지키지 못하더라도 변명을 하지 않는다.

> (Tip) 상품에 대해 정확하게 진실된 정보를 주는 것이 당장의 판매 이익보다 장기적으로 제품의 신뢰를 얻는 데 더 유리하다.

12 다음 중 일반적으로 시간 약속에 늦었을 때 약속한 상대에게 말할 수 있는 정직함과 관련된 가장 적절한 대답은?

① 미안합니다. 차가 막혀서 늦었습니다.

② 당신도 저번에 늦었던 적이 있으니 이번만 이해해 주십시오.

③ 휴대폰을 깜빡하고 가져오지 않아 다시 가지러 갔다가 늦게 되었습니다.

④ 사실 이번 만남은 별로 오고 싶지 않아서 늑장을 부리다 늦었습니다.

> (Tip) 자신의 감정을 솔직히 표현한 내용이 정직함에 가장 잘 어울린다.

13 다음에서 설명하고 있는 직업윤리의 덕목은?

> 자신의 일이 자신의 능력과 적성에 곡 맞는다고 여기고 그 일에 열성을 가지고 성실히 임하는 태도

① 소명의식   ② 천직의식

③ 직분의식   ④ 책임의식

> ① 자신이 맡은 일은 하늘에 의해 맡겨진 일이라고 생각하는 태도
> ③ 자신이 하고 있는 일이 사회나 기업을 위해 중요한 역할을 하고 있다고 믿고 자신의 활동을 수행하는 태도
> ④ 직업에 대한 사회적 역할과 책무를 충실히 수행하고 책임을 다하는 태도

14 일반적인 직업의 의미가 아닌 것은?

① 직업은 경제적 보상을 받는 일이다.

② 직업은 계속적으로 수행하는 일이다.

③ 직업은 자기의 의사와 관계없이 해야 하는 일이다.

④ 직업은 사회적 효용이 있는 일이다.

 직업의 일반적 의미
　　⊙ 직업은 경제적 보상을 받는 일이다.
　　ⓒ 직업은 계속적으로 수행하는 일이다.
　　ⓒ 직업은 사회적 효용이 있는 일이다.
　　ⓔ 직업은 성인이 하는 일이다.
　　ⓜ 직업은 자기의 의사에 따라 하는 일이다.
　　ⓗ 직업은 노력이 소용되는 일이다.

15 다음 중 인사예절에 어긋한 행동은?

① 윗사람에게는 먼저 목례를 한 후 악수를 한다.

② 상대의 눈을 보며 밝은 표정을 짓는다.

③ 주머니에 손을 넣고 악수를 한다.

④ 명함을 받으면 즉시 호주머니에 넣지 않는다.

 주머니에 손을 넣고 악수를 하지 않는다.

16 전화예절로 바르지 못한 것은?

① 전화벨이 3 ～ 4번 울리기 전에 받는다.

② 자신이 누구인지를 즉시 말한다.

③ 말을 할 때 상대방의 이름을 사용하지 않는다.

④ 천천히, 명확하게 예의를 갖추고 말한다.

 말을 할 때는 상대방의 이름을 함께 사용한다.

Answer→　11.② 12.④ 13.② 14.③ 15.③ 16.③

17 현재 우리나라에서 힘들고(Difficult), 더럽고(Dirty), 위험한(Dangerous) 일은 하지 않으려고 하는 현상으로 노동력은 풍부하지만 생산인력은 부족하다는 파행적 모습을 보여 실업자 증가와 외국인 노동자들의 불법취업이라는 새로운 사회문제를 야기시키는 현상은?

① 3D 기피현상

② 청년실업현상

③ 아노미현상

④ 님비현상

Tip 힘들고, 더럽고, 위험한 일을 기피하는 현상을 3D 기피현상이라 한다.

18 다음 중 개인윤리와 직업윤리의 관계에 대한 설명이 아닌 것은?

① 직업윤리는 개인윤리를 바탕으로 각 직업에서 요구되는 특수한 윤리이다.

② 개인적인 삶보다 직업의 규모가 더 크므로 개인윤리가 직업윤리에 포함된다.

③ 모든 사람은 직업의 성격에 따라 각각 다른 직업윤리를 지닌다.

④ 개인윤리에는 폭력이 금지되어 있지만, 경찰관에게는 허용된다.

Tip 일반적으로 직업윤리가 개인윤리에 포함되지만 가끔 충돌하기도 한다.

19 같은 일을 하더라도 누구는 즐겁게 하고, 누구는 억지로 하는 것은 어떠한 자세가 결여되었기 때문인가?

① 능동적이고 적극적인 자세

② 수동적인 자세

③ 우울한 자세

④ 소극적인 자세

Tip 근면에는 능동적이고 적극적인 자세가 필요하다.

20 우리나라의 정직성은 어느 수준에 있는지 그 예가 잘못된 것은?

① 아직까지 융통성이라는 이유로 정해진 규칙을 잘 지키는 사람은 고지식하고 답답하다고 하는 사람들이 많이 있다.

② 아직까지 부정직한 사람이 정치인도 되고, 기업인도 되고, 성공하는 일이 비일비재하다.

③ 교통신호를 위반해도 크게 양심의 가책을 느끼지 않는다.

④ 거짓말하는 사람은 이 땅에 발도 못 부칠 정도로 가혹하게 처벌받는다.

 아직까지 우리 사회에서 거짓말하는 사람이 이 땅에 발을 못 부칠 정도로 가혹하게 처벌받지 않는다.

21 돈벌이에 있어서 성실한 사람과 그렇지 않은 사람에 대한 설명으로 틀린 것은?

① 현대 사회에서는 빨리 큰돈을 벌어야 한다고 성급하게 생각하기 때문에, 성실하지 않은 삶을 찾게 된다.

② 성실하게 번 돈은 유흥비 등으로 쉽게 쓰게 된다.

③ 사기나 횡령 등과 같이 성실하지 않게 번 사람들은 자칫하면 패가망신할 수도 있다.

④ 성실하게 돈을 벌어 절약하면서 얼마든지 생활을 유지할 수 있다.

 성실하지 않게 번 돈을 유흥비 등으로 쉽게 쓰게 된다.

22 직장 내에서 성희롱을 당한 경우 대처방법으로 옳지 않은 것은?

① 직접적으로 거부의사를 밝히고 중지할 것을 항의한다.

② 증거자료를 수거하고 공식적 처리를 준비한다.

③ 공정한 처리를 위해 개인 정보를 공개한다.

④ 가해자에 대해 납득할 정도의 조치를 취하고 결과를 피해자에게 통지한다.

 직장은 성 예절에 어긋나는 행동에 대해 도움을 요청받았을 시 개인 정보의 유출을 철저히 방지해야 한다.
①② 개인적 대응
④ 직장의 대응

Answer 17.① 18.② 19.① 20.④ 21.② 22.③

23 직장에서의 성 예절을 지키기 위한 자세로 옳지 않은 것은?

① 여성과 남성이 대등한 동반자 관계로 동등한 역할과 능력발휘를 한다는 인식을 가진다.

② 직장에서 여성은 본인의 특징을 살린 한정된 업무를 담당하게 한다.

③ 직장 내에서 여성이 남성과 동등한 지위를 보장받기 위해서는 그만한 책임과 역할을 다해야 한다.

④ 성희롱 문제를 사전에 예방하고 효과적으로 처리하는 방안이 필요하다.

 직장에서 여성의 특징을 살린 한정된 업무를 담당하던 과거와는 달리 여성과 남성이 대등한 동반자 관계로 동등한 역할과 능력발휘를 한다는 인식을 가질 필요가 있다.

24 직장에서의 소개 예절로 옳지 않은 것은?

① 나이 어린 사람을 연장자에게 소개한다.

② 신참자를 고참자에게 소개한다.

③ 반드시 성과 이름을 함께 말한다.

④ 빠르게 그리고 명확하게 말한다.

 직장에서의 소개 예절
ㄱ 나이 어린 사람을 연장자에게 소개한다.
ㄴ 내가 속해 있는 회사의 관계자를 타 회사의 관계자에게 소개한다.
ㄷ 신참자를 고참자에게 소개한다.
ㄹ 동료, 임원을 고객, 손님에게 소개한다.
ㅁ 비임원을 임원에게 소개한다.
ㅂ 소개받는 사람의 별칭은 그 이름이 비즈니스에서 사용되는 것이 아니라면 사용하지 않는다.
ㅅ 반드시 성과 이름을 함께 말한다.
ㅇ 상대방이 항상 사용하는 경우라면 Dr. 또는 Ph.D. 등의 칭호를 함께 언급한다.
ㅈ 정부 고관의 직급명은 퇴직한 경우라도 항상 사용한다.
ㅊ 천천히 그리고 명확하게 말한다.
ㅋ 각각의 관심사와 최근의 성과에 대하여 간단한 언급을 한다.

25 근면에 대한 설명 중 바르지 않은 것은?

① 근면한 것은 성공을 이루게 되는 기본 조건이 된다.

② 근면과 관련해서 「탈무드」에는 "이 세상에서 가장 한심한 것은 할 일이 없는 것이다"라고 하였다.

③ 근면과 관련해서 「시편」에는 "눈물을 흘리며 씨를 뿌리는 자는 기쁨으로 거두리로다"라고 노래하고 있다.

④ 근면과 게으름은 습관보다는 원래부터 타고난 성품이다.

 근면과 게으름은 타고난 성품이라기보다 생활 속에 굳혀진 습관이다.

26 근면에는 두 가지의 종류가 있다. 하나는 외부로부터 강요당한 근면이고, 다른 하나는 스스로 자진해서 하는 근면이 있다. 다음 중 외부로부터 강요당한 근면에 해당하는 것끼리 짝지어진 것은?

> ㉠ 가난했을 때 논밭이나 작업장에서 열악한 노동 조건 하에서 기계적으로 삶을 유지하기 위해 하는 일
> ㉡ 상사의 명령에 의해 잔업하는 일
> ㉢ 회사 내 진급시험을 위해 외국어를 열심히 공부하는 일
> ㉣ 세일즈맨이 자신의 성과를 높이기 위해서 노력하는 일

① ㉠, ㉡   ② ㉠, ㉢

③ ㉡, ㉢   ④ ㉢, ㉣

 외부로부터 강요당한 근면은 억지로 하는 노동과 상사에 의한 잔업이 해당된다.
자진해서 하는 근면은 일정한 목표를 성취하기 위해 노력하는 것이 해당된다.

Answer ↱ 23.② 24.④ 25.④ 26.①

27 다음 정직에 대한 설명 중 옳지 않은 것은?

① 사람은 혼자서는 살아갈 수 없으므로, 다른 사람과의 신뢰가 필요하다.

② 정직한 것은 성공을 이루게 되는 기본 조건이다.

③ 다른 사람이 전하는 말이나 행동이 사실과 부합된다는 신뢰가 없어도 사회생활을 하는데 별로 지장이 없다.

④ 신뢰를 형성하기 위해 필요한 규점이 정직이다.

> (Tip) 사람은 사회적 동물이므로 다른 사람들과의 관계가 매우 중요하다. 이러한 관계를 유지하기 위해서는 다른 사람이 전하는 말이나 행동이 사실과 부합된다는 신뢰가 있어야 한다.

28 성실에 대한 설명 중 옳지 않은 것은?

① "최고보다는 최선을 꿈꾸어라"라는 말은 성실의 중요성을 뜻한다.

② "천재는 1퍼센트의 영감과 99퍼센트의 노력으로 만들어진다"라는 말 역시 성실의 중요성을 뜻한다.

③ 성실이란 근면한 태도와 정직한 태도 모두와 관련이 되어 있다.

④ 성실하면 사회생활을 하는 데 있어서 바보 소리를 듣고, 실패하기 쉽다.

> (Tip) 성실하면 사회생활을 하는데 있어서 바보 소리를 드고, 실패하기 쉽다는 말은 잘못된 내용이다. 성공한 사람은 모두 성실하게 일을 한 사람들이다.

29 다음 설명에 해당하는 직업윤리의 덕목은?

> 자신의 일이 누구나 할 수 있는 것이 아니라 해당 분야의 지식을 바탕으로 가능한 것이라 믿는 태도

① 전문가의식   ② 소명의식

③ 천직의식   ④ 직분의식

 직업윤리의 덕목
   ㉠ 소명의식 : 자신이 맡은 일은 하늘에 의해 맡겨진 일이라고 생각하는 태도
   ㉡ 천직의식 : 자신의 일이 자신의 능력에 맞는다 여기고 열성을 가지고 성실히 임하는 태도
   ㉢ 직분의식 : 자신이 하고 있는 일이 사회나 기업을 위해 중요한 역할을 하고 있다고 믿는 태도
   ㉣ 책임의식 : 직업에 대한 사회적 역할과 책무를 충실히 수행하고 책임을 다하는 태도
   ㉤ 전문가의식 : 자신의 일이 누구나 할 수 있는 것이 아니라 해당 분야의 지식을 바탕으로 가능한 것이라 믿는 태도
   ㉥ 봉사의식 : 직업활동을 통해 다른 사람과 공동체에 대해 봉사하는 정신을 갖춘 태도

30 다음 중 직장에서의 명함교환 예절로 옳지 않은 것은?

① 상대방에게서 명함을 받으면 받은 즉시 호주머니에 넣는다.

② 명함은 하위에 있는 사람이 먼저 꺼낸다.

③ 쌍방이 동시에 명함을 꺼낼 때에는 왼손으로 서로 교환하고 오른손으로 옮겨진다.

④ 명함은 반드시 명함 지갑에서 꺼내고 상대방에게 받은 명함도 명함 지갑에 넣는다.

 명함교환 예절
   ㉠ 명함은 반드시 명함 지갑에서 꺼내고 상대방에게 받은 명함도 명함 지갑에 넣는다.
   ㉡ 상대방에게서 명함을 받으면 받은 즉시 호주머니에 넣지 않는다.
   ㉢ 명함은 하위에 있는 사람이 먼저 꺼내는데 상위자에 대해서는 왼손으로 가볍게 받쳐 내는 것이 예의
     이며, 동위자, 하위자에게는 오른손으로만 쥐고 건넨다.
   ㉣ 명함을 받으면 그대로 집어넣지 말고 명함에 관해서 한두 마디 대화를 건네 본다.
   ㉤ 쌍방이 동시에 명함을 꺼낼 때에는 왼손으로 서로 교환하고 오른손으로 옮겨진다.

Answer ↪   27.③   28.④   29.①   30.①

PART IV

인성검사

01 인성검사의 개요

1   허구성 척도의 질문을 파악한다.

인성검사의 질문에는 허구성 척도를 측정하기 위한 질문이 숨어있음을 유념해야 한다. 예를 들어 '나는 지금까지 거짓말을 한 적이 없다.' '나는 한 번도 화를 낸 적이 없다.' 나는 남을 헐뜯거나 비난한 적이 한 번도 없다.' 이러한 질문이 있다고 가정해보자. 상식적으로 보통 누구나 태어나서 한번은 거짓말을 한 경험은 있을 것이며 화를 낸 경우도 있을 것이다. 또한 대부분의 구직자가 자신을 좋은 인상으로 포장하는 것도 자연스러운 일이다. 따라서 허구성을 측정하는 질문에 다소 거짓으로 '그렇다'라고 답하는 것은 전혀 문제가 되지 않는다. 하지만 지나치게 좋은 성격을 염두에 두고 허구성을 측정하는 질문에 전부 '그렇다'고 대답을 한다면 허구성 척도의 득점이 극단적으로 높아지며 이는 검사항목전체에서 구직자의 성격이나 특성이 반영되지 않았음을 나타내 불성실한 답변으로 신뢰성이 의심받게 되는 것이다. 다시 한 번 인성검사의 문항은 각 개인의 특성을 알아보고자 하는 것으로 절대적으로 옳거나 틀린 답이 없으므로 결과를 지나치게 의식하여 솔직하게 응답하지 않으면 과장 반응으로 분류될 수 있음을 기억하자!

2   '대체로', '가끔' 등의 수식어를 확인한다.

'대체로', '종종', '가끔', '항상', '대개' 등의 수식어는 대부분의 인성검사에서 자주 등장한다. 이러한 수식어가 붙은 질문을 접했을 때 구직자들은 조금 고민하게 된다. 하지만 아직 답해야 할 질문들이 많음을 기억해야 한다. 다만, 앞에서 '가끔', '때때로'라는 수식어가 붙은 질문이 나온다면 뒤에는 '항상', '대체로'의 수식어가 붙은 내용은 똑같은 질문이 이어지는 경우가 많다. 따라서 자주 사용되는 수식어를 적절히 구분할 줄 알아야 한다.

3 **솔직하게 있는 그대로 표현한다.**

인성검사는 평범한 일상생활 내용들을 다룬 짧은 문장과 어떤 대상이나 일에 대한 선호를 선택하는 문장으로 구성되었으므로 평소에 자신이 생각한 바를 너무 골똘히 생각하지 말고 문제를 보는 순간 떠오른 것을 표현한다. 또한 간혹 반복되는 문제들이 출제되기 때문에 일관성 있게 답하지 않으면 감점될 수 있으므로 유의한다.

4 **모든 문제를 신속하게 대답한다.**

인성검사는 시간제한이 없는 것이 원칙이지만 기업체들은 일정한 시간제한을 두고 있다. 인성검사는 개인의 성격과 자질을 알아보기 위한 검사이기 때문에 정답이 없다. 다만, 기업체에서 바람직하게 생각하거나 기대되는 결과가 있을 뿐이다. 따라서 시간에 쫓겨서 대충 대답을 하는 것은 바람직하지 못하다.

5 **자신의 성향과 사고방식을 미리 정리한다.**

기업의 인재상을 기초로 하여 일관성, 신뢰성, 진실성 있는 답변을 염두에 두고 꼼꼼히 풀다보면 분명 시간의 촉박함을 느낄 것이다. 따라서 각각의 질문을 너무 골똘히 생각하거나 고민하지 말자. 대신 시험 전에 여유 있게 자신의 성향이나 사고방식에 대해 정리해보는 것이 필요하다.

6 **마지막까지 집중해서 검사에 임한다.**

장시간 진행되는 검사에 지칠 수 있으므로 마지막까지 집중해서 정확히 답할 수 있도록 해야 한다.

02 실전 인성검사

|1~250| 다음 제시된 문항이 당신에게 해당한다면 YES, 그렇지 않다면 NO를 선택하시오.

	YES	NO
1. 조금이라도 나쁜 소식은 절망의 시작이라고 생각해버린다.	( )	( )
2. 언제나 실패가 걱정이 되어 어쩔 줄 모른다.	( )	( )
3. 다수결의 의견에 따르는 편이다.	( )	( )
4. 혼자서 커피숍에 들어가는 것은 전혀 두려운 일이 아니다.	( )	( )
5. 승부근성이 강하다.	( )	( )
6. 자주 흥분해서 침착하지 못하다.	( )	( )
7. 지금까지 살면서 타인에게 폐를 끼친 적이 없다.	( )	( )
8. 소곤소곤 이야기하는 것을 보면 자기에 대해 험담하고 있는 것으로 생각된다.	( )	( )
9. 무엇이든지 자기가 나쁘다고 생각하는 편이다.	( )	( )
10. 자신을 변덕스러운 사람이라고 생각한다.	( )	( )
11. 고독을 즐기는 편이다.	( )	( )
12. 자존심이 강하다고 생각한다.	( )	( )
13. 금방 흥분하는 성격이다.	( )	( )
14. 거짓말을 한 적이 없다.	( )	( )
15. 신경질적인 편이다.	( )	( )
16. 끙끙대며 고민하는 타입이다.	( )	( )
17. 감정적인 사람이라고 생각한다.	( )	( )
18. 자신만의 신념을 가지고 있다.	( )	( )
19. 다른 사람을 바보 같다고 생각한 적이 있다.	( )	( )
20. 금방 말해버리는 편이다.	( )	( )
21. 싫어하는 사람이 없다.	( )	( )

22. 대재앙이 오지 않을까 항상 걱정을 한다. ···( )( )

23. 쓸데없는 고생을 사서 하는 일이 많다. ···( )( )

24. 자주 생각이 바뀌는 편이다. ···( )( )

25. 문제점을 해결하기 위해 여러 사람과 상의한다. ···( )( )

26. 내 방식대로 일을 한다. ···( )( )

27. 영화를 보고 운 적이 많다. ···( )( )

28. 어떤 것에 대해서도 화낸 적이 없다. ···( )( )

29. 사소한 충고에도 걱정을 한다. ···( )( )

30. 자신은 도움이 안되는 사람이라고 생각한다. ···( )( )

31. 금방 싫증을 내는 편이다. ···( )( )

32. 개성적인 사람이라고 생각한다. ···( )( )

33. 자기 주장이 강한 편이다. ···( )( )

34. 산만하다는 말을 들은 적이 있다. ···( )( )

35. 학교를 쉬고 싶다고 생각한 적이 한 번도 없다. ···( )( )

36. 사람들과 관계맺는 것을 보면 잘하지 못한다. ···( )( )

37. 사려깊은 편이다. ···( )( )

38. 몸을 움직이는 것을 좋아한다. ···( )( )

39. 끈기가 있는 편이다. ···( )( )

40. 신중한 편이라고 생각한다. ···( )( )

41. 인생의 목표는 큰 것이 좋다. ···( )( )

42. 어떤 일이라도 바로 시작하는 타입이다. ···( )( )

43. 낯가림을 하는 편이다. ···( )( )

44. 생각하고 나서 행동하는 편이다. ···( )( )

45. 쉬는 날은 밖으로 나가는 경우가 많다. ···( )( )

46. 시작한 일은 반드시 완성시킨다. ···( )( )

47. 면밀한 계획을 세운 여행을 좋아한다. ···( )( )

48. 야망이 있는 편이라고 생각한다. ···( )( )

49. 활동력이 있는 편이다. ···( )( )

50. 많은 사람들과 와자지껄하게 식사하는 것을 좋아하지 않는다. ····················( )( )

51. 돈을 허비한 적이 없다. ···( )( )

52. 운동회를 아주 좋아하고 기대했다. ··( )( )

53. 하나의 취미에 열중하는 타입이다. ··( )( )

54. 모임에서 회장에 어울린다고 생각한다. ···( )( )

55. 입신출세의 성공이야기를 좋아한다. ··( )( )

56. 어떠한 일도 의욕을 가지고 임하는 편이다. ···( )( )

57. 학급에서는 존재가 희미했다. ···( )( )

58. 항상 무언가를 생각하고 있다. ···( )( )

59. 스포츠는 보는 것보다 하는 게 좋다. ··( )( )

60. '참 잘했네요'라는 말을 듣는다. ···( )( )

61. 흐린 날은 반드시 우산을 가지고 간다. ···( )( )

62. 주연상을 받을 수 있는 배우를 좋아한다. ···( )( )

63. 공격하는 타입이라고 생각한다. ···( )( )

64. 리드를 받는 편이다. ···( )( )

65. 너무 신중해서 기회를 놓친 적이 있다. ···( )( )

66. 시원시원하게 움직이는 타입이다. ··( )( )

67. 야근을 해서라도 업무를 끝낸다. ··( )( )

68. 누군가를 방문할 때는 반드시 사전에 확인한다. ···( )( )

69. 노력해도 결과가 따르지 않으면 의미가 없다. ··( )( )

70. 무조건 행동해야 한다. ···( )( )

71. 유행에 둔감하다고 생각한다. ···( )( )

72. 정해진 대로 움직이는 것은 시시하다. ··( )( )

73. 꿈을 계속 가지고 있고 싶다. ···( )( )

74. 질서보다 자유를 중요시하는 편이다. ··( )( )

75. 혼자서 취미에 몰두하는 것을 좋아한다. ···( )( )

76. 직관적으로 판단하는 편이다. ··(　)(　)

77. 영화나 드라마를 보면 등장인물의 감정에 이입된다. ····················(　)(　)

78. 시대의 흐름에 역행해서라도 자신을 관철하고 싶다. ····················(　)(　)

79. 다른 사람의 소문에 관심이 없다. ··(　)(　)

80. 창조적인 편이다. ···(　)(　)

81. 비교적 눈물이 많은 편이다. ··(　)(　)

82. 융통성이 있다고 생각한다. ··(　)(　)

83. 친구의 휴대전화 번호를 잘 모른다. ··(　)(　)

84. 스스로 고안하는 것을 좋아한다. ···(　)(　)

85. 정이 두터운 사람으로 남고 싶다. ··(　)(　)

86. 조직의 일원으로 별로 안 어울린다. ··(　)(　)

87. 세상의 일에 별로 관심이 없다. ··(　)(　)

88. 변화를 추구하는 편이다. ··(　)(　)

89. 업무는 인간관계로 선택한다. ···(　)(　)

90. 환경이 변하는 것에 구애되지 않는다. ··(　)(　)

91. 불안감이 강한 편이다. ··(　)(　)

92. 인생은 살 가치가 없다고 생각한다. ··(　)(　)

93. 의지가 약한 편이다. ··(　)(　)

94. 다른 사람이 하는 일에 별로 관심이 없다. ··(　)(　)

95. 사람을 설득시키는 것은 어렵지 않다. ··(　)(　)

96. 심심한 것을 못 참는다. ··(　)(　)

97. 다른 사람을 욕한 적이 한 번도 없다. ···(　)(　)

98. 다른 사람에게 어떻게 보일지 신경을 쓴다. ······································(　)(　)

99. 금방 낙심하는 편이다. ··(　)(　)

100. 다른 사람에게 의존하는 경향이 있다. ··(　)(　)

101. 그다지 융통성이 있는 편이 아니다. ··(　)(　)

102. 다른 사람이 내 의견에 간섭하는 것이 싫다. ·····································(　)(　)

YES NO

103. 낙천적인 편이다. ···( )( )

104. 숙제를 잊어버린 적이 한 번도 없다. ··( )( )

105. 밤길에는 발소리가 들리기만 해도 불안하다. ··························( )( )

106. 상냥하다는 말을 들은 적이 있다. ···( )( )

107. 자신은 유치한 사람이다. ···( )( )

108. 잡담을 하는 것보다 책을 읽는 게 낫다. ·································( )( )

109. 나는 영업에 적합한 타입이라고 생각한다. ····························( )( )

110. 술자리에서 술을 마시지 않아도 흥을 돋울 수 있다. ·········( )( )

111. 한 번도 병원에 간 적이 없다. ···( )( )

112. 나쁜 일은 걱정이 되어서 어쩔 줄을 모른다. ························( )( )

113. 금세 무기력해지는 편이다. ···(.)( )

114. 비교적 고분고분한 편이라고 생각한다. ·································( )( )

115. 독자적으로 행동하는 편이다. ···( )( )

116. 적극적으로 행동하는 편이다. ···( )( )

117. 금방 감격하는 편이다. ···( )( )

118. 어떤 것에 대해서는 불만을 가진 적이 없다. ························( )( )

119. 밤에 못 잘 때가 많다. ···( )( )

120. 자주 후회하는 편이다. ···( )( )

121. 뜨거워지기 쉽고 식기 쉽다. ···( )( )

122. 자신만의 세계를 가지고 있다. ···( )( )

123. 많은 사람 앞에서도 긴장하는 일은 없다. ····························( )( )

124. 말하는 것을 아주 좋아한다. ···( )( )

125. 인생을 포기하는 마음을 가진 적이 한 번도 없다. ···············( )( )

126. 어두운 성격이다. ···( )( )

127. 금방 반성한다. ···( )( )

128. 활동범위가 넓은 편이다. ···( )( )

129. 자신을 끈기 있는 사람이라고 생각한다. ····························( )( )

130. 좋다고 생각하더라도 좀 더 검토하고 나서 실행한다. ……………………………………( )( )

131. 위대한 인물이 되고 싶다. ……………………………………………………………………( )( )

132. 한 번에 많은 일을 떠맡아도 힘들지 않다. …………………………………………………( )( )

133. 사람과 만날 약속은 부담스럽다. ……………………………………………………………( )( )

134. 질문을 받으면 충분히 생각하고 나서 대답하는 편이다. ………………………………( )( )

135. 머리를 쓰는 것보다 땀을 흘리는 일이 좋다. ……………………………………………( )( )

136. 결정한 것에는 철저히 구속받는다. ………………………………………………………( )( )

137. 외출 시 문을 잠갔는지 몇 번을 확인한다. ………………………………………………( )( )

138. 이왕 할 거라면 일등이 되고 싶다. ………………………………………………………( )( )

139. 과감하게 도전하는 타입이다. ………………………………………………………………( )( )

140. 자신은 사교적이 아니라고 생각한다. ……………………………………………………( )( )

141. 무심코 도리에 대해서 말하고 싶어진다. …………………………………………………( )( )

142. '항상 건강하네요'라는 말을 듣는다. ………………………………………………………( )( )

143. 단념하면 끝이라고 생각한다. ………………………………………………………………( )( )

144. 예상하지 못한 일은 하고 싶지 않다. ……………………………………………………( )( )

145. 파란만장하더라도 성공하는 인생을 걷고 싶다. …………………………………………( )( )

146. 활기찬 편이라고 생각한다. …………………………………………………………………( )( )

147. 소극적인 편이라고 생각한다. ………………………………………………………………( )( )

148. 무심코 평론가가 되어 버린다. ……………………………………………………………( )( )

149. 자신은 성급하다고 생각한다. ………………………………………………………………( )( )

150. 꾸준히 노력하는 타입이라고 생각한다. …………………………………………………( )( )

151. 내일의 계획이라도 메모한다. ………………………………………………………………( )( )

152. 리더십이 있는 사람이 되고 싶다. …………………………………………………………( )( )

153. 열정적인 사람이라고 생각한다. ……………………………………………………………( )( )

154. 다른 사람 앞에서 이야기를 잘 하지 못한다. ……………………………………………( )( )

155. 통찰력이 있는 편이다. ………………………………………………………………………( )( )

156. 엉덩이가 가벼운 편이다. ……………………………………………………………………( )( )

157. 여러 가지로 구애됨이 있다. ┄┄┄┄┄┄┄┄┄┄┄┄┄┄┄┄┄┄┄┄┄┄┄┄┄┄┄┄┄┄┄┄┄┄┄┄┄┄┄(   )(   )

158. 돌다리도 두들겨 보고 건너는 쪽이 좋다. ┄┄┄┄┄┄┄┄┄┄┄┄┄┄┄┄┄┄┄┄┄┄┄┄┄┄┄┄┄┄(   )(   )

159. 자신에게는 권력욕이 있다. ┄┄┄┄┄┄┄┄┄┄┄┄┄┄┄┄┄┄┄┄┄┄┄┄┄┄┄┄┄┄┄┄┄┄┄┄┄┄┄(   )(   )

160. 업무를 할당받으면 기쁘다. ┄┄┄┄┄┄┄┄┄┄┄┄┄┄┄┄┄┄┄┄┄┄┄┄┄┄┄┄┄┄┄┄┄┄┄┄┄┄┄(   )(   )

161. 사색적인 사람이라고 생각한다. ┄┄┄┄┄┄┄┄┄┄┄┄┄┄┄┄┄┄┄┄┄┄┄┄┄┄┄┄┄┄┄┄┄┄┄┄(   )(   )

162. 비교적 개혁적이다. ┄┄(   )(   )

163. 좋고 싫음으로 정할 때가 많다. ┄┄┄┄┄┄┄┄┄┄┄┄┄┄┄┄┄┄┄┄┄┄┄┄┄┄┄┄┄┄┄┄┄┄┄┄(   )(   )

164. 전통에 구애되는 것은 버리는 것이 적절하다. ┄┄┄┄┄┄┄┄┄┄┄┄┄┄┄┄┄┄┄┄┄┄┄┄(   )(   )

165. 교제 범위가 좁은 편이다. ┄┄(   )(   )

166. 발상의 전환을 할 수 있는 타입이라고 생각한다. ┄┄┄┄┄┄┄┄┄┄┄┄┄┄┄┄┄┄┄(   )(   )

167. 너무 주관적이어서 실패한다. ┄┄┄┄┄┄┄┄┄┄┄┄┄┄┄┄┄┄┄┄┄┄┄┄┄┄┄┄┄┄┄┄┄┄┄┄┄┄(   )(   )

168. 현실적이고 실용적인 면을 추구한다. ┄┄┄┄┄┄┄┄┄┄┄┄┄┄┄┄┄┄┄┄┄┄┄┄┄┄┄┄┄┄(   )(   )

169. 내가 어떤 배우의 팬인지 아무도 모른다. ┄┄┄┄┄┄┄┄┄┄┄┄┄┄┄┄┄┄┄┄┄┄┄┄┄┄(   )(   )

170. 현실보다 가능성이다. ┄┄(   )(   )

171. 마음이 담겨 있으면 선물은 아무 것이나 좋다. ┄┄┄┄┄┄┄┄┄┄┄┄┄┄┄┄┄┄┄┄(   )(   )

172. 여행은 마음대로 하는 것이 좋다. ┄┄┄┄┄┄┄┄┄┄┄┄┄┄┄┄┄┄┄┄┄┄┄┄┄┄┄┄┄┄┄┄(   )(   )

173. 추상적인 일에 관심이 있는 편이다. ┄┄┄┄┄┄┄┄┄┄┄┄┄┄┄┄┄┄┄┄┄┄┄┄┄┄┄┄┄┄(   )(   )

174. 일은 대담히 하는 편이다. ┄┄(   )(   )

175. 괴로워하는 사람을 보면 우선 동정한다. ┄┄┄┄┄┄┄┄┄┄┄┄┄┄┄┄┄┄┄┄┄┄┄┄┄┄┄(   )(   )

176. 가치기준은 자신의 안에 있다고 생각한다. ┄┄┄┄┄┄┄┄┄┄┄┄┄┄┄┄┄┄┄┄┄┄┄┄┄(   )(   )

177. 조용하고 조심스러운 편이다. ┄┄┄┄┄┄┄┄┄┄┄┄┄┄┄┄┄┄┄┄┄┄┄┄┄┄┄┄┄┄┄┄┄┄┄┄┄(   )(   )

178. 상상력이 풍부한 편이라고 생각한다. ┄┄┄┄┄┄┄┄┄┄┄┄┄┄┄┄┄┄┄┄┄┄┄┄┄┄┄┄┄(   )(   )

179. 의리, 인정이 두터운 상사를 만나고 싶다. ┄┄┄┄┄┄┄┄┄┄┄┄┄┄┄┄┄┄┄┄┄┄┄┄┄(   )(   )

180. 인생의 앞날을 알 수 없어 재미있다. ┄┄┄┄┄┄┄┄┄┄┄┄┄┄┄┄┄┄┄┄┄┄┄┄┄┄┄┄┄(   )(   )

181. 밝은 성격이다. ┄┄┄(   )(   )

182. 별로 반성하지 않는다. ┄┄┄(   )(   )

183. 활동범위가 좁은 편이다. ┄┄(   )(   )

184. 자신을 시원시원한 사람이라고 생각한다. ·····································( )( )

185. 좋다고 생각하면 바로 행동한다. ···( )( )

186. 좋은 사람이 되고 싶다. ···( )( )

187. 한 번에 많은 일을 떠맡는 것은 골칫거리라고 생각한다. ············( )( )

188. 사람과 만날 약속은 즐겁다. ···( )( )

189. 질문을 받으면 그때의 느낌으로 대답하는 편이다. ·····················( )( )

190. 땀을 흘리는 것보다 머리를 쓰는 일이 좋다. ·····························( )( )

191. 결정한 것이라도 그다지 구속받지 않는다. ·································( )( )

192. 외출 시 문을 잠갔는지 별로 확인하지 않는다. ·························( )( )

193. 지위에 어울리면 된다. ···( )( )

194. 안전책을 고르는 타입이다. ···( )( )

195. 자신은 사교적이라고 생각한다. ···( )( )

196. 도리는 상관없다. ···( )( )

197. '침착하네요'라는 말을 듣는다. ···( )( )

198. 단념이 중요하다고 생각한다. ···( )( )

199. 예상하지 못한 일도 해보고 싶다. ···( )( )

200. 평범하고 평온하게 행복한 인생을 살고 싶다. ···························( )( )

201. 몹시 귀찮아하는 편이라고 생각한다. ···( )( )

202. 특별히 소극적이라고 생각하지 않는다. ·····································( )( )

203. 이것저것 평하는 것이 싫다. ···( )( )

204. 자신은 성급하지 않다고 생각한다. ···( )( )

205. 꾸준히 노력하는 것을 잘 하지 못한다. ·····································( )( )

206. 내일의 계획은 머릿속에 기억한다. ···( )( )

207. 협동성이 있는 사람이 되고 싶다. ···( )( )

208. 열정적인 사람이라고 생각하지 않는다. ·····································( )( )

209. 다른 사람 앞에서 이야기를 잘한다. ···( )( )

210. 행동력이 있는 편이다. ···( )( )

211. 엉덩이가 무거운 편이다. ···( )( )

212. 특별히 구애받는 것이 없다. ···( )( )

213. 돌다리는 두들겨 보지 않고 건너도 된다. ·····································( )( )

214. 자신에게는 권력욕이 없다. ···( )( )

215. 업무를 할당받으면 부담스럽다. ···( )( )

216. 활동적인 사람이라고 생각한다. ···( )( )

217. 비교적 보수적이다. ···( )( )

218. 손해인지 이익인지로 정할 때가 많다. ···( )( )

219. 전통을 견실히 지키는 것이 적절하다. ···( )( )

220. 교제 범위가 넓은 편이다. ···( )( )

221. 상식적인 판단을 할 수 있는 타입이라고 생각한다. ·····················( )( )

222. 너무 객관적이어서 실패한다. ···( )( )

223. 보수적인 면을 추구한다. ···( )( )

224. 내가 누구의 팬인지 주변의 사람들이 안다. ·································( )( )

225. 가능성보다 현실이다. ···( )( )

226. 그 사람이 필요한 것을 선물하고 싶다. ···( )( )

227. 여행은 계획적으로 하는 것이 좋다. ···( )( )

228. 구체적인 일에 관심이 있는 편이다. ···( )( )

229. 일은 착실히 하는 편이다. ···( )( )

230. 괴로워하는 사람을 보면 우선 이유를 생각한다. ···························( )( )

231. 가치기준은 자신의 밖에 있다고 생각한다. ···································( )( )

232. 밝고 개방적인 편이다. ···( )( )

233. 현실 인식을 잘하는 편이라고 생각한다. ·······································( )( )

234. 공평하고 공적인 상사를 만나고 싶다. ···( )( )

235. 시시해도 계획적인 인생이 좋다. ···( )( )

236. 적극적으로 사람들과 관계를 맺는 편이다. ···································( )( )

237. 활동적인 편이다. ···( )( )

238. 몸을 움직이는 것을 좋아하지 않는다. ···( )( )

239. 쉽게 질리는 편이다. ···( )( )

240. 경솔한 편이라고 생각한다. ··( )( )

241. 인생의 목표는 손이 닿을 정도면 된다. ···( )( )

242. 무슨 일도 좀처럼 시작하지 못한다. ···( )( )

243. 초면인 사람과도 바로 친해질 수 있다. ···( )( )

244. 행동하고 나서 생각하는 편이다. ···( )( )

245. 쉬는 날은 집에 있는 경우가 많다. ···( )( )

246. 완성되기 전에 포기하는 경우가 많다. ···( )( )

247. 계획 없는 여행을 좋아한다. ··( )( )

248. 욕심이 없는 편이라고 생각한다. ···( )( )

249. 활동력이 별로 없다. ···( )( )

250. 많은 사람들과 와자지껄하게 식사하는 것을 좋아한다. ···························( )( )

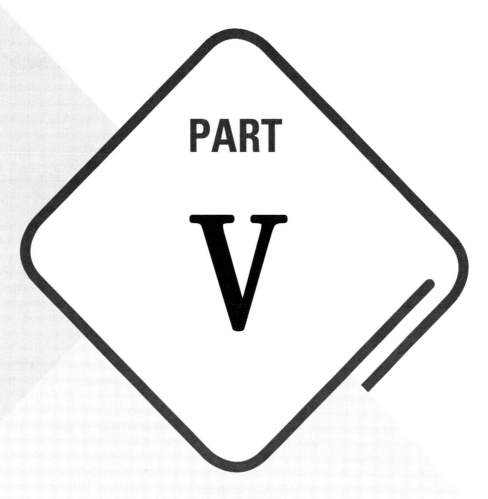

PART

V

면접

01 면접의 기본

면접준비

(1) 면접의 기본 원칙

① **면접의 의미** … 면접이란 다양한 면접기법을 활용하여 지원한 직무에 필요한 능력을 지원자가 보유하고 있는지를 확인하는 절차라고 할 수 있다. 즉, 지원자의 입장에서는 채용 직무수행에 필요한 요건들과 관련하여 자신의 환경, 경험, 관심사, 성취 등에 대해 기업에 직접 어필할 수 있는 기회를 제공받는 것이며, 기업의 입장에서는 서류전형만으로 알 수 없는 지원자에 대한 정보를 직접적으로 수집하고 평가하는 것이다.

② **면접의 특징** … 면접은 기업의 입장에서 서류전형이나 필기전형에서 드러나지 않는 지원자의 능력이나 성향을 볼 수 있는 기회로, 면대면으로 이루어지며 즉흥적인 질문들이 포함될 수 있기 때문에 지원자가 완벽하게 준비하기 어려운 부분이 있다. 하지만 지원자 입장에서도 서류전형이나 필기전형에서 모두 보여주지 못한 자신의 능력 등을 기업의 인사담당자에게 어필할 수 있는 추가적인 기회가 될 수도 있다.

[서류 · 필기전형과 차별화되는 면접의 특징]

- 직무수행과 관련된 다양한 지원자 행동에 대한 관찰이 가능하다.
- 면접관이 알고자 하는 정보를 심층적으로 파악할 수 있다.
- 서류상의 미비한 사항과 의심스러운 부분을 확인할 수 있다.
- 커뮤니케이션 능력, 대인관계 능력 등 행동 · 언어적 정보도 얻을 수 있다.

③ 면접의 유형

    ㉠ **구조화 면접** : 구조화 면접은 사전에 계획을 세워 질문의 내용과 방법, 지원자의 답변 유형에 따른 추가 질문과 그에 대한 평가 역량이 정해져 있는 면접 방식으로 표준화 면접이라고도 한다.

      • 표준화된 질문이나 평가요소가 면접 전 확정되며, 지원자는 편성된 조나 면접관에 영향을 받지 않고 동일한 질문과 시간을 부여받을 수 있다.

      • 조직 또는 직무별로 주요하게 도출된 역량을 기반으로 평가요소가 구성되어, 조직 또는 직무에서 필요한 역량을 가진 지원자를 선발할 수 있다.

      • 표준화된 형식을 사용하는 특성 때문에 비구조화 면접에 비해 신뢰성과 타당성, 객관성이 높다.

    ㉡ **비구조화 면접** : 비구조화 면접은 면접 계획을 세울 때 면접 목적만을 명시하고 내용이나 방법은 면접관에게 전적으로 일임하는 방식으로 비표준화 면접이라고도 한다.

      • 표준화된 질문이나 평가요소 없이 면접이 진행되며, 편성된 조나 면접관에 따라 지원자에게 주어지는 질문이나 시간이 다르다.

      • 면접관의 주관적인 판단에 따라 평가가 이루어져 평가 오류가 빈번히 일어난다.

      • 상황 대처나 언변이 뛰어난 지원자에게 유리한 면접이 될 수 있다.

④ 경쟁력 있는 면접 요령

    ㉠ **면접 전에 준비하고 유념할 사항**

      • 예상 질문과 답변을 미리 작성한다.

      • 작성한 내용을 문장으로 외우지 않고 키워드로 기억한다.

      • 지원한 회사의 최근 기사를 검색하여 기억한다.

      • 지원한 회사가 속한 산업군의 최근 기사를 검색하여 기억한다.

      • 면접 전 1주일간 이슈가 되는 뉴스를 기억하고 자신의 생각을 반영하여 정리한다.

      • 찬반토론에 대비한 주제를 목록으로 정리하여 자신의 논리를 내세운 예상답변을 작성한다.

    ㉡ **면접장에서 유념할 사항**

      • 질문의 의도 파악 : 답변을 할 때에는 질문 의도를 파악하고 그에 충실한 답변이 될 수 있도록 질문사항을 유념해야 한다. 많은 지원자가 하는 실수 중 하나로 답변을 하는 도중 자기 말에 심취되어 질문의 의도와 다른 답변을 하거나 자신이 알고 있는 지식만을 나열하는 경우가 있는데, 이럴 경우 의사소통능력이 부족한 사람으로 인식될 수 있으므로 주의하도록 한다.

      • 답변은 두괄식 : 답변을 할 때에는 두괄식으로 결론을 먼저 말하고 그 이유를 설명하는 것이 좋다. 미괄식으로 답변을 할 경우 용두사미의 답변이 될 가능성이 높으며, 결론을 이끌어 내는 과정에서 논리성이 결여될 우려가 있다. 또한 면접관이 결론을 듣기 전에 말을 끊고 다른 질문을 추가하는 예상치 못한 상황이 발생될 수 있으므로 답변은 자신이 전달하고자 하는 바를 먼저 밝히고 그에 대한 설명을 하는 것이 좋다.

- 지원한 회사의 기업정신과 인재상을 기억 : 답변을 할 때에는 회사가 원하는 인재라는 인상을 심어주기 위해 지원한 회사의 기업정신과 인재상 등을 염두에 두고 답변을 하는 것이 좋다. 모든 회사에 해당되는 두루뭉술한 답변보다는 지원한 회사에 맞는 맞춤형 답변을 하는 것이 좋다.
- 나보다는 회사와 사회적 관점에서 답변 : 답변을 할 때에는 자기중심적인 관점을 피하고 좀 더 넓은 시각으로 회사와 국가, 사회적 입장까지 고려하는 인재임을 어필하는 것이 좋다. 자기중심적 시각을 바탕으로 자신의 출세만을 위해 회사에 입사하려는 인상을 심어줄 경우 면접에서 불이익을 받을 가능성이 높다.
- 난처한 질문은 정직한 답변 : 난처한 질문에 답변을 해야 할 때에는 피하기보다는 정면 돌파로 정직하고 솔직하게 답변하는 것이 좋다. 난처한 부분을 감추고 드러내지 않으려 회피하려는 지원자의 모습은 인사담당자에게 입사 후에도 비슷한 상황에 처했을 때 회피할 수도 있다는 우려를 심어줄 수 있다. 따라서 직장생활에 있어 중요한 덕목 중 하나인 정직을 바탕으로 솔직하게 답변을 하도록 한다.

(2) 면접의 종류 및 준비 전략

① 인성면접

  ㉠ 면접 방식 및 판단기준
  - 면접 방식 : 인성면접은 면접관이 가지고 있는 개인적 면접 노하우나 관심사에 의해 질문을 실시한다. 주로 입사지원서나 자기소개서의 내용을 토대로 지원동기, 과거의 경험, 미래 포부 등을 이야기하도록 하는 방식이다.
  - 판단기준 : 면접관의 개인적 가치관과 경험, 해당 역량의 수준, 경험의 구체성·진실성 등
  ㉡ 특징 : 인성면접은 그 방식으로 인해 역량과 무관한 질문들이 많고 지원자에게 주어지는 면접질문, 시간 등이 다를 수 있다. 또한 입사지원서나 자기소개서의 내용을 토대로 하기 때문에 지원자별 질문이 달라질 수 있다.

ⓒ 예시 문항 및 준비전략

• 예시 문항

• 3분 동안 자기소개를 해 보십시오.
• 자신의 장점과 단점을 말해 보십시오.
• 학점이 좋지 않은데 그 이유가 무엇입니까?
• 최근에 인상 깊게 읽은 책은 무엇입니까?
• 회사를 선택할 때 중요시하는 것은 무엇입니까?
• 일과 개인생활 중 어느 쪽을 중시합니까?
• 10년 후 자신은 어떤 모습일 것이라고 생각합니까?
• 휴학 기간 동안에는 무엇을 했습니까?

• 준비전략 : 인성면접은 입사지원서나 자기소개서의 내용을 바탕으로 하는 경우가 많으므로 자신이 작성한 입사지원서와 자기소개서의 내용을 충분히 숙지하도록 한다. 또한 최근 사회적으로 이슈가 되고 있는 뉴스에 대한 견해를 묻거나 시사상식 등에 대한 질문을 받을 수 있으므로 이에 대한 대비도 필요하다. 자칫 부담스러워 보이지 않는 질문으로 가볍게 대답하지 않도록 주의하고 모든 질문에 입사 의지를 담아 성실하게 답변하는 것이 중요하다.

② 발표면접

㉠ 면접 방식 및 판단기준

• 면접 방식 : 지원자가 특정 주제와 관련된 자료를 검토하고 그에 대한 자신의 생각을 면접관 앞에서 주어진 시간 동안 발표하고 추가 질의를 받는 방식으로 진행된다.

• 판단기준 : 지원자의 사고력, 논리력, 문제해결력 등

㉡ 특징 : 발표면접은 지원자에게 과제를 부여한 후, 과제를 수행하는 과정과 결과를 관찰·평가한다. 따라서 과제수행 결과뿐 아니라 수행과정에서의 행동을 모두 평가할 수 있다.

ⓒ 예시 문항 및 준비전략

• 예시 문항

[신입사원 조기 이직 문제]

※ 지원자는 아래에 제시된 자료를 검토한 뒤, 신입사원 조기 이직의 원인을 크게 3가지로 정리하고 이에
대한 구체적인 개선안을 도출하여 발표해 주시기 바랍니다.

※ 본 과제에 정해진 정답은 없으나 논리적 근거를 들어 개선안을 작성해 주십시오.

• A기업은 동종업계 유사기업들과 비교해 볼 때, 비교적 높은 재무안정성을 유지하고 있으며 업무강도
가 그리 높지 않은 것으로 외부에 알려져 있음.

• 최근 조사결과, 동종업계 유사기업들과 연봉을 비교해 보았을 때 연봉 수준도 그리 나쁘지 않은 편
이라는 것이 확인되었음.

• 그러나 지난 3년간 1~2년차 직원들의 이직률이 계속해서 증가하고 있는 추세이며, 경영진 회의에서
최우선 해결과제 중 하나로 거론되었음.

• 이에 따라 인사팀에서 현재 1~2년차 사원들을 대상으로 개선되어야 하는 A기업의 조직문화에 대한
설문조사를 실시한 결과, '상명하복식의 의사소통'이 36.7%로 1위를 차지했음.

• 이러한 설문조사와 함께, 신입사원 조기 이직에 대한 원인을 분석한 결과 파랑새 증후군, 셀프홀릭
증후군, 피터팬 증후군 등 3가지로 분류할 수 있었음.

〈동종업계 유사기업들과의 연봉 비교〉

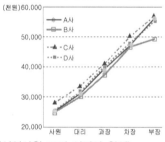

〈우리 회사 조직문화 중 개선되었으면 하는 것〉

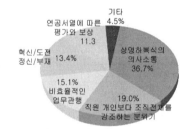

〈신입사원 조기 이직의 원인〉

• 파랑새 증후군
- 현재의 직장보다 더 좋은 직장이 있을 것이라는 막연한 기대감으로 끊임없이 새로운 직장을 탐색함.
- 학력 수준과 맞지 않는 '하향지원', 전공과 적성을 고려하지 않고 일단 취업하고 보자는 '묻지마 지원'
이 파랑새 증후군을 초래함.

• 셀프홀릭 증후군
- 본인의 역량에 비해 가치가 낮은 일을 주로 하면서 갈등을 느낌.

• 피터팬 증후군
- 기성세대의 문화를 무조건 수용하기보다는 자유로움과 변화를 추구함.
- 상명하복, 엄격한 규율 등 기성세대가 당연시하는 관행에 거부감을 가지며 직장에 답답함을 느낌.

- 준비전략 : 발표면접의 시작은 과제 안내문과 과제 상황, 과제 자료 등을 정확하게 이해하는 것에서 출발한다. 과제 안내문을 침착하게 읽고 제시된 주제 및 문제와 관련된 상황의 맥락을 파악한 후 과제를 검토한다. 제시된 기사나 그래프 등을 충분히 활용하여 주어진 문제를 해결할 수 있는 해결책이나 대안을 제시하며, 발표를 할 때에는 명확하고 자신 있는 태도로 전달할 수 있도록 한다.

③ 토론면접

㉠ 면접 방식 및 판단기준

- 면접 방식 : 상호갈등적 요소를 가진 과제 또는 공통의 과제를 해결하는 내용의 토론 과제를 제시하고, 그 과정에서 개인 간의 상호작용 행동을 관찰하는 방식으로 면접이 진행된다.
- 판단기준 : 팀워크, 적극성, 갈등 조정, 의사소통능력, 문제해결능력 등

㉡ 특징 : 토론을 통해 도출해 낸 최종안의 타당성도 중요하지만, 결론을 도출해 내는 과정에서의 의사소통능력이나 갈등상황에서 의견을 조정하는 능력 등이 중요하게 평가되는 특징이 있다.

㉢ 예시 문항 및 준비전략

- 예시 문항

> - 군 가산점제 부활에 대한 찬반토론
> - 담뱃값 인상에 대한 찬반토론
> - 비정규직 철폐에 대한 찬반토론
> - 대학의 영어 강의 확대 찬반토론
> - 워크숍 장소 선정을 위한 토론

- 준비전략 : 토론면접은 무엇보다 팀워크와 적극성이 강조된다. 따라서 토론과정에 적극적으로 참여하며 자신의 의사를 분명하게 전달하며, 갈등상황에서 자신의 의견만 내세울 것이 아니라 다른 지원자의 의견을 경청하고 배려하는 모습도 중요하다. 갈등상황을 일목요연하게 정리하여 조정하는 등의 의사소통능력을 발휘하는 것도 좋은 전략이 될 수 있다.

④ 상황면접

㉠ 면접 방식 및 판단기준

- 면접 방식 : 상황면접은 직무 수행 시 접할 수 있는 상황들을 제시하고, 그러한 상황에서 어떻게 행동할 것인지를 이야기하는 방식으로 진행된다.
- 판단기준 : 해당 상황에 적절한 역량의 구현과 구체적 행동지표

ⓒ 특징 : 실제 직무 수행 시 접할 수 있는 상황들을 제시하므로 입사 이후 지원자의 업무수행능력을 평가하는 데 적절한 면접 방식이다. 또한 지원자의 가치관, 태도, 사고방식 등의 요소를 통합적으로 평가하는 데 용이하다.

ⓒ 예시 문항 및 준비전략

• 예시 문항

> 당신은 생산관리팀의 팀원으로, 생산팀이 기한에 맞춰 효율적으로 제품을 생산할 수 있도록 관리하는 역할을 맡고 있습니다. 3개월 뒤에 제품A를 정상적으로 출시하기 위해 생산팀의 생산 계획을 수립한 상황입니다. 그러나 원가가 곧 실적으로 이어지는 구매팀에서는 최대한 원가를 줄여 전반적 단가를 낮추려고 원가절감을 위한 제안을 하였으나, 연구개발팀에서는 구매팀이 제안한 방식으로 제품을 생산할 경우 대부분이 구매팀의 실적으로 산정될 것이므로 제대로 확인도 해보지 않은 채 적합하지 않은 방식이라고 판단하고 있습니다. 당신은 어떻게 하겠습니까?

• 준비전략 : 상황면접은 먼저 주어진 상황에서 핵심이 되는 문제가 무엇인지를 파악하는 것에서 시작한다. 주질문과 세부질문을 통하여 질문의 의도를 파악하였다면, 그에 대한 구체적인 행동이나 생각 등에 대해 응답할수록 높은 점수를 얻을 수 있다.

⑤ 역할면접

㉠ 면접 방식 및 판단기준

• 면접 방식 : 역할면접 또는 역할연기 면접은 기업 내 발생 가능한 상황에서 부딪히게 되는 문제와 역할을 가상적으로 설정하여 특정 역할을 맡은 사람과 상호작용하고 문제를 해결해 나가도록 하는 방식으로 진행된다. 역할연기 면접에서는 면접관이 직접 역할연기를 하면서 지원자를 관찰하기도 하지만, 역할연기 수행만 전문적으로 하는 사람을 투입할 수도 있다.

• 판단기준 : 대처능력, 대인관계능력, 의사소통능력 등

㉡ 특징 : 역할면접은 실제 상황과 유사한 가상 상황에서의 행동을 관찰함으로서 지원자의 성격이나 대처 행동 등을 관찰할 수 있다.

㉢ 예시 문항 및 준비전략

• 예시 문항

> [금융권 역할면접의 예]
> 당신은 ○○은행의 신입 텔러이다. 사람이 많은 월말 오전 한 할아버지(면접관 또는 역할담당자)께서 ○○은행을 사칭한 보이스피싱으로 500만 원을 피해 보았다며 소란을 일으키고 있다. 실제 업무상황이라고 생각하고 상황에 대처해 보시오.

- 준비전략 : 역할연기 면접에서 측정하는 역량은 주로 갈등의 원인이 되는 문제를 해결하고 제시된 해결방안을 상대방에게 설득하는 것이다. 따라서 갈등해결, 문제해결, 조정·통합, 설득력과 같은 역량이 중요시된다. 또한 갈등을 해결하기 위해서 상대방에 대한 이해도 필수적인 요소이므로 고객지향을 염두에 두고 상황에 맞게 대처해야 한다.

  역할면접에서는 변별력을 높이기 위해 면접관이 압박적인 분위기를 조성하는 경우가 많기 때문에 스트레스 상황에서 불안해하지 않고 유연하게 대처할 수 있도록 시간과 노력을 들여 충분히 연습하는 것이 좋다.

2 면접 이미지 메이킹

(1) 성공적인 이미지 메이킹 포인트

① 복장 및 스타일

　㉠ 남성

- 양복 : 양복은 단색으로 하며 넥타이나 셔츠로 포인트를 주는 것이 효과적이다. 짙은 회색이나 감청색이 가장 단정하고 품위 있는 인상을 준다.
- 셔츠 : 흰색이 가장 선호되나 자신의 피부색에 맞추는 것이 좋다. 푸른색이나 베이지색은 산뜻한 느낌을 줄 수 있다. 양복과의 배색도 고려하도록 한다.
- 넥타이 : 의상에 포인트를 줄 수 있는 아이템이지만 너무 화려한 것은 피한다. 지원자의 피부색은 물론, 정장과 셔츠의 색을 고려하며, 체격에 따라 넥타이 폭을 조절하는 것이 좋다.
- 구두 & 양말 : 구두는 검정색이나 짙은 갈색이 어느 양복에나 무난하게 어울리며 깔끔하게 닦아 준비한다. 양말은 정장과 동일한 색상이나 검정색을 착용한다.
- 헤어스타일 : 머리스타일은 단정한 느낌을 주는 짧은 헤어스타일이 좋으며 앞머리가 있다면 이마나 눈썹을 가리지 않는 선에서 정리하는 것이 좋다.

ⓒ 여성

- 의상 : 단정한 스커트 투피스 정장이나 슬랙스 슈트가 무난하다. 블랙이나 그레이, 네이비, 브라운 등 차분해 보이는 색상을 선택하는 것이 좋다.
- 소품 : 구두, 핸드백 등은 같은 계열로 코디하는 것이 좋으며 구두는 너무 화려한 디자인이나 굽이 높은 것을 피한다. 스타킹은 의상과 구두에 맞춰 단정한 것으로 선택한다.
- 액세서리 : 액세서리는 너무 크거나 화려한 것은 좋지 않으며 과하게 많이 하는 것도 좋은 인상을 주지 못한다. 착용하지 않거나 작고 깔끔한 디자인으로 포인트를 주는 정도가 적당하다.
- 메이크업 : 화장은 자연스럽고 밝은 이미지를 표현하는 것이 좋으며 진한 색조는 인상이 강해 보일 수 있으므로 피한다.
- 헤어스타일 : 커트나 단발처럼 짧은 머리는 활동적이면서도 단정한 이미지를 줄 수 있도록 정리한다. 긴 머리의 경우 하나로 묶거나 단정한 머리망으로 정리하는 것이 좋으며, 짙은 염색이나 화려한 웨이브는 피한다.

② 인사

ⓐ 인사의 의미 : 인사는 예의범절의 기본이며 상대방의 마음을 여는 기본적인 행동이라고 할 수 있다. 인사는 처음 만나는 면접관에게 호감을 살 수 있는 가장 쉬운 방법이 될 수 있기도 하지만 제대로 예의를 지키지 않으면 지원자의 인성 전반에 대한 평가로 이어질 수 있으므로 각별히 주의해야 한다.

ⓑ 인사의 핵심 포인트

- 인사말 : 인사말을 할 때에는 밝고 친근감 있는 목소리로 하며, 자신의 이름과 수험번호 등을 간략하게 소개한다.
- 시선 : 인사는 상대방의 눈을 보며 하는 것이 중요하며 너무 빤히 쳐다본다는 느낌이 들지 않도록 주의한다.
- 표정 : 인사는 마음에서 우러나오는 존경이나 반가움을 표현하고 예의를 차리는 것이므로 살짝 미소를 지으며 하는 것이 좋다.
- 자세 : 인사를 할 때에는 가볍게 목만 숙인다거나 흐트러진 상태에서 인사를 하지 않도록 주의하며 절도 있고 확실하게 하는 것이 좋다.

③ 시선처리와 표정, 목소리

㉠ 시선처리와 표정 : 표정은 면접에서 지원자의 첫인상을 결정하는 중요한 요소이다. 얼굴표정은 사람의 감정을 가장 잘 표현할 수 있는 의사소통 도구로 표정 하나로 상대방에게 호감을 주거나, 비호감을 사기도 한다. 호감이 가는 인상의 특징은 부드러운 눈썹, 자연스러운 미간, 적당히 볼록한 광대, 올라간 입 꼬리 등으로 가볍게 미소를 지을 때의 표정과 일치한다. 따라서 면접 중에는 밝은 표정으로 미소를 지어 호감을 형성할 수 있도록 한다. 시선은 면접관과 고르게 맞추되 생기 있는 눈빛을 띄도록 하며, 너무 빤히 쳐다본다는 인상을 주지 않도록 한다.

㉡ 목소리 : 면접은 주로 면접관과 지원자의 대화로 이루어지므로 목소리가 미치는 영향이 상당하다. 답변을 할 때에는 부드러우면서도 활기차고 생동감 있는 목소리로 하는 것이 면접관에게 호감을 줄 수 있으며 적당한 제스처가 더해진다면 상승효과를 얻을 수 있다. 그러나 적절한 답변을 하였음에도 불구하고 콧소리나 날카로운 목소리, 자신감 없는 작은 목소리는 답변의 신뢰성을 떨어뜨릴 수 있으므로 주의하도록 한다.

④ 자세

㉠ 걷는 자세
• 면접장에 입실할 때에는 상체를 곧게 유지하고 발끝은 평행이 되게 하며 무릎을 스치듯 11자로 걷는다.
• 시선은 정면을 향하고 턱은 가볍게 당기며 어깨나 엉덩이가 흔들리지 않도록 주의한다.
• 발바닥 전체가 닿는 느낌으로 안정감 있게 걸으며 발소리가 나지 않도록 주의한다.
• 보폭은 어깨넓이만큼이 적당하지만, 스커트를 착용했을 경우 보폭을 줄인다.
• 걸을 때도 미소를 유지한다.

㉡ 서있는 자세
• 몸 전체를 곧게 펴고 가슴을 자연스럽게 내민 후 등과 어깨에 힘을 주지 않는다.
• 정면을 바라본 상태에서 턱을 약간 당기고 아랫배에 힘을 주어 당기며 바르게 선다.
• 양 무릎과 발뒤꿈치는 붙이고 발끝은 11자 또는 V형을 취한다.
• 남성의 경우 팔을 자연스럽게 내리고 양손을 가볍게 쥐어 바지 옆선에 붙이고, 여성의 경우 공수자세를 유지한다.

ⓒ 앉은 자세

• 남성

> • 의자 깊숙이 앉고 등받이와 등 사이에 주먹 1개 정도의 간격을 두며 기대듯 앉지 않도록 주의한다.
>   (남녀 공통 사항)
> • 무릎 사이에 주먹 2개 정도의 간격을 유지하고 발끝은 11자를 취한다.
> • 시선은 정면을 바라보며 턱은 가볍게 당기고 미소를 짓는다. (남녀 공통 사항)
> • 양손은 가볍게 주먹을 쥐고 무릎 위에 올려놓는다.
> • 앉고 일어날 때에는 자세가 흐트러지지 않도록 주의한다. (남녀 공통 사항)

• 여성

> • 스커트를 입었을 경우 왼손으로 뒤쪽 스커트 자락을 누르고 오른손으로 앞쪽 자락을 누르며 의자에 앉
>   는다.
> • 무릎은 붙이고 발끝을 가지런히 하며, 다리를 왼쪽으로 비스듬히 기울이면 단정해 보이는 효과가 있다.
> • 양손을 모아 무릎 위에 모아 놓으며 스커트를 입었을 경우 스커트 위를 가볍게 누르듯이 올려놓는다.

(2) 면접 예절

① 행동 관련 예절

ⓒ **지각은 절대금물** : 시간을 지키는 것은 예절의 기본이다. 지각을 할 경우 면접에 응시할 수 없거
나, 면접 기회가 주어지더라도 불이익을 받을 가능성이 높아진다. 따라서 면접장소가 결정되면
교통편과 소요시간을 확인하고 가능하다면 사전에 미리 방문해 보는 것도 좋다. 면접 당일에는
서둘러 출발하여 면접 시간 20~30분 전에 도착하여 회사를 둘러보고 환경에 익숙해지는 것도
성공적인 면접을 위한 요령이 될 수 있다.

ⓒ **면접 대기 시간** : 지원자들은 대부분 면접장에서의 행동과 답변 등으로만 평가를 받는다고 생각하
지만 그렇지 않다. 면접관이 아닌 면접진행자 역시 대부분 인사실무자이며 면접관이 면접 후 지
원자에 대한 평가에 있어 확신을 위해 면접진행자의 의견을 구한다면 면접진행자의 의견이 당락
에 영향을 줄 수 있다. 따라서 면접 대기 시간에도 행동과 말을 조심해야 하며, 면접을 마치고
돌아가는 순간까지도 긴장을 늦춰서는 안 된다. 면접 중 압박적인 질문에 답변을 잘 했지만, 면
접장을 나와 흐트러진 모습을 보이거나 욕설을 한다면 면접 탈락의 요인이 될 수 있으므로 주의
해야 한다.

ⓒ 입실 후 태도 : 본인의 차례가 되어 호명되면 또렷하게 대답하고 들어간다. 만약 면접장 문이 닫혀 있다면 상대에게 소리가 들릴 수 있을 정도로 노크를 두세 번 한 후 대답을 듣고 나서 들어가야 한다. 문을 여닫을 때에는 소리가 나지 않게 조용히 하며 공손한 자세로 인사한 후 성명과 수험번호를 말하고 면접관의 지시에 따라 자리에 앉는다. 이 경우 착석하라는 말이 없는데 먼저 의자에 앉으면 무례한 사람으로 보일 수 있으므로 주의한다. 의자에 앉을 때에는 끝에 앉지 말고 무릎 위에 양손을 가지런히 얹는 것이 예절이라고 할 수 있다.

ⓔ 옷매무새를 자주 고치지 마라. : 일부 지원자의 경우 옷매무새 또는 헤어스타일을 자주 고치거나 확인하기도 하는데 이러한 모습은 과도하게 긴장한 것 같아 보이거나 면접에 집중하지 못하는 것으로 보일 수 있다. 남성 지원자의 경우 넥타이를 자꾸 고쳐 맨다거나 정장 상의 끝을 너무 자주 만지작거리지 않는다. 여성 지원자는 머리를 계속 쓸어 올리지 않고, 특히 짧은 치마를 입고서 신경이 쓰여 치마를 끌어 내리는 행동은 좋지 않다.

ⓜ 다리를 떨거나 산만한 시선은 면접 탈락의 지름길 : 자신도 모르게 다리를 떨거나 손가락을 만지는 등의 행동을 하는 지원자가 있는데, 이는 면접관의 주의를 끌 뿐만 아니라 불안하고 산만한 사람이라는 느낌을 주게 된다. 따라서 가능한 한 바른 자세로 앉아 있는 것이 좋다. 또한 면접관과 시선을 맞추지 못하고 여기저기 둘러보는 듯한 산만한 시선은 지원자가 거짓말을 하고 있다고 여겨지거나 신뢰할 수 없는 사람이라고 생각될 수 있다.

② 답변 관련 예절

ⓖ 면접관이나 다른 지원자와 가치 논쟁을 하지 않는다. : 질문을 받고 답변하는 과정에서 면접관 또는 다른 지원자의 의견과 다른 의견이 있을 수 있다. 특히 평소 지원자가 관심이 많은 문제이거나 잘 알고 있는 문제인 경우 자신과 다른 의견에 대해 이의가 있을 수 있다. 하지만 주의할 것은 면접에서 면접관이나 다른 지원자와 가치 논쟁을 할 필요는 없다는 것이며 오히려 불이익을 당할 수도 있다. 정답이 정해져 있지 않은 경우에는 가치관이나 성장배경에 따라 문제를 받아들이는 태도에서 답변까지 충분히 차이가 있을 수 있으므로 굳이 면접관이나 다른 지원자의 가치관을 지적하고 고치려 드는 것은 좋지 않다.

ⓗ 답변은 항상 정직해야 한다. : 면접이라는 것이 아무리 지원자의 장점을 부각시키고 단점을 축소시키는 것이라고 해도 절대로 거짓말을 해서는 안 된다. 거짓말을 하게 되면 지원자는 불안하거나 꺼림칙한 마음이 들게 되어 면접에 집중을 하지 못하게 되고 수많은 지원자를 상대하는 면접관은 그것을 놓치지 않는다. 거짓말은 그 지원자에 대한 신뢰성을 떨어뜨리며 이로 인해 다른 스펙이 아무리 훌륭하다고 해도 채용에서 탈락하게 될 수 있음을 명심하도록 한다.

ⓒ 경력직을 경우 전 직장에 대해 험담하지 않는다. : 지원자가 전 직장에서 무슨 업무를 담당했고 어떤 성과를 올렸는지는 면접관이 관심을 둘 사항일 수 있지만, 이전 직장의 기업문화나 상사들이 어땠는지는 그다지 궁금해 하는 사항이 아니다. 전 직장에 대해 험담을 늘어놓는다든가, 동료와 상사에 대한 악담을 하게 된다면 오히려 지원자에 대한 부정적인 이미지만 심어줄 수 있다. 만약 전 직장에 대한 말을 해야 할 경우가 생긴다면 가능한 한 객관적으로 이야기하는 것이 좋다.

ⓔ 자기 자신이나 배경에 대해 자랑하지 않는다. : 자신의 성취나 부모 형제 등 집안사람들이 사회·경제적으로 어떠한 위치에 있는지에 대한 자랑은 면접관으로 하여금 지원자에 대해 오만한 사람이거나 배경에 의존하려는 나약한 사람이라는 이미지를 갖게 할 수 있다. 따라서 자기 자신이나 배경에 대해 자랑하지 않도록 하고, 자신이 한 일에 대해서 너무 자세하게 얘기하지 않도록 주의해야 한다.

3 면접 질문 및 답변 포인트

(1) 가족 및 대인관계에 관한 질문

① 당신의 가정은 어떤 가정입니까?

면접관들은 지원자의 가정환경과 성장과정을 통해 지원자의 성향을 알고 싶어 이와 같은 질문을 한다. 비록 가정 일과 사회의 일이 완전히 일치하는 것은 아니지만 '가화만사성'이라는 말이 있듯이 가정이 화목해야 사회에서도 화목하게 지낼 수 있기 때문이다. 그러므로 답변 시에는 가족사항을 정확하게 설명하고 집안의 분위기와 특징에 대해 이야기하는 것이 좋다.

② 아버지의 직업은 무엇입니까?

아주 기본적인 질문이지만 지원자는 아버지의 직업과 내가 무슨 관련성이 있을까 생각하기 쉬워 포괄적인 답변을 하는 경우가 많다. 그러나 이는 바람직하지 않은 것으로 단답형으로 답변하면 세부적인 직종 및 근무연한 등을 물을 수 있으므로 모든 걸 한 번에 대답하는 것이 좋다.

③ 친구 관계에 대해 말해 보십시오.

지원자의 인간성을 판단하는 질문으로 교우관계를 통해 답변자의 성격과 대인관계능력을 파악할 수 있다. 새로운 환경에 적응을 잘하여 새로운 친구들이 많은 것도 좋지만, 깊고 오래 지속되어온 인간관계를 말하는 것이 더욱 바람직하다.

(2) 성격 및 가치관에 관한 질문

① 당신의 PR포인트를 말해 주십시오.

PR포인트를 말할 때에는 지나치게 겸손한 태도는 좋지 않으며 적극적으로 자기를 주장하는 것이 좋다. 앞으로 입사 후 하게 될 업무와 관련된 자기의 특성을 구체적인 일화를 더하여 이야기하도록 한다.

② 당신의 장·단점을 말해 보십시오.

지원자의 구체적인 장·단점을 알고자 하기 보다는 지원자가 자기 자신에 대해 얼마나 알고 있으며 어느 정도의 객관적인 분석을 하고 있나, 그리고 개선의 노력 등을 시도하는지를 파악하고자 하는 것이다. 따라서 장점을 말할 때는 업무와 관련된 장점을 뒷받침할 수 있는 근거와 함께 제시하며, 단점을 이야기할 때에는 극복을 위한 노력을 반드시 포함해야 한다.

③ 가장 존경하는 사람은 누구입니까?

존경하는 사람을 말하기 위해서는 우선 그 인물에 대해 알아야 한다. 잘 모르는 인물에 대해 존경한다고 말하는 것은 면접관에게 바로 지적당할 수 있으므로, 추상적이라도 좋으니 평소에 존경스럽다고 생각했던 사람에 대해 그 사람의 어떤 점이 좋고 존경스러운지 대답하도록 한다. 또한 자신에게 어떤 영향을 미쳤는지도 언급하면 좋다.

(3) 학교생활에 관한 질문

① 지금까지의 학교생활 중 가장 기억에 남는 일은 무엇입니까?

가급적 직장생활에 도움이 되는 경험을 이야기하는 것이 좋다. 또한 경험만을 간단하게 말하지 말고 그 경험을 통해서 얻을 수 있었던 교훈 등을 예시와 함께 이야기하는 것이 좋으나 너무 상투적인 답변이 되지 않도록 주의해야 한다.

② 성적은 좋은 편이었습니까?

면접관은 이미 서류심사를 통해 지원자의 성적을 알고 있다. 그럼에도 불구하고 이 질문을 하는 것은 지원자가 성적에 대해서 어떻게 인식하느냐를 알고자 하는 것이다. 성적이 나빴던 이유에 대해서 변명하려 하지 말고 담백하게 받아드리고 그것에 대한 개선노력을 했음을 밝히는 것이 적절하다.

③ 학창시절에 시위나 집회 등에 참여한 경험이 있습니까?

기업에서는 노사분규를 기업의 사활이 걸린 중대한 문제로 인식하고 거시적인 차원에서 접근한다. 이러한 기업문화를 제대로 인식하지 못하여 학창시절의 시위나 집회 참여 경험을 자랑스럽게 답변할 경우 감점요인이 되거나 심지어는 탈락할 수 있다는 사실에 주의한다. 시위나 집회에 참가한 경험을 말할 때에는 타당성과 정도에 유의하여 답변해야 한다.

(4) 지원동기 및 직업의식에 관한 질문

① 왜 우리 회사를 지원했습니까?

이 질문은 어느 회사나 가장 먼저 물어보고 싶은 것으로 지원자들은 기업의 이념, 대표의 경영능력, 재무구조, 복리후생 등 외적인 부분을 설명하는 경우가 많다. 이러한 답변도 적절하지만 지원 회사의 주력 상품에 관한 소비자의 인지도, 경쟁사 제품과의 시장점유율을 비교하면서 입사동기를 설명한다면 상당히 주목 받을 수 있을 것이다.

② 만약 이번 채용에 불합격하면 어떻게 하겠습니까?

불합격할 것을 가정하고 회사에 응시하는 지원자는 거의 없을 것이다. 이는 지원자를 궁지로 몰아넣고 어떻게 대응하는지를 살펴보며 입사 의지를 알아보려고 하는 것이다. 이 질문은 너무 깊이 들어가지 말고 침착하게 답변하는 것이 좋다.

③ 당신이 생각하는 바람직한 사원상은 무엇입니까?

직장인으로서 또는 조직의 일원으로서의 자세를 묻는 질문으로 지원하는 회사에서 어떤 인재상을 요구하는 가를 알아두는 것이 좋으며, 평소에 자신의 생각을 미리 정리해 두어 당황하지 않도록 한다.

④ 직무상의 적성과 보수의 많음 중 어느 것을 택하겠습니까?

이런 질문에서 회사 측에서 원하는 답변은 당연히 직무상의 적성에 비중을 둔다는 것이다. 그러나 적성만을 너무 강조하다 보면 오히려 솔직하지 못하다는 인상을 줄 수 있으므로 어느 한 쪽을 너무 강조하거나 경시하는 태도는 바람직하지 못하다.

⑤ 상사와 의견이 다를 때 어떻게 하겠습니까?

과거와 다르게 최근에는 상사의 명령에 무조건 따르겠다는 수동적인 자세는 바람직하지 않다. 회사에서는 때에 따라 자신이 판단하고 행동할 수 있는 직원을 원하기 때문이다. 그러나 지나치게 자신의 의견만을 고집한다면 이는 팀원 간의 불화를 야기할 수 있으며 팀 체제에 악영향을 미칠 수 있으므로 선호하지 않는다는 것에 유념하여 답해야 한다.

⑥ 근무지가 지방인데 근무가 가능합니까?

근무지가 지방 중에서도 특정 지역은 되고 다른 지역은 안 된다는 답변은 바람직하지 않다. 직장에서는 순환 근무라는 것이 있으므로 처음에 지방에서 근무를 시작했다고 해서 계속 지방에만 있는 것은 아님을 유의하고 답변하도록 한다.

(5) 여가 활용에 관한 질문

① 취미가 무엇입니까?

기초적인 질문이지만 특별한 취미가 없는 지원자의 경우 대답이 애매할 수밖에 없다. 그래서 가장 많이 대답하게 되는 것이 독서, 영화감상, 혹은 음악감상 등과 같은 흔한 취미를 말하게 되는데 이런 취미는 면접관의 주의를 끌기 어려우며 설사 정말 위와 같은 취미를 가지고 있다하더라도 제대로 답변하기는 힘든 것이 사실이다. 가능하면 독특한 취미를 말하는 것이 좋으며 이제 막 시작한 것이라도 열의를 가지고 있음을 설명할 수 있으면 그것을 취미로 답변하는 것도 좋다.

(6) 지원자를 당황하게 하는 질문

① 성적이 좋지 않은데 이 정도의 성적으로 우리 회사에 입사할 수 있다고 생각합니까?

비록 자신의 성적이 좋지 않더라도 이미 서류심사에 통과하여 면접에 참여하였다면 기업에서는 지원자의 성적보다 성적 이외의 요소, 즉 성격·열정 등을 높이 평가했다는 것이라고 할 수 있다. 그러나 이런 질문을 받게 되면 지원자는 당황할 수 있으나 주눅 들지 말고 침착하게 대처하는 면모를 보인다면 더 좋은 인상을 남길 수 있다.

② 우리 회사 회장님 함자를 알고 있습니까?

회장이나 사장의 이름을 조사하는 것은 면접일을 통고받았을 때 이미 사전 조사되었어야 하는 사항이다. 단답형으로 이름만 말하기보다는 그 기업에 입사를 희망하는 지원자의 입장에서 답변하는 것이 좋다.

③ 당신은 이 회사에 적합하지 않은 것 같군요.

이 질문은 지원자의 입장에서 상당히 곤혹스러울 수밖에 없다. 질문을 듣는 순간 그렇다면 면접은 왜 참가시킨 것인가 하는 생각이 들 수도 있다. 하지만 당황하거나 흥분하지 말고 침착하게 자신의 어떤 면이 회사에 적당하지 않는지 겸손하게 물어보고 지적당한 부분에 대해서 고치겠다는 의지를 보인다면 오히려 자신의 능력을 어필할 수 있는 기회로 사용할 수도 있다.

④ 다시 공부할 계획이 있습니까?

이 질문은 지원자가 합격하여 직장을 다니다가 공부를 더 하기 위해 회사를 그만 두거나 학습에 더 관심을 두어 일에 대한 능률이 저하될 것을 우려하여 묻는 것이다. 이때에는 당연히 학습보다는 일을 강조해야 하며, 업무 수행에 필요한 학습이라면 업무에 지장이 없는 범위에서 야간학교를 다니거나 회사에서 제공하는 연수 프로그램 등을 활용하겠다고 답변하는 것이 적당하다.

⑤ 지원한 분야가 전공한 분야와 다른데 여기 일을 할 수 있겠습니까?

　　수험생의 입장에서 본다면 지원한 분야와 전공이 다르지만 서류전형과 필기전형에 합격하여 면접을 보게 된 경우라고 할 수 있다. 이는 결국 해당 회사의 채용 방침상 전공에 크게 영향을 받지 않는다는 것이므로 무엇보다 자신이 전공하지는 않았지만 어떤 업무도 적극적으로 임할 수 있다는 자신감과 능동적인 자세를 보여주도록 노력하는 것이 좋다.

02 면접기출

1 최신 면접기출

1. 자기소개를 해보시오.

2. 이직을 선택한 이유가 무엇인가요?

3. 본인의 장점은 무엇이라 생각합니까?

4. 본인만의 스트레스 해소법이 있다면 말해보시오.

5. 국민연금공단이 사회적으로 어떤 의미가 있다고 봅니까?

6. 리더가 가져야 할 자질은 무엇이라고 생각합니까?

7. 지금까지 살아오면서 성공해 본 경험이 있습니까?

8. 상사가 부당한 지시를 한다면 어떻게 대응하겠습니까?

9. 본인이 가장 소중하게 생각하는 것은 무엇입니까?

10. 그 이유는 무엇입니까?

11. 본인은 노는 게 좋습니까? 공부하는 게 좋습니까? 그 이유도 말해보시오.

12. 회사와 학교의 차이점은 무엇이라고 생각합니까?

13. 사회봉사경험이 있다면 말해보시오.

14. 본인만의 좌우명이 있습니까?

15. 주로 팀이나 모임에서 리더를 하는 쪽입니까 아니면 리더를 따르는 쪽입니까?

16. 다른 기업에서 인턴활동이나 업무를 하면서 느낀 점은 무엇이 있습니까?

17. 본인의 전공은 무엇이며, 가지고 있는 자격증은 무엇이 있습니까?

18. 회의도중 본인의 사수가 만든 보고서가 잘못되었다는 것을 알았을 때 어떻게 행동하겠습니까?

19. 다른 부서가 승인을 해주지 않아 업무진행이 더디고 있는 상황입니다. 그런데 해당 절차를 생략한다면 본인 팀의 성과가 보장된다고 할 때 해당 절차를 생략하겠습니까? 아니면 그대로 진행하겠습니까?

20. 4대 보험의 종류와 국민연금의 종류에 대해 설명해 보시오.

21. 다른 회사에서의 근무 경력이 있는 데 주로 무슨 업무를 했습니까?

22. 단체나 조직에서 본인이 제안한 부분이 수용되지 않았을 때 어떻게 행동했습니까?

23. 고객이 전화를 걸어왔는데 본인이 모르는 부분을 문의한다면 어떻게 대처할 것입니까?

24. 마지막으로 하고 싶은 말이 있다면 해보시오.

2 2017~2019 면접기출

1. 까다로운 민원에 대한 대처방법을 말해보시오.

2. 일자리안정자금 사업에 대해 말해보시오.

3. 기초연금이란 무엇인가?

4. 4대보험 중 국민연금과 다른 보험 간 차이를 말해보시오.

5. 행복연금때문에 탈퇴하려는 사람이 많은데 이에 대한 대응방안을 말해보시오.

6. 개인적으로 힘들었던 일은 무엇인가?

7. 국민연금을 적게 내고 싶다는 사람에게 어떻게 대응할 것인가?

8. 스마트폰을 이용한 국민연금 홍보방안에 대해 말해보시오.

9. 국민연금 기금 운용 원칙 중 본인이 제일 중요하다고 생각하는 것은 무엇인가?

10. 고령화가 급속하게 진행되는데 국가가 할 수 있는 일은 무엇이고, 국민연금공단이 할 수 있는 일은?

11. 국민연금공단에서 시행하는 보육시설지원에 대해서 어떻게 생각하는가?

12. 기금고갈에 대한 우려가 있는데 이에 대해 어떻게 생각하는가?

13. 국민연금공단에서 자신이 꼭 일해야 하는 이유는 무엇인가?

14. 공공기관에서 근무하고 싶은 이유는 무엇인가?

15. 자신이 혁신적이라고 생각한다면 왜 그런지 예를 들어 설명해보시오.

16. 고객이 공단에 방문하여 막 화를 내면 어떻게 할 것인가?

17. 고객대응성과 업무능숙성 중에 국민연금공단이 필요로 하는 것은 무엇인가?

18. 고객대응성이 중시되는데 잘 할 자신이 있는가?

19. 본인은 노후준비를 어떻게 하고 있는가?

20. 자신만의 꿈이 있다면 말해보시오.

21. 주변 친구들이 규칙을 어기는 것을 본 적이 있는가?

22. 어딘가에서 리더가 되어 성공적인 성과를 만들어 낸 경험이 있다면 무엇인가?

23. 스스로 목적을 가지고 이를 추진하여 성공했던 경험이 있는가?

24. 국민연금 기금이 고갈되어 나중에 연금 수급을 받지 못할 것이라는 생각에 대한 자신의 의견과 해결방안을 말해보시오.

25. 상사가 부당한 일을 시켰을 때 어떻게 하겠는가?

26. 국민연금에 가입하지 않은 사람들을 어떻게 설득하겠는가?

27. 국민연금 급여의 종류를 알고 있는가?

28. 다른 사람의 실수로 인해 본인이 나가야 할 위기에 처해있다면 어떻게 하겠는가?

29. 당신이 기독교인데 휴일에 출근하여 일을 해야 한다면 어떻게 하겠는가?

30. 무인도에 간다면 3가지 들고 갈 것은 무엇인가?

31. 최근 공무원시험 열풍으로 인하여 사회적 낭비가 심한데 거기에 대한 생각을 말해보시오.

32. 연고지가 없는 곳에 가서 일주일 만에 어떤 보고서를 작성해야 할 경우에 어떻게 대응하겠는가?

33. 국민연금의 단점과 그 개선방안에 대해 말해보시오.

34. 국민연금을 계절에 비유한다면?

35. 국민연금은 온라인 업무가 많은데 홈페이지가 다운 되었을 경우 대처방안은?

36. 국민연금은 왜 필요한가?

37. 정의란 무엇인가?

38. 조용한 분위기를 좋아하는가? 시끄러운 분위기를 좋아하는가?

39. 국민연금과 금융권에서 실시하는 연금의 차이에 대해 말해보시오.

40. 연금공단은 지부가 많은데 타 연고지에 배정된다면 거주 문제를 어떻게 해결할 것인가?

41. 능력 위주, 연공서열 위주 진급에 대한 자신의 생각을 말해보시오.

42. 공단에 입사해서 자신이 할 수 있는 일이 무엇인가?

43. 장애인이 무엇이라고 생각하는가?

44. 국민연금공단이 하는 일은 무엇인가?

45. 사람과의 소통이 왜 중요한가?

46. 국민연금공단에 대해서 평소 어떻게 생각했는가?

47. 조직에서 어려운 일을 시킨다면 어떻게 할 것인가?

48. 공단에 대한 사람들의 인식이 안좋은데, 좋게 만들 수 있는 방법은?